筑摩選書

島田裕巳
Shimada Hiromi

戦後日本の宗教史

天皇制・祖先崇拝・新宗教

戦後日本の宗教史　目次

戦後日本の宗教史

天皇制・祖先崇拝・新宗教

はじめに

「戦後」という時代区分は、今でも有効である。たしかに、戦前と戦後で、日本の社会体制は大きく変わった。根本的に変容したとも言える。

一八五三（嘉永六）年の黒船来航によって開国を迫られた日本では、一時は攘夷の運動が盛り上がった。けれども、結局は国を開くことを受け入れざるを得なくなり、西欧諸国から制度や文化、あるいは人物を受けいれていくようになる。それによって、封建制度から脱し、社会の近代化が進められ、近代国家日本が誕生する。そこには、科学や技術、社会制度の面で、西欧諸国と当時の日本のあいだにははなはだしい格差が存在していることの認識が深く関係していた。このまま行けば、日本は阿片戦争に敗れた中国の二の舞になるのではないか。それまでの日本は、中国からさまざまな文物を取り入れてきただけに、その中国がなすすべもなくイギリスに敗れたことは大きな衝撃だった。かえってその危機意識が、近代化を推し進める原動力となったとも言える。

その後の日本社会は、奇蹟的とも言える急速度で近代化を果たしていく。西欧の技術を取り入れることで、工業化を推し進め、同時に軍事力を整備していった。それは、日清戦争や日露戦争での勝利に結びつき、それによって日本は世界の列強の仲間入りを果たすことに成功する。黒船来航から一九〇五（明治三八）年の日露戦争の勝利まで、わずか五二年しかかかっていない。

世界の列強の仲間入りを果たした日本は、西欧の列強と同様に、中国や周辺諸国において植民地化政策を推し進め、やがてはその障害を取り除くために戦争も辞さなくなる。当初は大陸進出に成功するものの、それは現地での強い反発を生むとともに、他の列強から危険視される原因ともなっていく。昭和の時代に入ると、一九三一（昭和六）年に満州事変を起こし、それは三七年からの日中戦争に発展していく。そして、ドイツ、イタリアと日独伊三国軍事同盟を結んだ日本は、四一年一二月八日、ハワイの真珠湾を奇襲攻撃し、太平洋戦争に突入していく。

開戦当初の段階では戦闘に勝利することができたものの、生産力が低く、なおかつエネルギーなどの資源を敵国のアメリカに依存していた状況では、もともと戦争に勝利する見込みは立っていなかった。にもかかわらず、緒戦の勝利に酔いしれ、戦線を無暗に拡大した結果、それを維持することができなくなり、ミッドウエー海戦での大敗北をきっかけに、戦線の後退を余儀なくされていく。結局、多くの戦力を失った日本は無条件降伏を受け入れざるを得なくなる。日本ははじめて敗戦を経験し、アメリカをはじめとする連合国の占領下におかれることになる。

そこから戦後という新たな時代がはじまることになる。その戦後は、徹底してマイナスの状態からはじまった。空襲や原爆投下によって都市部は壊滅的な被害を受け、海外の戦場においても膨大な戦没者を出した。戦争によって亡くなった日本人の数は、三〇〇万人を超えた。しかも、占領下においては、アメリカの意向に従わざるを得ず、その状態は一九五二年の講和条約発効まで続いていく。しかも、その時代にはすでに、アメリカをはじめとする自由主義（資本主義）陣営とソ連を中心とする社会主義（共産主義）陣営が対立する冷戦の時代に突入しており、五〇年には朝鮮戦争も勃発した。日本はアメリカと同盟を結び、社会主義の勢力と国際的に対峙する形になっていく。

敗戦直後の日本社会にとっては、戦災からの復興が第一の課題だったが、それに成功すると、朝鮮戦争による軍需景気などもあり、一九五〇年代に入ると、急速な経済成長を実現していく。それは、「高度経済成長」と呼ばれ、戦後の日本を経済大国へと押し上げていくことになる。それによって日本社会のあり方は根底から刷新されることになった。

このように、敗戦から復興、冷戦下での高度経済成長へと時代がめまぐるしく変化していくなかで、この本の主題となる日本人の精神性ということも大きく変わらざるを得なくなる。敗戦によって、天皇が現人神としての地位を降りることで、「国家神道」と呼ばれる戦前の体制は崩れ、信教の自由が確立される。国家神道体制のもとでは、「宗教にあらず」という形で宗教の枠から外された神道の信仰は国民道徳として強制され、それに反抗すれば、治安維持法や不敬罪によって摘発された。戦後は、アメリカの強い意向によって、神社神道に対する国の関与、援助は全面的に禁止され、神道は仏教やキリスト教と同様に、あくまで一つの宗教として扱われるようになる。

それ自体が、戦前と戦後を分ける根本的な変化だが、さらに高度経済成長は、日本人の精神性をも変容させていく。

高度経済成長は、急速な都市化へと結びつき、地方から都市部への大量の労働力の移動という現象を引き起こす。それまで、多くの日本人は地方の農村部に住み、近世に確立された伝統的な信仰世界に生きていた。そうした農村から離れ、仕事や豊かさを求めて都市部へと出て行った人間たちは、同時に伝統的な信仰世界から引き離され、その精神生活は大きく変わった。農村部ではそれぞれの家の祖先祭祀が信仰生活の核心をなしていたが、都会に新たに設けられた家には、祖先という存在自体がおらず、そうした信仰は成り立ちようがなかった。伝統的な信仰世界は、急速に拡大していった都市部には浸透せず、日本人の精神性は大幅な変容を迫られることになった。

この本で扱おうとするのは、こうした戦後における日本人の宗教生活、精神世界の変容についてである。それは、どのような事態を生んだのだろうか。その変容は社会の変化とどのような関係をもったのだろうか。それを明らかにしていくことが、この本の目的である。現在の私たちの精神生活は、こうした変容によって大きな影響を受け、またそれに規定されている。

その変化を追う際に、三つの軸を立てる必要がある。

一つは「天皇制」であり、もう一つは「祖先崇拝」である。その重要性は、ここまで述べてきたことからも明らかだろうが、もう一つ挙げなければならないのが「新宗教」である。新宗教は、戦前から存在したものの、日本社会のなかで極めて重要な意味をもつようになるのは、戦後になってからのことである。当初それは、「新興宗教」と呼ばれた。

なぜこの三つの軸が重要なのか。その理由については、本文のなかで次第に明らかになっていくはずだが、三つの軸は複雑に絡み合い、戦後の日本人の精神性のあり方に強い影響を与えてきた。

この本での記述は、一九四五年、昭和二〇年における敗戦というところからはじまり、終わりは一九九五年、平成七年までとする。

一九九五年三月二〇日、オウム真理教による地下鉄サリン事件が起こり、それは宗教のもつ暴力性を強く印象づけることにつながった。一九四五年から一九九五年までちょうど五〇年の歳月が流れている。その五〇年間に、宗教をめぐって日本社会はどういったことを経験してきたのだろうか。それを明らかにするとともに、オウム真理教事件の意味を、五〇年の歴史のなかから問い直すことも重要な課題となるはずである。前もって述べておくならば、地下鉄サリン事件へと至るあいだにオウム真理教という教団の内部で起こっていたことは、敗戦にいたるまでのあいだに日本社会全体で起こっていたことと重なってくるように思われる。

日本人と宗教とのかかわりは、オウム真理教の事件を経ることで根本から変化した。戦後に代わる新たな時代区分は、未だに生まれてはいないが、こと宗教に限って言うならば、オウム真理教の事件前と後とでは、そのあり方は大きく変わったように思われる。それは、宗教のもつ暴力性が印象づけられたということにはとどまらない。この出来事は、日本の宗教世界、日本人の精神性が根底から変化したことを象徴していたのではないだろうか。

戦後の日本人は、ひたすら豊かさを求め、経済の発展ということにすべてのエネルギーを注いできた。その具体的なあらわれが高度経済成長だったわけだが、その高度経済成長に急ブレーキをかけた一九七三年のオイル・ショック以降も、日本の社会は経済の発展に力を注ぎ、ついには八〇年代後半にバブル経済を生んだ。

ドイツの社会学者マックス・ヴェーバーの著作『プロテスタンティズムの倫理と資本主義の精神』を挙げるまでもなく、経済と宗教とは密接な関係をもっている。驚異的な経済発展が続くなかで、宗教が果たした役割は決して小さなものではなかった。その役割は何だったのか。戦後の日本社会の経てきた道を理解し、今の日本社会がいかなる状況におかれているのかを認識するには、戦後における宗教のあり方を知らなければならないのである。

Ⅰ　敗戦と混乱期

第一章　敗戦によって国家神道体制はどう変容したのか

天皇が満足していなかった玉音放送

一九四五（昭和二〇）年八月一四日の夜九時、ラジオから「明一五日正午重要放送があるので国民はもれなく聞くように」という放送が流された。当時、ラジオは社団法人日本放送協会が流しているものだけで、民間の放送局はなかった。日本放送協会は実質的に国営放送としての性格をもっていた。

一五日の朝七時には、「つつしんでお伝えします。天皇陛下におかせられましては、本日正午御自らご放送あそばされます。ありがたき放送は正午でございます」という放送があり、その後も午前中に数回、正午の放送を聞くよう注意がくり返された。ただし、放送内容については伝えられず、天皇が放送で何を言うのか、事前に予測していた国民はそれほど多くはいなかったはずである。

正午、予定通りにラジオ放送がはじまった。まず、「君が代」が流された。放送がはじまる前に、アナウンサーが「只今より重大なる放送があります。全国聴取者の皆様御起立願います」と起立を促したこともあり、ラジオの前で直立不動の姿勢をとったり、正座した視聴者もいた。そして、「朕深ク世界ノ大勢ト帝国ノ現状トニ鑑ミ非常ノ措置ヲ以テ時局ヲ収拾セムト欲シ茲ニ忠良ナル爾臣民ニ告ク」という、独特の抑揚を伴った天皇の声がラジオを通して聞こえてきた。国民はそれまで、天皇の声を聞いたことがなかった。

それに続けて天皇は、「朕ハ帝国政府ヲシテ米英支蘇四国ニ対シ其ノ共同宣言ヲ受諾スル旨通告セシメタリ」と述べた。これは、日本が連合国から突きつけられていたポツダム宣言を受諾し、無条件降伏したことに言及したものだった。ところが、文章が分かりにくく、放送が聞きにくかったりしたため、なかには天皇の言葉を逆の意味にとるようなケースもあった。たとえば、地方の校長のなかには、放送終了後、「皆も聞いた通り、今後とも大いにやれという陛下のお言葉であるからして……」という訓示を垂れた者さえいた。

天皇のいわゆる「聖断」によってポツダム宣言の受諾が決まったのは、放送の前日、一四日の午前一〇時半からはじまった御前会議においてだった。大日本帝国憲法の第一三条では、「天皇ハ戦ヲ宣シ和ヲ講シ及諸般ノ条約ヲ締結ス」と明記されていたが、実際には、元老や閣僚、軍の首脳が出席し、そこに天皇が臨席する御前会議で開戦や終戦が決定された。すでにこの御前会議は九日にも開かれていて、そこでも聖断によって受諾が決定されていた。二度御前会議が開かれたのは、聖断が下っても、軍部は依然として徹底抗戦を主張していたからである。

一五日正午からの放送は、生放送ではなく、録音を流したものだった。一四日の御前会議の後、その日の午後には日本放送協会の録音班が宮中に呼ばれ、一一時過ぎから録音が行われた。最初の録音について、天皇から、「今のは、少し声が低かったようだから」という発言があり、録音をやり直している。その録音についても天皇は満足せず、「もう一度どうか」と促したが、録音班は「もうけっこうでございます」と、それで録音を打ちきった。

ところが、その日の深夜、午前三時半に、新橋にあった放送会館は、戦争の継続を主張し、放送を阻止しようとする陸軍省幕僚などによって占拠されてしまった。軍務局課員であった畑中健二少佐は、報道部の副部長にピストルをつきつけ、「おれたちに放送をさせろ」と要求した。畑中少佐は、このクーデターに失敗した後、玉音放送直前の一五日午前一一時に二重橋と坂下門のあいだの芝生で自決している。

日本放送協会の録音班の方も、深夜に宮中を出て、坂下門付近にさしかかったところで近衛歩兵第二連隊第三大隊隊長佐藤好弘《よしひろ》大尉らによって拘束され、近くの守衛隊司令部に監禁されてしまった。それでも、録音盤の方は徳川義寛《よしひろ》侍従が受けとり、皇后宮事務官室の軽金庫に隠していたため、無事だった。

放送直前まで阻止しようとする試みがくり返されたが、放送は予定通り行われた。天皇の言葉のなかには、「朕ハ時運ノ趨ク所堪ヘ難キヲ堪ヘ忍ヒ難キヲ忍ヒ以テ万世ノ為ニ太平ヲ開カムト欲ス」という箇所があり、この言葉は、放送を聞いた国民に強く印象づけられることになる。それに引き続いて、アナウンサーによってポツダム宣言を受諾する旨のコメントもなされた。その後、アナウンサーによって「終戦詔書《しょうしょ》」となった天皇の言葉が再度朗読され、さらには内閣告諭やポツダム宣言、一九四三年に連合国が対日方針を示したカイロ宣言の内容、終戦に至るまでの経緯が放送された（玉音放送については、「徳川夢声連載対談・問答有用・下村海南」『昭和初年〜10年代「週刊朝日」の昭和史』第一巻、朝日新聞社、原弘男「玉音盤放送の舞台裏」『目撃者が語る昭和史』（第八巻）8・15終戦』新人物往来社、徳川義寛＋岩井克己『侍従長の遺言――昭和天皇との50年』朝日新聞社を参照）。

終戦記念日はいつなのか

玉音放送が行われ、それで戦争に終止符が打たれたことになったため、八月一五日は「終戦記念日」と呼ばれるようになる。ただこれは、法律によって定められた祝祭日というわけではない。一九八二年四月一三日には、八月一五日を「戦没者を追悼し平和を祈念する日」とすることが閣議決定されている。その三〇年前の五二年には、この日に「全国戦没者追悼式」を行うことがやはり閣議決定されているが、最初の追悼式は五月二日に新宿御苑で開催されている。八月一五日に開催されるようになったのは、六三年に日比谷公会堂で開催されてからのことである。

したがって、終戦記念日については、八月一五日のほかに、連合国に対してポツダム宣言の受諾を通知した八月一四日、あるいは、降伏文書に調印した九月二日、さらにはサンフランシスコ講和条約が発効した一九五二年四月二八日とする説もある。ただ、八月一五日は死者が生者のもとへ帰ってくるとされる「お盆」の中日にあたっており、そこからも終戦記念日は八月一五日という受け取り方が定着してきた。何より、国民にとっては玉音放送の印象が強烈だった。

玉音放送は、すでに述べたように、終戦詔書、あるいは「大東亜戦争終結ノ詔書」とも呼ばれるが、その特徴は独特な用語法にあった。ここまで引用した部分でも、天皇は自らのことを「朕」、日本のことを「帝国」と呼び、放送を聞く国民に対しては「忠良ナル爾臣民」と呼びかけている。ほかにも、「皇祖皇宗ノ遺範」ならびに「皇祖皇宗ノ神霊」という言い方をしている。皇祖とは天皇家の祖神である天照大御神、ないしは初代の神武天皇のことであり、皇宗とは第二代の綏靖《すいぜい》天皇以下代々の天皇のことをさす。さらには、「国体ヲ護持」や「国体ノ精華」という言い方もされている。国体とは天皇を中心とした政治体制のことをさすが、そこにはさらに天皇を頂点に戴くことが、日本が世界のなかでもっとも優れた国である証であるという考え方が示されていた。

このように、終戦詔書の文体は、終戦までの近代日本社会において確立された独特な世界観、宗教観を背景としていた。その世界観、宗教観は、古代の天皇親政体制の復活をめざした明治維新にその源を発していた。一八八九(明治二二)年に公布された大日本帝国憲法では、第一条で「大日本帝国ハ万世一系ノ天皇之ヲ統治ス」とされ、第三条でも「天皇ハ神聖ニシテ侵スヘカラス」と規定されていた。そもそも大日本帝国憲法は、天皇がその意志で定めた「欽定《きんてい》憲法」にほかならなかった。

天皇の位は、初代の神武天皇以来万世一系で受け継がれてきたとされ、神武天皇は天照大御神の末裔であるところから、神につらなる存在としてとらえられた。とくに戦争が激化していった昭和一〇年代になると、国体の観念が重視されるようになる。一九三五(昭和一〇)年には、天皇機関説を唱えていた東京帝国大学名誉教授で憲法学者であった貴族院議員の美濃部達吉に対して、男爵であり陸軍大将であった菊池武夫議員が、国体に背くと批判し、それ以降天皇機関説攻撃の声は軍部や右翼のあいだで高まっていく。

それは、天皇機関説を排撃することをめざす国体明徴《めいちょう》運動へと発展し、一九三七年には、文部省がそうした運動を理論的に支える役割を果たすものとして、『国体の本義』という書物を編纂した。そのなかでは、「万世一系の天皇皇祖の神勅を奉じて永遠にこれを統治し給ふ」ことが、「我が万古不易の国体である」と規定された。天皇機関説については、「西洋国家学説の無批判的の踏襲といふ以外には何らの根拠はない」と斬って捨てられている。さらに天皇については、「外国の所謂元首・君主・主権者・統治権者たるに止まらせられるお方ではなく、現御神《あきつみかみ》」である点が強調されている。現御神は現人神《あらひとがみ》とも呼ばれ、これによって天皇は神と等しい存在ととらえられるようになる。

終戦詔書は、こうした天皇観を前提とするものであり、現人神としての天皇がそれに忠実に仕える臣民としての国民に向かって、国体を護持するためにやむなくポツダム宣言を受諾すると宣言した文書であった。

天皇の「人間宣言」の思想

その後の日本は、連合国による占領下におかれるが、一九四六年一月一日の各新聞は、第一面に天皇の詔書を掲載した。この詔書が、いわゆる「人間宣言」と呼ばれるものだが、そのなかで天皇は、明治の国是である「五箇条の御誓文」を引用した上で、そこに示された精神にもとづいて戦禍によって荒廃した日本の復興をはかる必要があることを訴えている。その際に国民に対しては、「朕ハ爾等国民ト共ニ在リ」と呼びかけている。そこでは、終戦詔書にあった臣民ではなく、国民という言葉が使われていた。

さらに天皇は、「朕ト爾等国民トノ間ノ紐帯ハ、終始相互ノ信頼ト敬愛トニ依リテ結バレ、単ナル神話ト伝説トニ依リテ生ゼルモノニ非ズ」と述べ、戦前の世界観、宗教観にもとづく天皇と国民との関係を否定し、「天皇ヲ以テ現御神《アキツミカミ》トシ、且日本国民ヲ以テ他ノ民族ニ優越セル民族ニシテ、延テ世界ヲ支配スベキ運命ヲ有ストノ架空ナル観念ニ基クモノニモ非ズ」と、自らが『国体の本義』が強調した現御神であることを否定するとともに、天皇を戴く日本が他の国に対して優れているという考え方をも「架空ナル観念」と否定した。

人間宣言は、『国体の本義』に述べられたことを強く批判する内容をもつものであり、その文体は終戦詔書とは大きく異なっていた。終戦詔書は、すでに述べたところからも明らかなように、依然として『国体の本義』に示された考え方の延長線上につづられたものだった。

この人間宣言の半月前、一九四五年一二月一五日に、日本の占領政策を担った連合国最高司令官総司令部、いわゆるGHQは、日本政府に対して、「神道指令」を発している。神道指令の正式の名称は、「国家神道、神社神道ニ対スル政府ノ保証、支援、保全、監督並ニ弘布ノ廃止ニ関スル件」というものであった。ここで使われている国家神道という言葉は、すでに戦前から用いられていたが、政治家や学者が使うもので、一般には広まっていなかった。戦前の宗教体制をさして国家神道という表現が広く使われるようになるのは、この神道指令が発せられてからである。

神道指令においては、戦前は国によって保護されていた神社に対して、国家をはじめ、地方公共団体などの公的な機関が支援や監督、あるいは財政的な援助を行うことが禁止され、伊勢神宮をはじめとする神社の儀礼に対して出されていた指令も撤廃された。神社を監督していた神祇院《じんぎいん》も廃止され、国家主義的、軍国主義的なイデオロギーを宣伝、弘布することも禁じられた。『國體の本義』のような書物の頒布も禁じられ、「大東亜戦争」や「八紘一宇」といった、戦時中に戦意発揚のスローガンとして用いられた言葉を公文書で使用することも禁止された。

天皇の人間宣言は、この神道指令の延長線上にある。その文言からすれば、厳密には、天皇が現人神であることを否定したわけではなく、ただ国民との関係性について述べただけだとも言えるが、基本的に天皇自身が神であることを否定したものと受け取られた。少なくとも、終戦詔書にあった臣民や皇祖皇宗、それに国体といった言葉は使われていない。終戦から四カ月半のあいだに、天皇の国民に対する関係性の持ち方は大きく変わったのである。

そもそも、日本人全体の考え方も終戦を契機にして根本から変わった。それまでは、敵国のことを「鬼畜米英」と呼び、国体を守るためには、「本土決戦」、「一億総玉砕」も辞さずといった姿勢を示していた。各戦線で敗北を重ねても、「神州不滅」が信じられ、いつか「神風」が吹くことで、日本は戦争に勝利できるという考え方が広まっていた。

そのため、日本に駐留したGHQは、占領下におかれた日本人が激しく抵抗してくる可能性があると、それを恐れていた。この恐れは杞憂に終わった。日本の国民はあっさりと占領を受け入れ、日本に壊滅的な被害を与えたアメリカに対して反抗することはなかった。そして、国家神道の廃止についても、強くは抵抗せず、神道指令や人間宣言はすんなりと受け入れられたのである。

国家神道と皇室祭祀の分離

ただ、国家神道が完璧に解体されたかと言えば、そうとは言えない。というのも、島薗進が『国家神道と日本人』（岩波新書）で強調しているように、国家神道の規模は格段に縮小されたものの、完全に解体されたわけではなく、「今も生きている」面があるからだ。島薗は、解体されていない証拠として、皇室祭祀が存続していることをあげている。戦前の国家神道の体制において、たしかに皇室祭祀はその中核に位置していた。

神道指令のなかでは、皇室祭祀について一言も言及されていない。GHQとしては、大日本帝国憲法において、天皇は国家の統治者と位置づけられ、軍隊を指揮する究極的な権限を与えられているものの、実質的には一部の政治家や軍部が権力を支配しており、天皇はそうした政治体制を維持するために利用されただけだと見なしていた。だからこそ、天皇制が維持されることを許容したのであり、現実の日本の権力者が宗教を支配のために利用しなければ、軍国主義の体制が存続することはないと判断した。そのため、皇室祭祀は、神道指令の対象から外され、皇室が私的に営む祭祀として許容されたのだった。

その点について、GHQの民間情報教育局（CIE）宗務課の調査スタッフとして勤務した経験もあるウィリアム・ウッダードは、『天皇と神道――GHQの宗教政策』（阿部美哉訳、サイマル出版会）のなかで、次のように述べている。

「天皇個人の宗教は、連合国軍最高司令官からみれば私的事項であり、総司令部が関与すべき事項ではなかった。さらに天皇ご自身もしくは陛下の正式のスポークスマンがこの問題について公式もしくは半公式の発言を行なったことはなかったから、天皇ご自身の宗教にかんする問題が公然と話題になったことはない。またマッカーサー将軍ないしそのスタッフの誰かが公然と、ないしは半公然と、天皇個人の宗教をとりあげて発言したことはない」

ウッダードの述べていることは、アメリカ人の感覚からすれば当然のことなのかもしれない。アメリカでは、信仰は地域や家、あるいは民族や階層を通して伝えられるものであったとしても、本来個人が選択するべきもので、それは信教の自由の観点からして、十全に尊重されるべきものと考えられてきた。GHQは、天皇の信仰も、そうした個人的なレベルでのものととらえたのである。

しかしそこでは、皇室祭祀についての十分な理解が欠けていたように思われる。GHQは、国家神道体制において、天皇が天照大御神の末裔とされていたことから、はるか大昔から、皇室の信仰は神道に限定されると考えてしまったのではないだろうか。現実には、古代の天皇が仏教の摂取に熱心だったように、皇室では神道と同時に仏教が信仰されてきた。むしろ、仏教に対しての方が信仰は篤かったとさえ言える。

それが大きく変わるのは、明治維新が起こり、明治新政府が誕生したときにおいてである。一八六八（慶應四）年三月二八日、新政府は、「神仏判然令」を出し、それまで一つに融合してきた神道と仏教、あるいは神社と寺院を分離しようとした。これは、「神仏分離」とも言われるが、その影響は天皇周辺にまで及んだ。京都御所からは、仏教の信仰にかかわるものが撤去された。「お黒戸」と呼ばれてきた仏壇は廃止され、そこに祀られてきた位牌などは、天皇家の菩提寺であった泉涌寺《せんにゅうじ》に移された。

神仏分離が行われたのは、神道を中心とした国造りがめざされ、中世から近世にかけて日本の宗教界を支配した「神仏習合」という状態は好ましくないと判断されたからである。京都御所では、三種の神器の一つである八咫《やた》鏡を天照大御神の御神体として祀る賢所《かしこどころ》（温明殿《うんめいでん》、内侍所《ないしどころ》）が設けられてきたが、東京への遷都にともなって、賢所が皇居に移されるとともに、歴代の天皇、皇后、皇妃、皇親を祀る皇霊殿が一八七一（明治四）年九月に創建された、さらには天神地祇八百万神を祀る神殿が七二年に、神祇省の廃止にともなって移された。これによって、「宮中三殿」が成立し、天皇は皇祖皇宗、それに天神地祇を祀る祭主としての役割を担うようになる。これは、くり返しになるが、それまでなかったことである。

つまり、天皇個人の信仰と言っても、それは自発的に獲得されたものではなかった。明治時代に入り、日本が近代国家としての道を歩みはじめた段階での政治的な動きに規定されたものだった。おそらくGHQは、その点を十分に認識していなかっただろう。彼らは、アメリカのキリスト教文化のなかに育ち、多くはキリスト教の信仰を持っていたはずだ。それを日本人の信仰にそのまま当てはめてしまったわけだが、とくに天皇の信仰は、天皇という存在に密接に関連した特殊なものであり、個人の信仰には還元できない性格をもっていたのである。

その結果、宮中祭祀は温存され、戦後の天皇は戦前と相変わらず、皇祖神としての天照大御神を祀る祭主であり続けた。やはり天照大御神を祀っている伊勢神宮の内宮は、近世から庶民の「伊勢参り」の対象となり、多くの人間が参拝に訪れたが、庶民が天照大御神を仰ぐのと、天皇がその皇祖神である天照大御神を祀るのとでは意味が違う。しかも、伊勢神宮は全国の神社のなかでもっとも重要な存在と見なされ、神社界の頂点に位置づけられていた。逆に、天皇が祀っている天照大御神を祭神とする伊勢神宮であるからこそ、特権的な地位を確保したとも言える。宮中祭祀の温存は、最高の祭主としての天皇の特権的な地位を揺るがないものとしたのである。

温存された靖国神社

もう一つ、国家神道にかかわるものとして温存されたのが靖国神社である。靖国神社については、拙著『靖国神社』（幻冬舎新書）で詳しくふれたが、当初東京招魂《しょうこん》社として創建された段階では、明治新政府軍、いわゆる「官軍」の戦没者だけを祀り、それに反抗した勢力、いわゆる「賊軍」の戦没者は祀らない施設としての性格をもっていた。東京招魂社は、一八七九（明治一二）年に靖国神社と改称され、当時の社格制度において別格官幣社に列格されるが、日本が日清戦争や日露戦争といった対外戦争に打って出ていくようになると、そうした戦争の戦没者を祀る施設に応用される。そこで、靖国神社の性格は大きく変容するのである。

そして、昭和一〇年代に入り、日本が中国大陸やアジアの周辺諸国、さらには南洋において戦線を拡大していくにつれて、戦没者の数は膨大なものとなり、靖国神社は、そうした戦没者を「英霊」として祀り、顕彰する宗教的な施設としての性格を強くもっていく。英霊という言葉自体は明治時代から使われているが、国のために殉じた英霊というとらえ方が強調されるようになるのは、戦闘が激化した時代においてだった。

英霊は、国のために殉じ、天皇のために殉じたとされ、靖国神社に祀られれば、天皇の拝礼を受けることができた。天皇は、明治天皇の時代から、靖国神社への参拝をくり返しており、天皇の参拝は「親拝」として特別視された。終戦詔書が示しているように、戦前においては、日本の国民は、天皇に対する臣民と位置づけられていたわけで、臣民である英霊が天皇の親拝を受けることは、最高の名誉と考えられたのである。

戦後、神道指令によって、日本の国家が神社を経済的に支えることは禁じられる。戦前は、神社の社格制度が設けられ、社格によって支援の程度が変わった。この社格制度は廃止され、靖国神社も別格官幣社の枠から外される。それによって国家からの援助がなくなったわけだが、靖国神社が特殊なのは、戦前は陸軍省と海軍省が所管していたことにある。それが、戦後軍は解体され、陸軍省も海軍省も廃止されてしまった。

国からの支援を受けられないなら、民間の宗教団体として活動するしかない。靖国神社は、他の神社と同様に、そうした境遇におかれた。神道指令が出された半月後の一九四五年一二月二八日には、四〇年から施行されていた宗教団体法が廃止され、その代わりに宗教法人令が公布され、即日施行された。これによって、許可制は届出制に変わるが、靖国神社は宗教法人令のもと、翌年九月には単立の宗教法人として登記される。
日本の国家が創建し、軍部が所管してきたものが、民間に移行するということは大きな変化であり、戦後の靖国神社は根本的な変容を迫られたことになる。とくに国からの経済的な支援を受けられなくなったことが、大きな痛手であったことは間違いない。しかも、ＧＨＱは靖国神社を危険な存在と見なし、日本の民主化を進める上で障害になる可能性があるととらえていた。その点についてウッダードは、次のように述べている。

「連合国軍の指導者たちは靖国神社を注視しており、連合国軍最高司令官はいつでも対応できる用意ができていた。宗務課は、靖国神社が軍国主義的な性格をもつことについては疑義をもっていなかったが、地方の戦没者のための神社については情報が不足していた。宗務課のあるスタッフは、これらの軍国主義的神社は本当の宗教施設ではないと主張し、日本政府に命じてこれらの神社を解散させ、その財産を没収するよう提案していた」

こうした提案はあったものの、靖国神社は廃止されなかった。また、神道指令においても、靖国神社については言及されていない。ウッダードは、神道指令の最初の二つの草案では、靖国神社などの軍国主義的な性格をもつ神社の存続についてほのめかしていたが、その後の草案ではふれられなかったと述べている。そこには、ウッダードの上司で宗務課長だったウィリアム・Ｋ・バンスの意向が影響していた。バンスは、日本の社会における神社のあり方や歴史についてのデータが十分に集まるまで、戦没者のための神社についての施策は延期すべきだと考えていた。

そうしたバンスの判断には、神道指令を出すおよそ一カ月前に、戦後初めて靖国神社で行われた合祀祭を参観したことが影響していた可能性がある。この合祀祭は、満州事変から日中戦争、大平洋戦争に従軍した軍人・軍属の戦没者の霊を一括して合祀したものだったが、それまでとは異なり、梅津美治郎陸軍大将を除いて、天皇を含めて軍服姿で参列する者はいなかった。そこには、CIE（民間情報教育局）の宗教行政顧問をつとめていた岸本英夫東京帝国大学助教授の忠告が生かされていた。岸本は、軍に対して、合祀祭から軍国主義的な色彩をいっさい除去するよう説得したのである。

その結果、ウッダードが言うように、「式典は、落ち着いた質素な状態でとり行なわれ」、それは、参観に訪れたCIEのスタッフの靖国神社についての印象を変化させることにつながった。バンスやウッダードとともに参観した局長のケン・ダイク准将は、そのときまで靖国神社の祭典を、軍国主義的な行事であり、扇動的な説教のあるはげしいものと考えていたが、実際の祭典に接して、とらえ方を大きく変えたのだった（岸本「嵐の中の神社神道」新日本宗教連合会『戦後宗教回想録』新日本宗教連合会調査室を参照）。

キリスト教的宗教観との違い

ここにも、アメリカ人のキリスト教的な宗教観が強く影響していたと見ることができる。アメリカは基本的にキリスト教の国であり、宗教についてはキリスト教のことしかほとんど知られていない。したがって、GHQのスタッフは日本に来るまで神道についてはまるで知識がなく、その性格を理解していなかったはずだ。そこで、神道についてもキリスト教と同じような形の宗教としてとらえてしまったのである。キリスト教の教会なら、そこが過激なものであれば、扇情的な説教が行われ、信者はそれに影響され、興奮状態におかれていても不思議ではない。

ところが、神道、とくに神社神道は、キリスト教とはまるで性格が違う。神主が説教を行うことはない。また、神社に集まってくる人々も、キリスト教の教会の信者とは異なり、強固な教団を組織しているわけではない。軍服姿の軍人ばかりが靖国神社に参列していれば、軍国主義と結びつけられるだろうが、平服ならそうはならない。そうした合祀祭に接したことで、CIEスタッフの靖国神社に対するとらえ方は変わり、それ以降、廃止という議論は起こらなくなる。占領下での合祀祭こそ禁止されたものの、神社の側はそれを密かに行った。

また、経済的な基盤についてであるが、戦前の靖国神社はたしかに国からの援助を受けていた。ただ、神社の収入全体からすれば、「国庫供進金」と呼ばれる支援金は決して多くの割合を占めるものではなかった。たとえば、一九四四(昭和一九)年度の収支決算によれば、社入金の全体予算が四〇万三九八七円のうち、国庫供進金はわずか七〇〇〇円だった。もっとも多い収入は、一般の神社と同様に、賽銭や祈禱料からなる社頭収入で、それが三八万九二五八円だった。明治時代には、まだ国から来る額の方が上回っていたが、靖国神社が多くの戦没者を祀るようになっていくにつれて、そこを訪れる人も増え、それによって自ずと社頭収入が増えていったのだ。

戦後は、拙著『靖国神社』でも強調したように、太平洋戦争での戦没者の数が膨大なものになり、それが次々と合祀されていった結果、それに関連する遺族の数も増え、参拝者はしだいに増えていった。それは、国の手を離れた靖国神社の経済的な基盤の確立に貢献することになる。しかも靖国神社は、戦後に人口が急増した東京の都心にあり、周辺の人々が初詣に訪れたり、都民の憩いの場ともなっていく。それも社頭収入の増加に結びついた。

そして、一九七五年まで天皇も靖国神社に対する親拝をくり返し、それは八度に及んだ。サンフランシスコ講和条約が発効し、日本がふたたび主権を回復した後には、合祀祭も公然と行えるようになる。国家神道の体制において、皇室祭祀とともに重要な役割を果たした靖国神社は戦後温存された。その点では、国家神道そのものが温存されたとも言える。

人間宣言によって、天皇は現人神ではなくなり、人間になったのかもしれない。だが、天皇や皇族は必ずしも国民になったというわけではない。皇族は通常の戸籍には登録されず、特別な「皇統譜《こうとうふ》」に登録される。そのあり方は皇室典範によって規定され、氏(姓)を持たないばかりか、選挙権も被選挙権も持っていない。養子をとることもできず、皇族男子の結婚については皇室会議の承認を必要とする。

その上、ここまで述べてきたように、天皇のみが営むことができる皇室祭祀においては祭主の役割を果たす。それは特権的なことであり、日本の神話において中心的な存在である天照大御神を祀る役割を果たすことで、天皇という存在は自ずと神社神道全体の核心に位置することになる。しかも、膨大な戦没者を英霊として祀る靖国神社は、天皇の親拝という行為によって支えられていた。こうした天皇の存在、あり方は、多くを戦前から引き継がれたものであるし、それはまた、明治になって確立されたものなのである。

たしかに、戦前の大日本帝国憲法における天皇のあり方と、戦後の日本国憲法におけるあり方とは根本的に変化した。天皇は神聖な現人神としての地位を降り、国民はその臣民ではなくなった。しかし、天皇が皇室祭祀において天照大御神を祀っていることは、皇祖神を信仰の対象とすることであるとともに、自らが神の系譜に連なっていることを確認しているとも言える。

それをもって、戦前の体制がそのまま引き継がれたとは言えないかもしれない。だが、そうした体制は、すでに述べたように、日本が近代社会になってから生み出されたもので、必ずしも永い日本の歴史を考えれば、伝統的とは言えないものだった。そのことは、戦後社会における宗教の展開に、大きな影響を与えていく。私たちは、そのことを忘れるわけにはいかないのである。

第二章　『先祖の話』のもつ意味

祖先崇拝の変容に危機感を抱いた柳田

「はじめに」で述べたように、この本では、戦後社会における宗教のあり方を、天皇制、祖先崇拝、そして新宗教という三つの軸にそって見ていくことを目的としている。第一章では、そのうち天皇制について、とくに戦前から戦後にかけての変容、あるいは変容しない部分について見ていったが、それは祖先崇拝とも密接に関連する。天皇が祭主として天照大御神を祀るということは、「皇祖」と呼ばれる祖先を敬うことを意味する。戦後温存された皇室祭祀の核心には、祖先崇拝の信仰がある。

この章では、戦後の当初の段階における祖先崇拝の信仰について考えていくことになるが、この信仰を日本の宗教世界の核心にあるものととらえ、それが変容していくことに強い危機感を抱いたのが、日本の民俗学の創始者、柳田國男であった。

柳田は、終戦の翌年、一九四六（昭和二一）年四月に、『先祖の話』という書物を刊行している。

この本は、日本人の祖先崇拝のあり方を体系的に叙述することをめざしたもので、著者にとっては意欲作だった。その点について柳田は、「連日の（空襲）警報の下に於て」、「始めから戦後の読者を予期し、平和になってからの利用を心掛けて」執筆したものだと述べていた。柳田は、あたかも自らが予言者であるかのような言い方をしている。

柳田は、昭和二〇年一〇月二二日という日付の入ったこの本の「自序」において、この年の「四月上旬に筆を起し、五月の終りまでに是だけのものを書いて見た」と述べている。これが正しいなら、四〇〇字詰めの原稿用紙にして三六〇枚にもなる大量の原稿を、わずか五〇日ほどのあいだに書き終えたことになる。一日あたりにすると平均七・二枚になる。当時の柳田は、北多摩郡砧村、現在の世田谷区成城に住んでおり、直接空襲の被害を受けることはなかったものの、戦争末期の苦しい状況のなかで、毎日これだけの原稿を書くことは容易ではなかったはずだ。

柳田がわざわざ執筆期間の短さを強調しているのも、彼としては、それだけ自分が『先祖の話』の執筆に渾身の力を込めていたことを、読者に理解してもらいたいと望んだからであろう。

しかし、私たちはこの「自序」の一文を、そのまま事実として受けとることはできない。というのも、柳田が一九四四年の元旦から四五年の大晦日まで書きついだ日記、『炭焼日記』の四五年三月一〇日のくだりには、「勿論きょうは一人も来ず、『先祖の話』を書いてくらす」という記載があるからである。彼がここで、「勿論」という言葉を使っているのは、この三月一〇日が「東京大空襲」の日だったからである。九日夜に三二五機のB29が来襲し、日付が変わった直後から空襲が開始された。柳田は、日記の前後の部分において、浅草観音や不忍池の弁天が焼けたなど、この日の空襲の激しさについて記している。

日記の文章からだけでは、柳田が『先祖の話』をいつから書き始めたのかはわからない。ただ、三月一〇日以前から執筆が始まっていたことは間違いない。となると、四月上旬に筆を起こしたという「自序」の記述は事実であるとは言えなくなってくる。柳田は、『先祖の話』に対する意気込みを強調しようとするあまり、執筆期間にかんして嘘を言っている。ただ、それが意図してのことなのか、無意識によるものなのか、現在の時点では判断がつかない。

日本人の神観念の体系化

しかし、何より問題になるのが、『先祖の話』の内容の方である。柳田が、『先祖の話』のなかで展開した日本人の伝統的な祖霊観、あるいは神観念なるものは、必ずしも客観的な事実にもとづいているとは言えず、多分に柳田の恣意的な解釈を含んでいるからである。にもかかわらず、ここが重要なところだが、『先祖の話』は今日でも民俗学の古典として読みつがれ、日本人の祖霊観、神観念を説明しようとする際に、多くの人間によって活用されているのである。

柳田は、『先祖の話』の冒頭において、先祖という言葉を、まず文字によって知った者たちが、単純に系譜上の筆頭に位置する一人だけを先祖と考えるのに対して、一般の日本人は昔から「先祖は祭るべきもの、そうして自分たちの家で祭るのでなければ、どこにも他では祭る者のない人の霊」として考えてきたと述べ、日本人の先祖についての考え方を説明していく。

柳田は、霊的な存在としての祖先に注目し、分家をして新しく一家を構えた庶民に「御先祖になる」ことを目標とする意識が働いているとする。先祖は、家を統合する象徴的な存在である。日本において家や一門の結びつきが強固なのは、子孫が共通の祖先を祭り、自らも死後においてはその子孫から祀られることを願うからだというのだ。かって柳田は、そうした願いを「家永続の願い」（一九三一年刊行の『明治大正史 世相篇』にある表現）と呼んだこともあった。

先祖を祀るための行事として、柳田は正月と盆とをあげる。盆が先祖を祀るための行事であることは常識だが、柳田は正月と盆の行事の共通性を指摘し、正月に各家を訪れる年神が実は祖先の霊であるという説を展開していく。正月と盆は、それぞれ年神棚《としがみだな》と盆棚を臨時に設け、それによって祖霊を祀る行事だというのだ。

さらに柳田は、こうした祖霊観念を稲作農村における神観念と結びつけていく。柳田は、日本全国に、春には「山の神」が里に下って「田の神」となり、秋に収穫が終わると田の神は山に帰って山の神になるという言い伝えがあることを根拠に、田の神と山の神とが等しいものであると解釈する。さらにその上で、そうした神を祖霊と結びつけていく。

要するに柳田は、『先祖の話』において、全国各地のさまざまな行事を比較研究することによって、日本人の神観念を体系化していこうとしたのである。死者は、子孫によって祀られることによって祖霊へと昇華していくが、祖霊は仏教が説く西方極楽浄土のような遠いところにいってしまうことはない。冬のあいだは、山の神として子孫たちが住む村里をのぞむ山の上にいて、その生活を見守っている。そして、春がやってくると田の神となって里に下り、農作業の無事を守護する。その上で柳田は、村全体で祀る氏神も、この祖霊であると考えた。さまざまなかたちをとって現われる神を、すべて祖霊としてとらえたところに柳田の神観念の特徴があった。

柳田の描き出した日本人の神観念は、すべてを祖霊に還元していった点で、単純化されたわかりやすい考え方ではあった。しかし、それを日本の伝統的な神観念であると結論づけるためには、一つ大きな困難があった。それが仏教的な祖先祭祀との関係である。もし、柳田の説明する祖霊観が、仏教の影響によって成立したものであるとするなら、必ずしもそれを日本に固有な観念、固有信仰とはいえなくなってしまうのである。

柳田は「仏教ぎらい」と評された。というのも彼は、仏教が日本の民俗に対して本質的な影響を与えなかったという見方をとろうとしたからである。それは、『先祖の話』においてのみならず、彼の書き残した膨大な著作全体についても共通して言えることだった。そのことは、彼が戦後に使うようになった「新国学」という言葉づかいにも現われている。

江戸時代に生まれた国学は、儒教や仏教といった中国の文化の移入以前における日本人の精神性を理想化し、その特質を明らかにすることを目的としていた。その代表が本居宣長で、彼は、中国の影響を受けた物の見方を「漢意《からごころ》」として批判し、その思想は後の国学者や神道家に多大な影響を与えた。明治新政府を古代の天皇親政に引き戻し、祭政一致の国家建設をめざしたのは、宣長の影響を強く受けた国学者であり、神道家であった。柳田は、そうした国学の精神を復活させ、それによって日本人の精神性を基礎づけようとしたのである。

そうした新国学の考え方にもとづいて、日本人の伝統的な祖霊観が仏教の影響なしに成立したものであることを証明するためには、盆の行事の成立や死者を仏と呼ぶ慣習が仏教とは無関係に生み出されたことを証明しなければならなかった。それは極めて困難な作業である。盆の行事は、中国で作られた経典、『盂蘭盆経』にもとづくものであることは明らかである。たしかにそれは、インド仏教にはない考え方だったが、日本はインドからではなく、主に中国から仏教を学んできたのである。

柳田の仏教ぎらい

おそらく柳田自身、自らの試みがいかに困難で無理な作業であるかを認識していたことだろう。たとえば、仏教者が盆を盂蘭盆会《うらぼんえ》から生まれたと説いていることに対して、その説は「有名また平凡というばかりで、ちっともまだ証明せられてはいないのである」と述べている。これは言いがかりにも聞こえる。こういった言い方からは、日本人の信仰世界が、明らかに中国の、とくに中国仏教の影響を受けていることへの苛立ちが感じられる。

実際、盆の行事が日本の固有信仰であることを証明しようとする柳田の試みには、相当な無理があった。柳田は、盆の起源を墓前に食物を供する「ホカイ」の行事に求める。そのホカイを「瓫」と表記したために、「ボン」と読まれるようになったというのだ。しかし、柳田自身も、瓫をホカイと訓ました例はまだみつかっていないとし、自説の弱点を素直に認めてしまっている。

そこで柳田は、根拠薄弱な自説を補強するために、ホトケの語源説を展開していく。「死者を無差別に皆ホトケというようになったのは、本来はホトキという器物に食饌を入れて祭る霊ということで、乃ち中世民間の盆の行事から始まったのでは無いか」と主張するのである。そして、

『蝸牛考《かぎゅうこう》』といった柳田独自の方言研究で有名になった「周圏説《しゅうけんせつ》」にもとづいて議論を展開する。周圏説とは、日本の中央で始まった民俗が時代とともに周辺部へと伝えられ、その一方で中央では消滅していくという説であった。ホトケについても、日本の西南や東北の両端で、ホトケを如来の意味にだけ用いる人間が多いとし、南の屋久島では卒塔婆のことをホトケと呼んでいることを指摘する。死者ではなく、祭具こそがホトケであり、そのホトケに食物を供する器がホトキだったというのである。

柳田はここでも、「それを悉皆成仏だから、仏というのだと説明することこそ、自ら欺いて居る。もしそれならば毎年施餓鬼会を営み、浄土へ送り込もうと努める必要がどこに在ろうか」と、強い調子で仏教側のホトケに対する説明の矛盾をつき、仏教に対する嫌悪感を隠さない。連日の空襲警報が、彼を余計に苛立たせていたのではないかと思わせるような書きぶりである。

死者をホトケと呼ぶ習俗がいかにして生まれてきたのか、文書によってはっきりと跡づけられるわけではない。その点では、柳田の説も一つの可能性として残されている。だが、仏教の影響をことさら排除して論証しようとする方法にはやはり無理があった。

柳田の仏教ぎらいは、一つには父親からの影響であった。彼の自伝的な著作として一九五九年に刊行された『故郷七十年』（朝日選書）では、中年になって神主になった彼の父が、地蔵信仰に熱心だった祖母の死後、思いつめて家の仏壇を片づけ、仏具類をみな川に流してしまったと述べている。葬式も仏教を離れて神葬祭で行われたという。柳田を師と仰いだ折口信夫は、「先生の学問」（『折口信夫全集』第一六巻、中央公論社所収）と題された講演のなかで、柳田の学問は

「『神』を目的」としており、「日本の神の発見のために、すべての論文を書いて」きたのだと述べている。

ここで折口の言う柳田の神は、仏教の渡来以前から存在するものであるわけだが、同時に、第一章で述べた、国家神道体制において信仰された、近代の天皇制と深く結びついた神でもあった。実際、そうした性格を持つものであったがゆえに、柳田の創始した日本民俗学は、戦前の社会体制と対立することはなく、思想的な弾圧を受けることもなかった。むしろ、国家神道体制を補完する役割を果たしてきたとも言える。すでにふれた家永続の願いといった言葉に象徴される柳田の家へのこだわりが、明治期に確立された家父長制イデオロギーにもとづくものであることは明らかである。

この点について、民俗学者の福田アジオは『柳田国男の民俗学』(吉川弘文館)において、次のような指摘を行っている。

柳田は、『先祖の話』のなかで、祖霊が個別の存在ではなく、一つの祖霊に融合するという見方をとっていた。死者は最初個性をもち、個別に供養されているが、次第に個性を失い、三十三回忌などの弔い上げによって、祖霊に融合し一体化していくというのである。そこから柳田は、古くは個人の墓石が存在しなかったとし、みずからの記憶を引き合いに出しながら、元は「先祖代々之墓」しかなかったものが、日清戦争を期に戦没者個人のための石塔が造られるようになったと述べている。

この点について福田は、近世においては先祖代々之墓はかえってめずらしく、墓石は原則として個人もしくは夫婦単位で建立されていたとし、先祖代々之墓が登場するのは明治も二〇年代に入ってからだと述べて、柳田の主張は誤っていると指摘する。そして、先祖代々之墓の普及は明治国家の家制度が人々のなかに深く浸透したことによるものだとし、「柳田の展開した他界観や先祖観は、古くからの民俗というよりも、明治国家に規定された柳田の観念であったという可能性も大きくなってくる」と、柳田が事実を正確にとらえてはおらず、近代天皇制のイデオロギーによって強い影響を受けていたことを指摘している。明治以前には、庶民には「姓」が認められていなかった。姓がなければ、家の観念も生まれようがない。

柳田の著作については、筑摩書房から『柳田國男全集』全三四巻が刊行されているし、文庫本になっているものも少なくない。その点で私たちは柳田の残した文章に手軽にふれることができるが、読者にとって、その文章は必ずしも読みやすいものとは言えない。それは文体が古いからでもあるが、たんにそれだけではなく、柳田の議論の進め方に、素直に読み進めていくことを妨げる要因が潜んでいるように思われる。

柳田学説の弱点

私たちはここまで、柳田が『先祖の話』において、死者をホトケと同一視する観念が、仏教の影響によって成立したものではなく、日本の伝統的で土着的な習俗にもとづくものであることを論証しようとしたのを見てきた。柳田は、ホトキという祭具を持ち出してくることによって、独自の仮説を立て、その仮説に過剰なこだわりを見せた。実は、そうした過剰なこだわりは、彼の他の仮説についても言えることなのである。

その傾向は、柳田の最晩年に刊行された『海上の道』（一九六一年）に明確に現われている。柳田は、稲作の担い手であった日本人の祖先の故郷が中国の南部であったとし、島づたいに、彼の言う「海上の道」を通り、沖縄諸島を経て日本に移り住んできたという仮説を立てた。そして、稲作農耕民が沖縄へ渡ってきたのは、宝貝、そのなかでも黄に光る子安貝の魅力によるものだという解釈を行った。

宝貝の魅力に引かれて、日本人の祖先が未熟な技術による荒海の航海という危険を冒してまで沖縄に渡ってきたという仮説は、若き日に新体詩を書いていた柳田の文学者としてのロマンチシズムに通じていく。だが、その根拠は彼の直感以外にはなかった。柳田自身も「これよりももっとあり得べき解説を、まだ私などは聴いていない」と述べるにとどまっている。他に納得できる解説がないから自分の仮説は正しいのだという主張はあまりに乱暴である。

柳田の文章の読みにくさは、こうした記述の仕方に原因があるように思われる。柳田が、直感にもとづくかなり強引な根拠をもとに、仮説を立証しようと熱を入れれば入れるほど、読者には、その仮説がかえって妄想の産物のように見えてきてしまうのである。

柳田は、日本の民俗事象の起源と展開の過程を明らかにすることを、自らが確立した日本民俗学の使命として位置づけ、日本全国からデータを集めて、その体系化をはかろうとした。しかし、議論を展開する際に、データから議論を組み立てていくのではなく、仏教が取り入れられる以前の日本の固有信仰が伝統として受けつがれてきたことを前提にし、それを議論の出発点にした。

しかし、その前提は根拠薄弱で、なおかつ、福田も指摘するように、明治国家の宗教体制から強い影響を受けていた可能性が高い。その意味では、柳田の学問は、客観的なものとは言えず、むしろ「神学」に近いものだった。

独自の日本人の神学を確立しようとした柳田にとって、日本が各地の戦線で次々と敗北を重ね、また、東京がくり返し空襲に襲われている事態は、危機的なものとして認識されたはずだ。彼はその危機意識に駆り立てられ、『先祖の話』の執筆を急いだ。『炭焼日記』の一九四五年八月一五日の記述は、「水よう　晴／十二時大詔出ず、感激不止。／午後感冒、八度二分」というひどく簡単なものだった。そこに柳田のどういった思いが潜んでいたのかは分からないが、戦後の柳田は、占領という事態のなかで、日本の社会が変わることによって、日本固有の神が失われることを恐れたのだろう。『先祖の話』の「自序」にあった、「始めから戦後の読者を予期し」という言葉にしても、それは彼の先見の明を示しているようにも読めるが、敗戦を予期していたかのごとく装うことによって、敗戦から受けた衝撃の大きさを隠そうとしているようにも見える。実際、柳田はそれに続けて、「まさか是ほどまでに社会の実情が、改まってしまおうとは思わなかった」と告白している。

柳田は、『先祖の話』に続いて、「新国学談」一、二、三というかたちで、『祭日考《さいじつこう》』、『山宮考《やまみやこう》』、『氏神と氏子』といった、『先祖の話』における日本人の固有信仰についての議論を発展させた書物を立てつづけに発表していった。彼は敗戦の衝撃をふり払うかのごとく、日本人の神観念の体系化に情熱を傾けた。

そうした書物に示された日本人の固有信仰についての柳田の学説は、敗戦と国家神道体制の崩壊によって衝撃を受けた日本人にとって、その衝撃を和らげるクッションの役割を果たすことになった。柳田が『先祖の話』で展開した祖霊観は、民俗学者や郷土史家ばかりではなく、一般にも広く浸透していった。地域の氏神と祖霊とを同一視する柳田説は、天照大御神を日本全体を統合する神、つまりは日本人全体の氏神であると同時に、天皇家の祖先神、祖霊とする国家神道の宗教的なイデオロギーをたたき込まれてきた日本人にとって受け入れやすいものであった。

天皇の人間宣言によって、天皇と天照大御神との神話的な結びつきが断たれたとき、地域における氏神信仰と祖霊信仰とを結合させた柳田の神学は、その心理的な補償となった。天皇を中心とする国家神道体制のなかで生きてきた人間たちは、柳田民俗学という別の神学体系を信じることによって、自分たちのアイデンティティを支えようとしたのである。

柳田は、日本人の深層意識に家の恒久的な存続を求める家永続の願いが潜んでいるとし、家の構造が確固としたものであったからこそ日本が繁栄してきたことを強調した。その点で、家永続の願いは、「日本永続の願い」と結びついていく。柳田は、敗戦によって日本の永続が揺らいでいくことに激しい危機感を抱き、民俗学という神学を築き上げることによって、その危機を乗り越えようとした。自らの信仰世界に日本人全体をとり込み、祖先祭祀への信仰を強化することで、疲弊した日本社会の立て直しをはかろうとしたのである。

しかし、柳田自身、それがいかに困難な作業であるかを予感していたように思われる。『先祖の話』の終わりの部分で、柳田は「我々は是から後の世の中の、今の通りでは無いことを予期することが必要で」あり、「はっきりと言ってしまったら、却って反対は強くなり、消滅の危機を多くすることになるのかも知れないが、なお私はこの事実を正確にした上で、それを再出発の起点としなければならぬと思って居る」と述べている。

柳田の危機意識は基本的に的中し、戦後、日本人の祖霊観、宗教観は衰退の道を歩んでいく。しかし、柳田の打ち立てた神学が、そのなかでまったく役に立たなかったというわけではない。むしろ、日本人の信仰世界を説明する枠組みとして積極的に活用された。とくに農村部においては、農民たちは柳田が分析したような形で、自分たちの信仰を説明するようになる。それは、柳田の神学が、日本の農村社会、とくに稲作農村には適合的なものだったからである。

日本の稲作農村という共同体

稲作農村は、「村落共同体」という言葉が使われるように、共同体としての性格をもっている。共同体であるということは、そのなかに属する家同士が緊密に結びついていることを意味する。それは、都市における地域共同体とはまるで性格が違う。都市にあるものは、共同体とは言っても、地域的なつながりがあるだけで、その関係性は決して緊密なものとは言えない。

そこには、稲作の特殊性が深くかかわっている。戦後の農村では、一九四七年の「農地改革」によって、地主から土地が買い上げられ、それは小作に安く売り渡された。それによって、自らが耕作する土地を所有する「自作農」が飛躍的に増えた。

しかし、稲作を行うための水田は、一般の土地とは異なる性格をもっている。水田を営むには、水利の管理が不可欠だが、それぞれの田は水利の面で独立して存在しているわけではなく、お互いが水路の役割を果たし、水の流れによってつながっているからである。そのため、隣りの田とのあいだには高低差があり、高いところにある田から、低い田に水が流れるようになっている。

したがって、水利の管理ということは、個々の農家が担うものではなく、村全体で行う必要があった。そこに、稲作農村が共同体としての性格を強く持つ根本的な理由があった。さらに、田植えや収穫の時期は、田がどこに位置しているかによって変わり、もっともそれに適した時期には、その田を耕している農家だけでは手が足りず、他の農家の手助けを必要とした。それによって農家同士が協力し合う必要性はより強くなっていった。

したがって、村で何かを決定する場合、一部の人間だけで行うことは難しく、すべての農家の合意を得る必要があった。そのため、村の寄り合いでは全会一致が原則になる。そして、村落全体の結束を強化するために、祭りなどさまざまな行事が営まれることになる。村には、地域全体の神を祀る氏神があり、その祭りには、すべての農家が氏子として参加しなければならなかった。

一方、村には、そうした氏神とともに、村で亡くなった人間を葬り、供養するための菩提寺が存在する。それぞれの農家は、その菩提寺の檀家となっていて、菩提寺を経済的に支える役割を果たす。重要なことは、どの程度の経済的な貢献をしなければならないかは、村内における家の地位によって変わり、村役や村長をつとめるような家は、他の家よりも多くの経済的な貢献を事実上義務づけられた。その結果、そうした家には院号のついた戒名が授けられ、院号を許されない一般の家とのあいだで差別化がはかられた。

このように、村内の各家は、菩提寺と緊密な関係を結んでいるために、葬儀は重要な機会となり、それは村人たちが総出であたることになる。村内の地域ごとに「葬式組」が組織され、その地域に属する家で葬儀があれば、葬式組が万事を取りしきった。村人の誰かが亡くなるということは、その家にだけかかわることではなく、村全体にかかわる事柄として受け取られたわけである。

葬儀の後には、初七日の法要をはじめとして周期的に法事がくり返されるが、それは「追善《ついぜん》」としての意味をもった。追善とは、死者が生前に十分な布施をしていない、具体的には菩提寺に対して十分な経済的な貢献を果たしていないということを前提に、残された遺族が布施をすることで、その善を追加していく意味をもった。追善供養がくり返されることで、死者の「成仏」がかなうと考えられた。死者が仏と呼ばれるのも、こうした仕組みが確立されたことによる。

仏となった死者は、仏教の考えでは、極楽浄土へ往生することになる。それが、平安時代以降に確立され、しだいに日本人全体に浸透していった浄土教信仰の基本的な考え方である。しかし、仏は同時に、それぞれの家にとっては、その家の経済的な基盤を確立するなり、それを発展させてきた「御先祖」である。御先祖が、はるか西方にあるとされる極楽浄土に往ってしまえば、残された者との関係は切れてしまう。

柳田が『先祖の話』で説いた祖霊観は、そうした矛盾を、御先祖は西方極楽浄土のような遠いところへ往ってしまうのではなく、近くの山の上に居て、子孫の生活を見守っているのだととらえ直すことで、農家の生活の実情にあった祖先崇拝のあり方を示す役割を果たした。それによって、御先祖は、各家の守護神としての性格をもつことになる。

各家を守護すると言ったとき、もっとも重要なことは稲作の無事をいかに保証するかである。その点で、御先祖に期待されるのも、田の守護であり、そこから御先祖は田の神としての役割を担うことになる。柳田は、その点を明確化し、御先祖は春には田の神となって里に降りてくるとし、秋に収穫が終わってからは、山の神となって山に戻るという説を立てた。そして、盆と正月は、田の神でもあれば山の神でもある御先祖を祀る祖先祭祀の行事だと説明することで、村落共同体における信仰の体系化を行ったのである。

柳田の創始した日本民俗学は、「学」とは名乗っていても、大学のアカデミズムの世界にはほとんど浸透しないものだった。大学に民俗学科が設けられたところは少ない。民俗学の研究者のほとんどは、それぞれの地元で自発的に研究を進める郷土史家であり、柳田はそうした郷土史家の研究を活用した。それによって打ち立てられた柳田の学説、仮説は、郷土史家によって支持され、日本人の民俗現象を解釈するときの枠組みとして活用された。

その結果、柳田が『先祖の話』のなかで展開した日本人の祖霊観、宗教観は、郷土史家を媒介にして日本の民俗社会に浸透した。それによって、民俗学の対象となる村落共同体の人間たちは、柳田が説いた通りに、自分たちの信仰について語るようになった。もともと彼らはそうした信仰をもっていなかったかもしれない。だが、柳田の見事に整理された説に従えば、自分たちの信仰を的確に語ることができると考え、それを受け入れたのである。

柳田の祖先崇拝についての神学は、たんに柳田個人の頭のなかにあるものではなく、民俗学のネットワークを通して、日本の農村社会に広まった。農村社会では、家というものは、たんにその家に属する人間たちが寝泊まりするだけの場所ではなく、生産の基盤であり、経済生活を営む重要な場としての意味をもっている。その点で、稲作農村では、家の維持が最重要の課題であり、家の結束を固める上で、その家を創始し、維持してきた御先祖を祀る行為に力が注がれた。

日本ではじめて民法が成立するのは、一八九六（明治二九）年のことで、これは九八年から施行された。現在の民法は、戦後の一九四七（昭和二二）年に改正されたもので、家族制度などについて大幅な改訂がなされている。そのため、戦前の民法は、「旧民法」と呼ばれるが、その旧民法では、「家督相続」の制度がとられていた。これは、一家の戸主に家を統率する上での権限を集中させたもので、それまでの戸主が亡くなると、新たな戸主が全財産を相続した。他の家族には財産は分与されず、戸主の許可がないと結婚もできなかった。

この家督相続の制度は、新しい民法では廃止され、均分相続に移行したわけだが、農家では、それほど多くの耕地をもたなければ、それを分割して相続するわけにもいかず、戦後も、長男などが全部を相続するやり方がとられた。他の兄弟姉妹は、他家に嫁いだり、養子に出たり、あるいは都会に働き口を求めるなど、家を出て行かざるを得なかった。その際に、いくばくかの支度金などが与えられたかもしれないが、戸主の権限は依然として強く、御先祖を祀る祭祀権も依然として戸主に独占された。それによって、先祖崇拝は戦後の農家に受け継がれていったのである。

もちろん、今の私たちが十分に認識しているように、戦後、農家をめぐる状況は大きく変わる。高度経済成長の時代に入ると、地方から都市部への大規模な人口の移動が起こり、農村は過疎化という事態に直面する。あるいは、農業のおかれた状況そのものにも変化が生まれ、稲作農家の経営環境は大きく変わる。それは、祖先崇拝のあり方にも多大な影響を与えていくことになるのである。

第三章　敗戦が生んだ新宗教

「類似宗教」から「新興宗教」へ

　戦後日本社会における宗教のあり方を考える上で、天皇制や祖先崇拝とともに三つ目の柱となるのが「新宗教」である。宗教問題と言えば、もっぱらこの新宗教が取り上げられるという時期もあった。それほど、戦後の日本社会において、新宗教は爆発的な伸びを示したのである。

　しかし、そうした現象が起こったのは一九五〇年代半ばからの高度経済成長の時代においてである。それについては、後の章でふれることにして、この章では、もっぱら終戦直後の新宗教についてふれたい。そこには、敗戦という事態の発生が深く関係していた。しかも、後の二つの柱のうち、敗戦直後の新宗教は天皇制と密接な関係をもっていた。日本が戦争の時代に突入していくなかで、現人神としての天皇ということが強調され、それを受け入れない信仰は否定され、弾圧の対象になった。戦後、天皇は「人間宣言」を通して、自らが現人神であることを否定した。そのことは、新宗教に対してさまざまな形で影響を与えていくことになる。

ただ、ここで一つ確認しておかなければならないのは、敗戦から間もない時代において、今日では新宗教と呼ばれる教団について、「新宗教」という言い方はされていなかったことである。島薗進は、『新宗教事典』(弘文堂)の冒頭におさめられた「新宗教の概念と発生」という項目のなかで、今日的な意味での新宗教という言葉の初出を、一九五一年に新宗教教団の連合体である「新日本宗教団体連合会」(新宗連)が結成される途上で、「新宗教団体連合会」と「日本新宗教連合」という二つの団体が生まれ、それが合併して新宗連が生まれたことに求めている。ただし、それ以前に使われていた「新興宗教」という表現にはそれを蔑視するニュアンスがあるとして、新宗教という表現が研究者やジャーナリストのあいだで一般化するのは一九七〇年代半ば以降のことであるとする。

新興宗教という言葉が一般に広く使われるようになるのは、一九五〇年代から六〇年代にかけてのことである。それは、この時代になって新しい宗教団体の活動が活発化し、やがては爆発的な拡大を始めたからである。とくに、既成宗教の側が、そうした新しい宗教団体の動きを警戒し、それを自分たちとは異なる、新たに勃興した宗教としてとらえたことが、この言葉を広めることに結びついた。研究者やジャーナリストも、新たな研究課題として、あるいは新しいトピックとして新興宗教に着目するようになる。高木宏夫『日本の新興宗教』が岩波新書の一冊として刊行されたのは一九五九年のことだった。

新宗教や新興宗教という言葉は、戦前にも使われることがなかったわけではない。しかし、それは一部にとどまり、一般化はしなかった。

むしろ戦前において、そうした新しい宗教をさして用いられていたのが、「類似宗教」という言葉であった。

類似宗教という言葉を生むきっかけになったのは、一九一九（大正八）年に、文部省宗教局が発行した、「宗教及之ニ類スル行為ヲ為ス者ノ行動通報方ノ件」というものだった。この宛先は警視庁や道府県庁に対してである。そのなかに、「神仏道基督教等ノ教宗派ニ属セズシテ宗教類似ノ行為ヲ為ス者」という文言があり、そこから類似宗教という言葉が生まれたものと思われる。

それが、昭和に入り、一九三五年から三七年にかけて、第二次大本教事件やひとのみち教団（現在のPL教団）検挙など宗教関係の事件が続発すると、類似宗教という言葉がメディアなどで盛んに使われるようになるが、その際には「邪教」であるというイメージが伴った。つまり、類似宗教という概念には、新興宗教以上に否定的なニュアンスがつきまとったのである（類似宗教については、遠藤高志「一九三〇年代中盤に見る『類似宗教』――『迷信』論との関係に着目して」『東北宗教学』二号を参照）。

したがって、終戦直後の段階では、新興宗教や新宗教という言葉はまだ一般化していなかった。また、次の章で詳しく述べるが、戦前とは異なり、宗教団体を組織して活動する上において、政府や地方自治体の許可を必要とはしなくなっていたので、許可されていない類似宗教という言い方も成り立たなくなっていた。その点では、呼び方の上で空白の時期が存在したことになるが、宗教団体の活動に対する規制がなくなったことで、自由な活動が可能になり、新しい動きが生まれた。それは社会的な事件にも発展していったのである。

注目を集めた新宗教「璽宇《じう》」

終戦直後に世間を騒がせた新宗教の代表となるのが、璽宇と天照皇大神宮教《てんしょうこうだいじんぐうきょう》であった。璽宇のことが世の中に知られるようになったのは、一九四七年一月に金沢で騒ぎを起こし、警察によって検挙されたことによる。それまで璽宇は東京都杉並区関根町（現在の上荻）に本拠を構えていたが、家賃を滞納したため、家主に追い出された。そこで、石川県金沢市松ガ谷町（現在の高岡町）にあった信徒の自宅に移った。

無名の宗教団体が本拠を移転したというだけでは話題にもならないが、璽宇の教祖である璽光尊は、六九連勝をなしとげたことで名高い大相撲の元横綱である双葉山や囲碁の名人、呉清源《ごせいげん》をともなっていた。しかもこの二人は、幟《のぼり》を立て、「天璽照妙《あまつしるすてるたえ》」と唱えながら、金沢の街のなかを練り歩き、神楽舞《かぐらまい》を披露したりしたので、俄然注目を集めたのである。

その上、璽光尊は病気直しを行うとともに、天変地異の予言を行った。近々大地震、大洪水が起こり、日本の大半が潰滅《かいめつ》するというのである。璽光尊に従えば救われるとも説いた。この予言が広まると、金沢の市民のなかには、家財道具を疎開させたり、東京の大学に行っていた子どもを呼び戻す者もあらわれた。測候所には地震についての問い合わせが殺到し、業務に支障をきたすほどだった。

正体の知れない宗教家が発する予言が、一般の人々に信じられるというのも不思議な話だが、双葉山や呉清源といった著名人が入信していることが大きかった。さらに、璽光尊は、金沢の信

璽光尊（長岡良子）

徒の自宅を「御神屋《みこうや》」と呼び、そこを天皇家のシンボルである菊の紋章で飾りたてた。それによって、供え物をもって訪れる人間が続出した。

　璽光尊は、本名を大沢奈賀《なか》と言い、一九〇三（明治三六）年、岡山県御津郡江与見村《みつぐんえよみそん》（現在の加賀郡吉備中央町粟井谷、杉谷および久米郡美咲町江与味にあたる）に生まれた。実家は農家で、看護婦となって結婚し、長岡姓を名乗るようになる。宗教の世界に入るきっかけは自身の病で、そこから密教系の拝み屋にかかわるようになる。夫と離婚してから、東京蒲田の女塚町（現在の西蒲田）で、自ら加持祈禱を行う。離婚しても長岡姓を名乗り、いつからか長岡良子《ながこ》と称していた。良子は昭和天皇の皇后の名である。

　たんに加持祈禱を行っているだけなら、町の拝み屋に終わっていたかもしれない。だが、大本系の神道行者、峰村恭平と出会ったことがその運命を変えた。峰村は、鉱山関係の実業家だったが、大本とも関係が深い中国の世界紅卍字《こうまんじ》会《かい》の日本支部に出入りし、やはり大本シンパの心霊研究家、小田秀人が結成した「菊花会」のメンバーだった。菊花会には、東洋大学の元学長だった大嶋豊や作家の芹沢光治良も加わっていた。

　峰村は、篁道大教という神道系の宗教団体を組織し、そこは「教業一致」を掲げ、鉱山事業で得た資金を宗教活動にまわすということを行っていた。峰村は、一九四一年に篁道大教を改め、璽宇を創設している。その際に、大本系の人脈につながるグループと長岡良子のグループがそこに加わった。

その大本系の人脈のなかに呉清源が含まれていた。呉の妻となる中原和子は峰村の親戚だった。一方で、長岡の信者に鉱山関係者がいて、それで峰村と知り合った。ところが、峰村は病気もあったことから、璽宇を退き、それに代わって長岡良子がこの団体を引き継ぐことになる。

璽宇のなかで、呉の妻、中原和子は重要な役割を果たすようになる。敗戦の一カ月半ほど前の一九四五年六月二五日、巫女となった和子に、神示が下る。それは、「長岡良子ハ既ニ汝ラノ尊師ナラスシテ　世界ヲ救フ神ナリ　称号ハ須ラクコノ意ヲ体スヘシ　現幽両界ニ於ケル果ヲ先導セル　璽ノ光ナリ　救世ノ仏ナリ」というものだった。これで、良子は生き神としての自覚をもち、璽光と称するようになる。

ところが、この直後、日本は戦争に敗れる。その事態を踏まえ、新たな神示が下るが、それは、「天皇ハ天照皇大神ノ御直系トシテ現象界ノ万物ヲ治メ給フヘク下サレタル現人神ナリ。シカシテ、コノ聖代ヲ建スニアタリテ天ヨリ下シテ、コノ鴻業ヲ輔ケ奉ルベキ臣下最高ノ国賓ハ璽光ナリ」というものだった。天皇の第一の臣下である璽光の力によって日本の立て直しがはかられるというわけである。

ただ、すぐにこの立場は成り立たなくなる。第一章で述べたように、昭和天皇は一九四六年元旦に人間宣言を行い、現人神の地位を降りてしまったからである。そこで良子は、自分と天皇の地位を逆転させる。自らは、「聖天子」と称し、天皇の方が璽光の聖業を輔佐するとした。そして、璽光を「天璽照妙光良姫皇尊《あまつしるすてるたえひかりながひめのすめらみこと》」と改めた。その略称が璽光尊になるわけである。

そして、良子は自らの住居を「璽宇皇居」、あるいは「璽宮」と称し、賢所、内陣、外陣、それに大膳所を設けた。家具や日常使う物には菊の紋章をつけ、腰巻きにまでそれを染め抜いた。転居を「遷宮」と呼び、独自の国旗や貨幣を定めた。内閣まで組織し、独自の年号「霊寿《れいじゅ》」を用いるようになる。そして、自分たちの存在をアピールするために、「行軍」や「出陣」をくり返す。

この行軍、ないしは出陣は、金沢で行われたように、幟を立て、「天璽照妙」と唱えるもので、最初、宮城前《きゅうじょうまえ》、靖国神社、明治神宮をめぐる形で行われた。

ところが、この行動はさらにエスカレートし、中原和子は妹の叶子とともに、GHQのマッカーサー司令官に対して、璽宇へ「参内」するよう出陣する。この出陣は一九四六年五月と六月に行われ、神示を直接マッカーサーに手渡すことに成功したりした。このことは、いっさい報道されなかったが、璽宇のなかの志気は高まり、やはり五月と六月には、良子自身が先頭に立って、二重橋前と富士山本宮浅間大社に「本出陣」が行われた。

そんななか、金沢で騒ぎを起こす二カ月前の一九四六年一一月二七日夜、双葉山が呉清源に伴われて杉並関根町の璽宇を訪れた。双葉山は、もともとは日蓮宗の熱心な信者だったが、敗戦で衝撃を受け、それが璽宇への関心に結びついたと言われる。双葉山は、璽宇で拝礼をしたときに、霊的な現象を体験し、いったんは九州太宰府にあった彼の主宰する相撲道場に戻ったものの、金沢へ赴いた璽宇の一行に合流している。

璽宇が金沢の人間の関心を集め、それが騒ぎになったため、全国紙もそれを報道するようになる。そこで、ＧＨＱは璽宇の動きを警戒し、地元の警察に対して取り締まりを行うよう命じた。警察は、地元紙の経営者兼記者をスパイとして教団のなかに送り込み、内情を偵察させた。

警察は、一九四七年一月一八日、璽宇の取り締まりを決定し、金沢玉川署の警察官が、教団のなかに入って、幹部の身元調査や信者の所持品の調査を行った。良子に出頭を求めたが、応じなかったため、同月二一日深夜に検挙のために再び教団に入ったが、その際に双葉山が大立ち回りを演じ、幹部とともに逮捕された。

検挙された者たちは、双葉山を含め、すぐに釈放されるが、良子は、金沢大学の精神科医、秋元波留夫の精神鑑定を受け、誇大妄想狂という診断を下された。双葉山も呉清源も、周囲の説得で教団を去っている。璽宇自体も、この事件で金沢から去り、東京、静岡、青森を転々とした後、横浜に移っている。

その後、璽宇はそれほど目立った活動はせず、小規模な集団にとどまったが、著名人に対して参内を呼びかけ、それには亀井勝一郎、川端康成、徳川夢声、金子光晴、平凡社の創業者、下中弥三郎などが応じた。亀井は、「営利主義におかされていない純粋な宗教集団」と述べていたし、下中も、「璽光尊の印象はいずれも世に言われているような妄想狂や非常識ではなく、世直しの烈々たる理想を説く神策《しんさく》は実に整然としていて、傾聴に値するものがある」と評価していた。

「踊る宗教」の出現

璽宇が金沢で騒ぎを起こした翌年、首都東京に出現したのが、「踊る宗教」とあだ名された天照皇大神宮教である。一九四八年九月九日付朝日新聞は、この教団が前日、数寄屋橋公園にあらわれたときの様子を次のように伝えている。

「ナニワ節みたいであり、筑前ビワのごときところもある奇妙なフシ回しで老若男女とりまぜて二十名ばかり、無念無想の面持よろしく踊りまくる図には銀座マンも笑っていいのか、カナシンでいいのかポカンと口を開けての人だかり……」

この記事には写真も掲載されていたが、それを見ると、少女を含めた若い女性たちが、目をつぶったまま手を広げ踊っていたり、合掌している姿が写っている。老若男女という表現はあたっていない。彼女たちは恍惚とした表情をしており、それを群衆が取り囲み、信者たちが踊る様子を一心にながめている。記事では、「ポカンと口を開けて」と記されているが、写真の群衆のなかには、ポカンと口を開けているような人間は一人も写っていない。皆、真剣な表情をしており、笑っているような者もまったくいなかった。

記事や写真を見る限り、数寄屋橋公園には登場しなかったようだが、この踊る宗教には、北村サヨという開祖がいた。サヨは、その月末に神田の共立講堂で説法会を行った。サヨの説法は、浪花節を思わせるような独特のもので、そのときは延々四時間続いた。その内容は、「蛆の乞食よ目を覚ませ。天の岩戸は開けたぞ。早く真人間に立ち帰れ。神の御国は今出来る。真心持ちほ

踊る宗教の教祖　北村サヨ（提供：毎日新聞社）

どバカを見る。思うた時代は、早や済んだ。崩れた世の中、おしまいですよ。敗戦国の乞食らよ。早よう目を覚ませ。お目々覚めたら、神の国。居眠りしておりゃ、乞食の世界」といったもので、激烈な社会批判になっていた。

蛆の乞食というのは、サヨが頻繁に用いたフレーズで、その意味について彼女は、「蛆の乞食とは、便所の蛆が自分だけ上にあがろうと、蛆が蛆を踏み台にして、あがきもがきしている姿じゃ。蛆の乞食が地位や名誉や金を得んがため、裏道横道手ずる足ずる菓子箱まで使って、あがいているじゃないか、これを蛆の乞食というんじゃ」と解説していた。終戦直後の日本の都市部は、戦争中の空襲などで荒廃し、風紀もかなり乱れていた。そのなかで、人々は生きていくためにあがくしかなかった。サヨは、そうした利己的に行動する人間を蛆の乞食と表現し、そのあり方を批判したのだった。

サヨが生まれたのは一九〇〇（明治三三）年の元旦のことだった。生家は、山口県柳井市の農家で、母親は熱心な浄土真宗の門徒だった。サヨは、二〇年に柳井市に隣接する熊毛郡田布施町の北村清之進《せいのしん》と結婚する。山口県はハワイへの移民が多いところで、清之進も一時移住していた。問題は、清之進の母親、サヨにとっては姑であった。彼女は相当の吝嗇家で、サヨは姑と折り合いをつけることに苦労した。姑は一九四〇年に九一歳で亡くなるが、三年間寝たきりで、サヨはその介護にあたった。亡くなったことで、姑からは解放されるが、四二年七月に家の離れ、あるいは納屋で不審火があり、サヨは、その原因を突き止めるために祈禱師のもとを訪れ、深夜に神社に参拝する丑の刻参りなども行った。

こうしたことが、サヨを教祖に変えていくことに結びついていく。一九四四年には、祈禱師から生き神になると告げられ、その年の五月四日、サヨは、自分の肚のなかに何ものかが入り込み、しゃべり出すという不思議な体験をする。その肚のなかに入ったものは、サヨと話をするようになり、命令まで下すようになった。サヨが、その命令に従わないと、体が痛み、従うと痛みが消えた。やがて、肚のなかのものは、サヨの口を使って直接語り出すようになる。歌説法を行うのは、まさにこの肚のなかに入った神であった。

サヨによれば、その神は世直しを命じる「宇宙絶対神」で、皇大神という男の神と、天照大神という女の神からなっていた。サヨは、信者たちから「大神様」と呼ばれるようになるが、宇宙絶対神の使者という位置づけで、終戦直前の一九四五年七月二二日に最初の説法を行った。それは、「宮城一棟を残して日本全土を焼き払うと神様は言うておられる」、「末法の世は終わり、日本の夜明けは近づいている」、「これからが、本当に神の国を建設する時代じゃ」と、世直しを呼びかけるものであった。

天照皇大神宮教の教団が発足するのは、その翌年一九四六年のことで、教団ではこの年を「紀元元年神の国改元の年」と位置づけた。独自の年号を用いたところで璽宇と共通している。しかも、信仰の対象となるのは、天照皇大神であり、皇祖神《こうそしん》である。サヨの肚のなかに入った神は、戦後になると、人間宣言を行い現人神の座を下りた天皇の代わりとしての役割を果たすようになっていく。

それは、岸信介との関係にも示されている。実は田布施は、岸とその弟佐藤栄作を生んだ土地であった。二人も総理大臣を生んだ町はほかにない。サヨは、その岸と関係があった。敗戦後に岸が戦争責任を問われ、A級戦犯被疑者として逮捕され、巣鴨拘置所に拘留される前、田布施の実家に戻ってくるが、そこにサヨがやってきて、「三年ほど行ってこい。魂を磨いたら、総理大臣として使ってやるわい」と言って、周囲を驚かせた。

岸は、戦犯としては無罪になったものの、公職追放となる。ワシントン講和条約が発効し、追放解除になると、衆議院議員選挙に出馬し、当選を果たす。そして、一九五七年には、前年の自民党総裁選で石橋湛山に敗れたものの、石橋が政権を担ってからわずか二カ月後に脳軟化症で倒れたため、外務大臣として入閣していた岸が第五六代の首相に就任する。

岸は、首相に就任直後、田布施に里帰りを果たすが、そのとき地元はお祭り騒ぎになり、サヨもまた、バイクの荷台に乗って、岸の元を訪れている。サヨは祝いの言葉を述べ、「あんたは国を治めなさい。わしは世界を治める」という託宣を下した。サヨとしては、自分は総理大臣よりも上の位にあって、世界を支配する者であると認識していたことになる。それも彼女には、皇祖神としての自覚があったからである。

サヨが田布施から初めて上京したのは、数寄屋橋公園で無我の舞を披露し、共立講堂で講演する二年前の一九四六年三月から四月にかけてのことだった。敗戦からまだ間もない時期で、東京は焼け野原だった。サヨは、高田馬場駅のホームで最初の歌説法を行った。天照皇大神宮教では、信者のことを「同志」と呼ぶが、この時期に同志になった女性は、「そんな焼け跡に、聞き惚れるような朗々とした声が自信に満ちて新しい生き方を訴えたのですから、新鮮に響きましたねえ。大神様が辻説法に立たれると、本当に黒山の人だかり」と、当時を回想している（上之郷利昭『教祖誕生』講談社文庫）。

サヨは、このとき、戦前から続く新宗教である生長の家の本部を訪れている。生長の家のことについては、後に述べることになるが、戦時中は、日本の戦いを「聖戦」と位置づけ、戦後も日本は決して負けていないと敗戦を否定していた。生長の家がそうした主張を展開していたがゆえに、サヨがそこを訪れたのかどうかは不明だが、生長の家の創立者である谷口雅春に問答を仕掛けようとして訪れたことはたしかである。ただそれは果たされず、サヨは弁当を食べて帰ってきた。

サヨは、岸に対するときもそうだが、誰にたいしてもつねに怖《お》めず臆《おく》せず、堂々とした態度をとり、言いたいことを言い放った。そこには、あえて自らを生き神として偉く見せようとする意図はなく、神聖性を高めるために、信者や一般の人間とのあいだに距離をおこうという姿勢はいっさい示さなかった。

そのため、知識人のなかにはサヨに対して好感を抱く人間が少なくなかった。たとえば、大本をモデルに『邪宗門』を書いた作家の高橋和巳は、若い頃に半年ほど田布施に滞在した経験があり、『邪宗門』にも天照皇大神宮教をモデルにした教団を登場させている。やはり作家の深沢七郎も、一九五七年に雑誌『婦人公論』でサヨと対談をしている。「蛆虫ども」という歌説法が魅力的で、一度話をしてみたいと考えていたからだった。

璽宇の方は、騒ぎを起こした後、それほど大きくは発展せず、小集団のままだったが、天照皇大神宮教の方は、一九五二年に、田布施と縁が深いハワイに進出している。船で着いた際、サヨは埠頭で歌説法を行い、同志たちは無我の舞を披露した。激しい社会批判は相変わらずで、それでハワイの日系人社会で注目された。七六年にはハワイ道場が建設されている。

サヨは、ハワイのほかに、アメリカ本土、台湾、タイ、インド、中近東、ヨーロッパ、アフリカ、中南米と世界中を巡教し、各地に支部を作っていったが、中心は日系人だった。日本の新宗教は、戦後世界各地に進出し、多くの信者を獲得していくが、天照皇大神宮教は、その先駆けとなるものであった。

ただ、サヨは一九六七年に亡くなり、その後を、孫の清和《きよかず》が継いだ。当時彼女は高校二年生で、同志たちからは「姫神さま」と呼ばれた。姫神さまの方は、サヨのような奇抜なパフォーマンスは展開しなかった。したがって、社会的な話題になることもなく、姫神さま自身が二〇〇六（平成一八）年に亡くなっている。教団は五〇万人近い信者を抱えているとも言われるが、ホームページなどもなく、現在の教団の活動はほとんど外部には伝わってこない。

戦前に起きた「ひとのみち教団」事件

璽宇と天照皇大神宮教は、敗戦によって生まれた精神的な空白を埋める方向で活動することで、社会の注目を集めた。とくに、この二つの教団は、戦後、人間宣言によって現人神の地位を下りた天皇の代わりとなることを目指した。それは、終戦後に特有の事態であり、時代に規定されている分、やがて日本社会が落ち着きを取り戻し、着実に復興への道を歩みはじめると、その存在意義は失われていった。

その一方で、敗戦という事態は、別の形で新宗教に多大な影響を与えた。というのも、戦前に生まれた新宗教のなかには、権力からの弾圧や取り締まりを受け、大きな痛手を被ったり、活動の方向性を体制の要求するものに変えていくことを強いられたところがあったからである。

その一つがＰＬ教団の場合である。宗教法人の認証を受ける際に、アルファベットを使うことが認められていないので、正式な名称はパーフェクト・リバティー教団である。この名称からは、外来の、あるいはキリスト教系のイメージもあるが、戦前は「ひとのみち教団」と称していた。ひとのみち教団とＰＬ教団とでは受ける印象が大きく違う。

ひとのみち教団を開いたのは御木徳一《みきとくはる》であった。徳一は、最初既成仏教の黄檗宗《おうばくしゅう》で得度したものの、貧乏寺の住職にしかなれず、生活が困窮したため、僧籍を離れた。しかし、宗教に対する関心は失わず、教派神道の一派、御嶽教《おんたけきょう》に属していた徳光《とくみつ》教会の開祖、金田徳光と出会い、その元で活動する。徳光は、山伏として修行した民間宗教家で、その教えは神仏混淆の性格をもっていた。

一九一九年に徳光が亡くなると、徳一はその後を継ぎ、二五年には御嶽教徳光大教会本部を設立した。二八年に、御嶽教から扶桑教に移ったが、御嶽教が御嶽信仰で、扶桑教は富士山信仰と対象とする山に違いはあるものの、ともに山岳宗教だった。三一年に、扶桑教ひとのみち教団が設立されている。

ひとのみち教団は、もともとは山岳宗教としてはじまったものだが、組織が拡大していく上で大きな役割を果たしたのが、一九三〇年からはじまる「朝参り」という行事だった。朝参りは、職場や学校に行く前、早朝に集まって説教や礼拝、体験告白などを行うもので、早起きの徳が強調された。この朝参りでは、無料で朝食がふるまわれたりしたため、大いに人気を集めた。朝参りは、戦後のPL教団にも受け継がれるが、「修養団体」でも「朝起き会」として取り入れられ、活動の中心に位置づけられていった。

こうした朝参りに人が集まってくるようになったことで、ひとのみち教団は勢力を拡大し、中国や朝鮮半島にまで進出し、一九三四年には大阪の布施市（現在の東大阪市）に大本殿を建設する。これは、高さ二七メートル弱、約二三〇〇坪の広さがあり、一〇〇八畳敷きで、収容人数は二万人に及んだ。

ところが、一九三七年には、「ひとのみち教団事件」が起こり、教団は厳しい弾圧を受ける。

「ひとのみち教団事件」で逮捕され連行される御木徳一（提供：毎日新聞社）

教祖や幹部たちは逮捕され、治安警察法によって教団は結社禁止処分を受けた上、動産や不動産は売却、処分、破壊を命じられた。教えのなかに不敬罪にあたるものがあるなどといったことが理由だったが、ひとのみち教団は、天照大神を至高の神として認め、教育勅語に従って道徳を教えるなど、当時の体制に対してむしろ従順だった。

ひとのみち教団事件を振り返ってみると、なぜ、この教団が厳しい弾圧を受けなければならなかったのか、明確な理由を見出すことが難しい。唯一考えられるのが大本事件の余波である。ひとのみち教団が弾圧を受ける前年の一九三五年には第二次大本事件が起こっている。大本の場合には、政治的な力を持ちつつあり、当局はそれを警戒したわけだが、ひとのみち教団も勢力を拡大しており、その点で取り締まりの必要があると判断されたものと思われる。

ＰＬ教団への改称

教祖の徳一は、厳しい取り調べを受け、保釈中に死亡した。父親とともに活動していた徳近《とくちか》も、懲役四年の有罪判決を受け、敗戦によって不敬罪が廃止になるまで囚われの身だった。徳近は、一九四五年一〇月に出所すると、教団の名称をひとのみち教団からパーフェクト・リバティー教団に改称した。四六年には、佐賀県鳥栖市の妻の実家でＰＬ教団の立教を行い、翌四七年には、「二十一か条の処世訓《みおしえ》」（現在はＰＬ処世訓）を発表している。

その第一条は、「人生は芸術である」で、これは戦後のＰＬ教団の活動の柱になっていく。社交ダンスやゴルフが布教教化の手段として活用され、『芸術生活』という総合芸術雑誌も発行した。徳近は、芸術家と親交をもち、コンピュータを導入するなど、教団の近代化を積極的にはかっていった。

二十一か条の処世訓のなかには、「六、自我無きところに汝がある」、「十一、一切は神に依れ」、「十三、男性には男性の、女性には女性の道がある」といった伝統的で保守的な教えも含まれていたが、一方で、「九、人は平等である」や「十四、世界平和の為の一切である」、「十六、一切は進歩発展する」、「二十一、真の自由に生きよ」といったものは、戦後の価値観に沿う内容を備えていた。「二、人の一生は自己表現である」、「三、自己は神の表現である」も、「人生は芸術である」と同様に自己表現を志向するもので、そこには、戦後のＰＬ教団の革新性が示されている。

病気に対してどう対処するかでも、ＰＬ教団には保守性と革新性が共存していた。病については、それを「みしらせ」としてとらえ、人が心得違いをしたとき、神が警告を発するととらえられた。これは、保守的、伝統的な病気観にもとづくもので、病から解放されるために、神前で、「祖遂断神事《おやしきりしんじ》」を営んだ。

しかし、戦後のＰＬ教団では、近代医学を否定せず、むしろそれを活動のなかに取り入れていった。一九四八年には、広島中央教会の敷地内に「ＰＬ教団広島診療所」を開設し、五六年には「宝生会病院《ほうせいかい》」を開設している。この病院は総合病院に発展し、七〇年には病院のある富田林市の市民にも解放されるとともに「ＰＬ病院」に改称された。三七〇床のベッド数を誇り、七七名の常勤医師を擁していた。ほかに、七〇年には、東京にＰＬ東京健康管理センターという人間ドックを開設している。

また、一九五五年には、ＰＬ学園高等学校をやはり本部のある富田林市に開校し、五九年には中学校も創設している。ＰＬ学園は、一時は高校野球の名門校として知られ、多数のプロ野球選手を輩出した。教育に力が注がれるのも、教団の基本的な考え方が自己表現というところにおかれているからである。

ＰＬ教団は、厳しい弾圧を受け、教団として解体されたことを逆手にとり、戦後いち早く、その立て直しに着手することで、戦後の社会にふさわしい教団のあり方を確立していった。それは、璽宇や天照皇大神宮教とは正反対のやり方であった。璽宇や天照皇大神宮教は、むしろ、戦前の価値観を温存する方向で終戦後の活動を展開したのだった。

国家神道体制下の天理教

このＰＬ教団とはまったく異なる形で、戦後新しい方向に踏み出していったのが天理教であった。

天理教が誕生したのは幕末維新期のことで、明治時代には、発祥の地である奈良だけではなく、大阪の都市部でも信者が生まれるようになり、次第に宗教組織として拡大していく。ただ当時は、既成の宗教や教派神道として公認された教団ではないと宗教活動を展開することが難しかった。天理教は、江戸時代末期には吉田神道の吉田家から許可を得たり、明治一〇年代半ばには真言宗の傘下に入ったりしたものの、医者や薬をまっこうから否定する信仰治療を勧めたりしたため、再三再四警察からの取り締まりを受け、高齢の教祖も逮捕、拘留された。

それでも、教祖の中山みきは、外部からの迫害に抵抗し、信仰活動の中心にある「つとめ」の実践を周囲に求めた。しかしそれは、迫害を回避しようとする他の家族が求めるところとは異なった。したがって、みきが明治二〇年に亡くなると、みきの孫にあたる中山眞之亮《しんのすけ》や幹部たちはみきが許さなかった教団の公認を求める活動を行い、一時は教派神道の一派である神道本局の傘下に入る。

しかし、天理教に対する迫害は止まず、明治二九年には、内務大臣芳川顕正《よしかわあきまさ》から各警察に対して、天理教の取り締まりを強化するよう通達が出される。それは、「近来天理教会はその信徒を一堂に集め、男女混淆ややもすればすなわち風俗を紊《みだ》るの所為に出で、或いは神水神符等を附与して愚昧を誑惑し、遂に医薬を廃せしめ、もしくはみだりに寄附を為さしむる等、その弊漸次蔓延の傾向これ有趣をもって厳重取締方内務大臣より訓令の次第もこれあり候条、将来は一層視察を厳密にし、時宜に依りては公然会場に臨み、もしくは陰密の手段を用いその非行を抉摘し、法令に触るる者は直ちに相当の処分をなし、又そのしからざる者も、必要によりては祈禱説教を差し止め、もしくは制限する等臨機適宜の方法を用いて、その取締りを厳重にし、殊に金銭募集の方法については最も周密なる視察を施すべし」というものだった。

メディアからも批判が相次ぎ、『中央新聞』の同年六月九日号には、天理教の教会で与えられる金平糖には麻酔薬が入っているとか、金銭を貪りとったうえ、病人に医薬を禁じて死にいたらしめているといった記事が掲載された。あるいは、その前後の時期には、天理教を批判する書物が何冊も刊行されている。

教団の側は、取り締まりや批判を受けないために、日露戦争が勃発すると、志願兵の募集や献金などによって政府に協力する姿勢を示した。その上で、作家や学者に教祖伝の執筆を依頼するとともに、神道学者の井上頼圀《よりくに》と逸見《へんみ》仲三郎《なかさぶろう》に教典の編纂を依頼した。これは、『天理教教典』と題されたもので、教団では戦後の教典と区別して『明治教典』と呼ばれている。

『明治教典』は、「敬神章」からはじまり、「尊皇章」、「愛国章」へと続くもので、そこにはみきの名前も登場しなければ、みきが説いた教えも出てこない。内容面でも、皇室を讃え、皇祖神を崇めることを強調するものになっている（この『天理教教典』の原本は、国立国会図書館の近代デジタルコレクションで見ることができる）。

戦後の天理教の教え

戦後の天理教は、こうした形で歪んでしまった教団の教えを元に戻す試みに打って出る。その先頭に立ったのが二代真柱となった中山正善《しょうぜん》であった。正善は、一九一五（大正四）年に父親の眞之亮が亡くなると、わずか一一歳で真柱《しんばしら》の地位に就いた。その後、東京帝国大学文学部の宗教学科に入学し、日本の宗教学の草分けである姉崎正治《あねさきまさはる》のもとで学んでいる。

正善は宗教学を学んだことから、学術的な関心が強く、戦後の一九四六年四月には、雑誌『復元』を創刊し、教祖の伝記的な事実を伝える資料をそこに次々に掲載していった。

教義の面でも、軍国主義の性格を一掃するため、敗戦から二カ月しか経っていない一九四五年一〇月には、復元教義講習会を開催し、みきの教えに戻す試みをはじめる。四九年には、『明治教典』に代わる教典として現在の『天理教教典』を編纂し、それを各教会に交付した。さらに、五六年には、戦時中教会本部に引き上げられていた、みきが自動書記の状態で記した『おふでさき』を下付し、同じ年には『復元』での作業をもとに、教団公認の教祖伝である『稿本天理教教祖伝』を刊行している。

『稿本天理教教祖伝』は、教団に伝えられてきたみきにかんする伝承を集大成したものだが、筋立てやどういったエピソードを収録するかで、正善の宗教観が色濃く出ており、これが刊行されると、信者のあいだに、自分たちが聞いてきたものとは違うという反発も起こった。

正善としては、宗教学を学んだこともあり、天理教を、キリスト教に匹敵する世界宗教へと発展させることを意図したものと思われる。その証拠に、『稿本天理教教祖伝』の冒頭におさめられたみきの最初の神憑りについては、「啓示」と位置づけられ、聖書の「福音書」のような体裁をとっていた。

正善が宗教学科で学んでいた時代、師となった姉崎はキリシタンの研究をしており、それが影響していた可能性がある。正善が創設した天理大学の図書館には、カトリックの世界伝道にかんする文献や、キリシタン関係の文献が収集されている。

また、戦後すぐの頃は、日本がキリスト教国であるアメリカによって占領されていた時代であり、キリスト教への関心も高く、キリスト教を宗教の模範としてとらえる傾向も見られた。あるいは、そうした時代状況が、正善の試みにも影響を与えていたことだろう。

この章で見てきたように、終戦直後の新宗教の活動には、日本の敗戦によって、国家神道体制が崩れ、天皇が人間宣言をすることで現人神の地位から退いたことが大きく影響していた。

一方には、人間となった天皇に代わって、神の地位に立とうとした新宗教の教祖がいた一方で、宗教に対する国家の統制が外れたことで、自由な活動を展開しようとする教団が現れた。

ただ、そうした教団の活動はそれほど大きな動きには発展しなかったし、多くの人々が、璽光尊や北村サヨを天皇の代替物として崇拝するまでにはいたらなかった。

後者にかんしては、迫害を受けることがなくなったことで、ＰＬ教団も天理教も戦後自由に活動ができるようになり、教勢も伸びていった。また、後に述べるが、戦前に迫害を受けた反体制の宗教として一部から持ち上げられるようなこともあった。

しかし、戦後の新宗教として注目されたのは、創価学会、立正佼成会、霊友会といった法華系、日蓮系の新宗教であった。それについては、後の第六章で詳しく述べることになる。

第四章　宗教をめぐる法的な環境の転換

「信教の自由」と「政教分離」

ここまで、三章にわたって、この本の記述の軸になる天皇制、祖先崇拝、そして新宗教について、終戦直後の展開を追ってきたわけだが、次の時代に移っていく前にふれておかなければならないことがある。それが、戦後において宗教をめぐる法的な環境が大きく変化したという事実である。それは宗教行政にまで及ぶ。戦前と戦後では、宗教や信仰をどのように扱うかで根本的な変容が起こった。その点を踏まえておかなければ、これから述べていく事柄の背景や意味について理解することが難しくなる。

まず、法的な側面で何よりも大きな変化を生んだのは日本国憲法の公布と施行である。それまでは、一八八九年二月一一日に公布され、翌一八九〇年一一月二九日に施行された「大日本帝国憲法」が日本国家の政治的な基盤として機能してきた。この憲法は、敗戦を迎えるまで、一度も改正されることがなかった。

戦後に生まれた「日本国憲法」は、この大日本帝国憲法を改正する形で新たに制定されることになるが、その性格と内容は大きく異なっていた。大日本帝国憲法は、天皇によって定められた「欽定憲法」であり、その第四条で、「天皇ハ國ノ元首ニシテ統治権ヲ総攬シ此ノ憲法ノ條規ニ依リ之ヲ行フ」とされており、天皇を主権者としていた。

これに対して、日本国憲法は、国民を主権者とする「国民主権」の立場をとる。天皇にかんしては、「日本国の象徴であり日本国民統合の象徴」であると規定された。大日本帝国憲法では、第一条で「大日本帝国ハ万世一系《ばんせいいっけい》ノ天皇之《これ》ヲ統治《とうち》ス」とされ、第三条では「天皇ハ神聖《しんせい》ニシテ侵《おか》スヘカラス」とその神聖性が強調されていたのとは対照的だった。日本国憲法は一九四六年一一月三日に公布され、翌一九四七年五月三日に施行されている。

宗教や信仰にかんして、日本国憲法と大日本国憲法との大きな違いは、信教の自由が保証され、政教分離が規定されたことにあった。大日本帝国憲法では、第二八条で「日本臣民ハ安寧秩序《あんねいちつじょ》ヲ妨《さまた》ケス及臣民タルノ義務ニ背《そむ》カサル限《かぎり》ニ於《おい》テ信教ノ自由ヲ有《ゆう》ス」と、信教の自由は認められていたものの、それは、あくまで社会秩序を乱さない範囲でということで、条件付きのものであった。

これに対して、日本国憲法は第二〇条において、次のように規定している。

「信教の自由は、何人に対してもこれを保障する。いかなる宗教団体も、国から特権を受け、又は政治上の権力を行使してはならない。

二　何人も、宗教上の行為、祝典、儀式又は行事に参加することを強制されない。

三　国及びその機関は、宗教教育その他いかなる宗教的活動もしてはならない」

ここでは、信教の自由が無条件で認められている。なおかつ、大日本帝国憲法ではまったく見られなかった政教分離の原則が示されていた。その背景には、戦前のいわゆる国家神道の体制に対する反省があった。神道指令については第一章でふれたが、GHQは、日本が無謀な戦争にのめり込んでいった背景に、国家神道の体制があるととらえ、日本の民主化を推進する上では、その解体が不可欠であるという立場をとった。

日本国憲法で信教の自由が保証され、政教分離が規定されたのも、そのことが深く関係する。政教分離にかんする規定は、戦前から戦中にかけての日本で行われていたことの裏返しであった。戦前において、主な神社は国からの経済的な支援を受け、神道は「宗教に非ず」とされた上で、国民にはその儀礼への参加などが強制された。GHQは、学校教育のなかで国家神道による教育、ないしは洗脳が行われていたととらえ、そうしたことが行われない体制を日本に確立しようとした。そうしたGHQの方針は、日本国憲法にも色濃く反映されていた。

しかし、この憲法の規定は、国家神道体制を崩すというところに力点がおかれ、その面だけを問題にしているため、後に難しい問題を残すことにもなった。一般の神道、あるいはその宗教施設としての神社は、日本人の日々の暮らしのなかに溶け込んでおり、宗教や信仰として格別意識されてこなかった。だからこそ、「宗教に非ず」という主張が受け入れられたわけである。憲法の規定は、その点についての理解や認識が必ずしも十分とは言えなかった。

そうした問題は、後になって顕在化することになる。したがって、その際に改めて論じることになるが、信教の自由の確立ということによって大きな影響を受けたのが宗教団体のあり方だった。

宗教団体を管理する部署の変遷

現在、多くの宗教団体は、「宗教法人法」のもとで宗教法人として認証され、法人格を有している。たとえば、伊勢神宮なら、「宗教法人神宮」という形をとる。法隆寺なら、「宗教法人法隆寺」で、創価学会は「宗教法人創価学会」である。

宗教法人法は戦後の一九五一年四月三日に公布、即日施行されたもので、それは、終戦直後の一九四五年一二月二八日に公布、即日施行された「宗教法人令」を引き継ぐものであった。さらにその前身となるのが、一九三九年四月八日に公布され、翌一九四〇年四月一日から施行された「宗教団体法」であった。

戦後ということでは、主に宗教法人令と宗教法人法が関係するわけだが、宗教団体法が成立するまでに、実はかなりの時間を要している。宗教団体にかんする法律を作る動きは、一八九六(明治二九)年にはじめて民法が定められた直後の時代に遡る。

これについて説明するためには、まず、宗教団体についての行政を司る部署の変遷ということを踏まえておかなければならない。

まず、明治の新政府においては、復古神道的な立場をとる国学者や神道家が登用され、古代にならって神祇官が再興されるが、やがてそうした人間たちは政府内において力を失い、一八七一年には神祇官は神祇省に格下げされる。当初、民部省が神社仏閣を扱っていたが、七一年に大蔵省が扱うようになる。さらに翌年、神祇省が教部省へ改組されると、この教部省が宗教全般を所管することになる。

一八七七年に教部省が廃止されると、これは内務省社寺局に引き継がれ、一九〇〇年に社寺局は神社局と宗教局に分けられる。そして、一三（大正二）年に宗教局の方は、文部省に移管される。神社とそれ以外の宗教については、政府のなかで扱いが異なったわけである。実際、〇六（明治三九）年の時点で、「官国幣社《かんこくへいしゃ》経営に関する件」という法律二四号が公布され、官国幣社という社格を与えられた神社に対しては国庫金が支出されることになった。

宗教局の方は、一九一三年に文部省に移管される。それ以降、文部省の内部で宗教行政を担当する部局は変化していくが、それを現在まで追えば、次のようになる。

文部省宗教局（大正二年六月一三日～昭和一七年一〇月三一日）
文部省教化局宗教課（昭和一七年一一月一日～昭和一八年一〇月三一日）
文部省教学局宗教課（昭和一八年一一月一日～昭和二〇年一〇月一四日）
文部省社会教育局宗務課（昭和二〇年一〇月一五日～昭和二一年三月二九日）
文部省大臣官房宗務課（昭和二一年三月三〇日～昭和二七年七月三一日）
文部省調査局宗務課（昭和二七年八月一日～昭和四一年四月三〇日）
文部省文化局宗務課（昭和四一年五月一日～昭和四三年六月一四日）
文化庁文化部宗務課（昭和四三年六月一五日～現在）

宗教行政を担当する部局は、このように変化していくわけだが、戦前において、その目的は、宗教団体、宗教組織を監督し、管理することにあった。

そのため、宗教団体を管理するための法律の制定が試みられた。それは、一八九九（明治三二）年にはじまり、第二次山県有朋内閣は、第一四回帝国議会に第一次宗教法案を提出した。これは、すでに述べたように、九六年に民法が制定されたことが関係する。民法では、公益目的の法人について、第三四条で「祭祀、宗教、慈善、学術、技芸其他公益ニ関スル社団又ハ財団ニシテ営利ヲ目的トセサルモノハ主務官庁ノ許可ヲ得テ之ヲ法人ト為スコトヲ得」と規定していた。ただし、九八年の民法施行法（法律第一一号）では、その第二八条において、「民法中法人ニ関スル規定ハ当分ノ内神社、寺院、祠宇及ヒ仏堂ニハ之ヲ適用セス」と、宗教関係の団体についてはこれを適用しないとしていた。それも、宗教法案の制定が予定されていたからである。

第一次宗教法案では、宗教の枠の外に位置づけられた神社は含まれない。寺や教会の設立については、第一六条で、主務管長の「許可」を得なければならないとされ、「寺院規則」や「教会規則」を変更する際にもその「認可」を求めていた。さらに、宗教関係の集会を開くときには、その二四時間前までに目的や場所、日時を行政官庁に届け出るとされていた。

これは、宗教団体にとっては、すべての活動が監督官庁によって監視されることを意味した。そのため、大日本仏教徒同盟会をはじめ仏教界から批判の声が寄せられた。そうしたこともあり、この法案は貴族院で否決されている。その後、一九二七（昭和二）年には第二次宗教法案が作られるが、これも貴族院で審議未了となる。二九年には、宗教ではなくもっぱら宗教団体を対象とするということで第一次宗教団体法案が作られたが、これも審議未了となった。さらに、三五年に、岡田啓介内閣は宗教制度調査会に宗教団体法草案を諮問したが、これも撤回されている。

一九三八年に、近衛文麿内閣は、宗教制度調査会に宗教団体法案要綱の諮問を行い、法制局による修正を経て、この法案は第七四回帝国議会に提出される。今度は貴族院と衆議院を通過し、三九年四月八日に法律第七七号として公布された。ようやく、宗教団体を対象とした法律が制定されたわけである。

一九三九年と言えば、太平洋戦争がはじまる二年前のことで、すでに満州事変と日中戦争を経た日本は戦時体制に突入していた。この時代になると、戦争の遂行ということが至上命題になり、それ以外の事柄は、国家によって統制される状況が生まれていた。制定までに難産した宗教団体法が議会を通過したのも、そうした時代状況が深くかかわっていた。

「宗教団体法」の制定

宗教団体法は、「宗教団体」と「宗教結社」に適用されるものであった。宗教団体の方は、文部大臣もしくは地方長官（現在の都道府県知事にあたる）の認可を得た宗教組織のことをさし、既成仏教教団や教派神道、あるいはキリスト教の教団が含まれた。これに対して、宗教結社の方は、そうした認可を受けていない、第三章でふれた「類似宗教」が対象であった。宗教結社は、組織されてから一四日以内に、名称や場所、活動内容、財産、代表者などについて地方長官に届け出をしなければならなかった。

宗教団体法では、その第二二条において、「宗教団体ニハ命令ノ定ムル所ニ依リ所得税ヲ課セズ　寺院ノ境内地及教会ノ構内地ニハ命令ノ定ムル所ニ依リ地租ヲ免除ス」と、所得税（この時点では、法人税は所得税のなかに含まれていた）と地租が課せられないと規定されており、そこには、宗教団体の継続を容易にしようとする意図が見られた。

しかし、第一六条では、「宗教団体又ハ教師ノ行フ宗教ノ教義ノ宣布若ハ儀式ノ執行又ハ宗教上ノ行事ガ安寧秩序ヲ妨ゲ又ハ臣民タルノ義務ニ背クトキハ主務大臣ハ之ヲ制限シ若ハ禁止シ、教師ノ業務ヲ停止シ又ハ宗教団体ノ設立ノ認可ヲ取消スコトヲ得」という形で、大日本帝国憲法の規定するところにしたがって、宗教活動に対して制限や禁止の処置が下される可能性があることが明記されていた。宗教団体法は、その根本において宗教団体を管理するための法律であった。

さらに、宗教団体法にもとづいて宗教団体に認可を与える際、政府は宗派や教団を合同させる方針で臨んだ。そのため、一三宗五六派に分かれていた仏教教団は一三宗二八派に統合された。また、キリスト教のプロテスタントにおいても、日本基督教会以下二八の包括団体が合同して、「日本基督教団」が設立された。日本基督教団は、日本にしかないプロテスタントの宗派だが、その誕生は宗教団体法の制定ということと密接に結びついていた。

こうして、ようやくにして成立した宗教関係の法律であったものの、その寿命は決して長くはなかった。施行後六年が経った段階で、日本は戦争に敗れ、ＧＨＱの占領下におかれる。ＧＨＱは、治安維持法など日本国民の自由を奪ってきた法律を廃止する方針で臨み、そこには宗教団体法も含まれていた。

しかし、宗教団体法が廃止されれば、宗教団体は法人格を失い、解散して、清算の手続きをとらなければならなかった。そこで、新たに「宗教法人令」を定めることが意図され、それは、神道指令が発せられてから間もない一九四五年一二月二八日に、「勅令七〇号」として発布された。この時点で日本国憲法はまだ制定されておらず、大日本帝国憲法が最高法規であったため、天皇の命令である勅令という形がとられた。

宗教法人令は、宗教教団の設立や運営にかんして、宗教団体法とは異なり、徹底して自由を与えることを意図するものであった。さらに、神社神道もまた、仏教やキリスト教、あるいは教派神道と同様に宗教として扱われることになり、この法律の対象とされた。

したがって、神道の宗派、仏教の教派、キリスト教の教団を設立しようとする者は、教団にかかわる各種の規則を定める必要があり、それを所在地において登記するとされた。ただし、その際に官庁による認可をまったく必要としないと規定されていた。第七条では、「一　宗教法人成立したるときは成立後二週間内に主管者に於て規則並に主管者の氏名及住所を、教派、宗派及教団に在りては文部大臣に、神社、寺院及教会に在りては地方長官に届出づべし」とされ、さらに、「二　前項の規定に依る事項に変更を生じたるときは変更を生じたる後二週間内に主管者に於て前項の例に準じ之を届出づべし」とされていた。

つまり、宗教法人を設立するためには、届け出さえすればよくなったわけである。また、宗教活動の内容に制限を加えるような条文はいっさい含まれていなかった。しかも、所得税、法人税、それに地租も免除すると規定されていた。

それ以前の宗教団体法では、教団を設立する際に、所轄官庁の認可を必要とした。認可であれば、自由に教団を設立することはできない。それが、宗教法人令においては、たんなる届出によって教団の設立が可能になった。しかも、活動に対して制限が加えられることもなくなった。そこには、やがて制定される日本国憲法の精神に通じるものが含まれていた。宗教法人令は、日本国憲法を先取りしたとも言える。

しかし、届出さえすればいいということは、宗教法人を組織しようとすれば、誰でもすぐにそれが可能になったことを意味した。実際、宗教法人令の施行後、宗教法人の数は飛躍的に増加する。

個別の神社、寺院、教会、教団などを意味する「単位法人」は、施行翌年の一九四六年に四七五五団体増えた。それ以降、四七年には二三〇一、四八年には一四八九、四九年には九四六と増えている。単位法人を包括する「包括団体」（本社や本山、本部にあたる）も、やはり四六年に一二九、四七年に五二、四八年に八八、四九年に一一八増え、この四年間に全体で九八七九団体も増加している。

このような急速な増加が起こるなかで、必ずしも宗教教団とは言えないような組織が、宗教法人格を取得していくような事例が見られた。それは、税制面での優遇措置を得ることだけを目的に、営利事業を行っている個人や団体が宗教法人格を取得することにつながった。実際、そのような事例が相次いだ。

「宗教法人法」の制定

『神々のラッシュアワー——日本の新宗教運動』(内藤豊・杉本武之訳、社会思想社)の著者、H・N・マックファーランドは、この時代、ある電気器具商が、電神教(でんじんきょう)という教団を創設して、トーマス・エディソンを信仰対象としたり、もっぱら脱税を目的として組織された皇道治教という教団が組織されたことを指摘している。

　さらに、あるレストラン経営者は、自分の事業は教会だと称し、その目的は「生活は宗教である」という教えを広めることにあると主張した。客は信者で、空腹を満たすことが救済になり、代金は信者が差し出す献納品となる。この団体は、一九四七年から四八年にかけて、レストラン、洋装品、美術商、美容院、さらには売春宿まで、広範囲な事業を教会として認められ、大繁盛したという。

　こうした事態が起こるということは、宗教法人令が、法律として決定的な不備を抱えていることを意味した。そこで、新たな法律の制定がめざされ、その作業は一九四九年から開始された。そして、五一年四月三日に「宗教法人法」が公布、即日施行された。

　この法案を国会に提出する際に、当時の文部大臣である天野貞祐は、提案理由について、宗教法人令は、「現下の宗教界の実情に照しまた過去五年有余の実施のあとを顧みましたとき、不備の点も少くなく、他方におきまして、信教の自由の基盤の上に立つ新たな宗教法人制度の確立が、各方面から要望される実情に合ったのであります」と述べ、宗教団体法の目的は、「宗教団体に法人格を与え、宗教法人が自由で、かつ自主的に活動をするための物的基礎を獲得させること」にあり、「信教の自由と政教分離の原則を、基本としなければならない」が、「それとともに、宗教法人の責任を明確にし、かつその公共性に配慮を払うこともまた忘れられてはならないのであります」と述べていた。

こうした事態を踏まえ、宗教法人法では、宗教法人を設立する際に、所轄庁から「認証」を受けなければならないとされた。所轄庁とは、単位団体の場合には都道府県、包括団体の場合には文部省がそれに相当する。ただし、包括団体とそれに包括される単位団体が同一の都道府県にある場合は、都道府県が所轄庁になった。

宗教団体法では認可、宗教法人令では届出であったわけだが、認証の場合には、一定の条件を課し、それを満たしていれば、所轄庁が宗教法人として認めるという制度である。この場合の一定の条件とは、その団体が礼拝施設などの財産を所有し、信者がいて、実際に宗教活動を実践していることなどである。これによって、脱税のがれのために宗教法人を設立することが防止されるようになった。

ただ、認可や届出に比較して、認証ということが何を意味するか、それは分かりにくい。認証とは、『広辞苑』では、「一定の行為または文書が正当な手続・方式でなされたことを公けの機関が証明すること」と説明され、特定公務員の任免や批准書、外交文書には天皇の認証が必要とされると述べられている。少なくとも、認証という言葉は一般的なものではなく、それを聞いても、多くの人はその意味するところを理解できない。

そのため、宗教法人法が施行されてから今日まで、宗教法人の認証ということは誤解されてきた。その点を正しく理解している人はほとんどいない。宗教についての専門の研究者でさえ、正しく理解していないし、宗教法人の側も、必ずしもそれを正確に理解しているとは言えない状況が続いてきた。

もっとも多い誤解は、宗教法人は認可を受けているというものである。これは、古い宗教団体法の規定であったわけだが、必ずしもこの法律が影響しているわけではない。むしろ、学校法人や医療法人などの公益法人でその設立に所轄庁による認可を必要とするところがあり、そこからの連想、あるいは類推によるものである。

認可の場合には、こまかく条件が定められていて、その条件に合致しないものは法人として認可されない。それは、宗教法人の認証とはまったくそのプロセスが違う。認可される公益法人の場合には、所轄庁がお墨付きを与える形になるが、宗教法人には本来それがない。

ところが、宗教法人の側も、宗教法人を見る世間の側も、認可と認証を混同し、宗教法人は所轄庁のお墨付きを得ていると考えることが多い。それによって、宗教法人は「聖域」と見なされ、世俗の権力が簡単には介入できないと見なされてきた。この誤解は根強い。

また、宗教法人の活動や税金との関係についても誤解が少なくない。

宗教法人法では、第六条において、

「宗教法人は、公益事業を行うことができる。

二　宗教法人は、その目的に反しない限り、公益事業以外の事業を行うことができる。この場合において、収益を生じたときは、これを当該宗教法人、当該宗教法人を包括する宗教団体又は当該宗教法人が援助する宗教法人若しくは公益事業のために使用しなければならない」

と規定されている。

ここで言う公益事業は、宗教法人が本来の目的とする宗教活動のことをさす。それとは異なる「公益事業以外の事業」とは、いわゆる「収益事業」のことで、法人税法施行令第五条に規定する販売業、貸付業、製造業、運送業、請負業など三三の事業がそれに該当する。

宗教法人に対する誤解

具体的に、宗教法人が行っている収益事業は、宗教法人が所有する土地において駐車場や幼稚園、あるいは宿泊施設などを経営すること、土地を貸し付けること、お守りやお札、おみくじ以外の宗教活動とはかかわらない物品を販売することなどである。こうした収益事業からの収入については、その宗教法人を維持、運営するために使わなければならないと規定されている。

公益事業と収益事業の違いは、前者については非課税であるのに対して、後者については法人税が課税される点である。つまり、純粋な宗教活動から上がる収入に対しては課税されないが、宗教活動以外の収入については課税されるわけである。ただ、法人税については軽減税率が適用される。

この点についても、一般的に誤解されている。宗教法人はいっさい税金を支払っていないかのようなイメージが広がっている。ほかにも、宗教法人で働いている宗教家、神主、住職、神父、牧師、教師などは、宗教法人から給与が支払われており、そうした個人の所得については、一般の被雇用者と同様な形で課税される。宗教法人の側も、源泉徴収を行っており、その点でも税金を支払っていないわけではない。

また、宗教法人に対しても税務調査は行われており、その面でも決して聖域ではない。ところが、宗教法人は非課税であるというイメージが広がり、そこから宗教法人、ないしは宗教活動に対する課税の問題がくり返し話題になっている。他の公益法人についても、宗教法人と同様に、その法人が本来目的としている事業については非課税というところが少なくない。そうしたものは、「収益事業課税」と呼ばれるが、学校法人、社会福祉法人、特定非営利活動法人（ＮＰＯ法人）などは、この収益事業課税である。

さらに、宗教法人法の特徴は、その第八章において、「宗教法人審議会」の設置を定めている点にある。この審議会は、文部省内に設置されるもので、文部大臣の諮問に応じて、宗教法人の認証などについて調査、審議し、それを大臣に建議することを役割としている。その委員は、宗教家及び宗教にかんする学識経験がある者と定められている。

このように、宗教法人法は、信教の自由の確保に重点をおいて制定された宗教法人令がはらむ問題を解決するために作られた法律である。戦前から戦中にかけてのように、宗教団体の活動を国などの公的機関が管理したり、その内容に制限を加えることは、日本国憲法の定める信教の自由の原則に反する。

しかし、宗教法人令の届出制のように、宗教法人の設立をほぼ全面的に自由化すれば、課税逃れのために宗教法人を設立するところも出てくる。それを許してしまえば、数々の問題が生じる。そこで、認証という形に落ち着いたわけである。

その後、宗教法人法はいくたびか改正され、とくに平成七年のオウム真理教の事件後には、この法律のあり方にも問題があるのではないかという議論が起こり、実際、それまで以上に大きな改正が行われたものの、根本的な部分は変化していない。

戦後の日本社会における宗教の展開過程を追う上で、日本国憲法が信教の自由、あるいは政教分離を規定する一方で、宗教法人法という法律が定められ、宗教団体が法人格を取得し、宗教法人として運営されてきた点は重要である。

宗教団体が法人格を得ることは、それを継続させる上で決定的な重要性をもつ。宗教団体は、法人となることによって、創立者などの個人の手を離れ、独立性を確保する。宗教法人においては役員制度がとられ、三名以上の責任役員を置き、そのうち一名を互選によって代表役員とすると定められている。たとえその教団の創立者であっても、法的には代表役員であるわけで、他の責任役員に認められなければ、代表役員の地位を下りなければならない。

あるいは、宗教法人が所有し、宗教活動に用いる土地については、固定資産税がかからない。また、法人の所有なので相続の問題も生じない。それによって、宗教法人の永続性が保証されるわけである。

その点で、宗教団体であれば、宗教法人となることが不可欠になった。しかし、宗教法人のあり方については、すでに述べたように数々の誤解がある。ときには、その誤解から生まれたイメージによって世間から判断されることがある。おそらく、その誤解が解けることはないだろう。事実、この本で扱う時代においては、誤ったイメージが宗教法人につきまとうことになるのである。

Ⅱ　高度経済成長と変化する戦後の宗教

第五章　戦後の天皇家が失ったものとその象徴としての役割

「国体」が意味するもの

今、「国体」という言葉を聞いたとき、多くの人たちは、「国民体育大会」の略称のことだと考えるだろう。

国民体育大会は、一九四六年に京阪神地域を開催地として第一回が開かれてから、毎年開催地を変え、全国の都道府県で実施されてきた。国体はスポーツの祭典であり、平和な戦後の日本社会の象徴となる行事でもある。

国体で優勝した都道府県には、天皇杯が授与される。女子で一位となった都道府県に対しては、別に皇后杯が授与される。また、大会の開会式には天皇皇后が臨席することも習わしになっている。

天皇杯は、国体以外のスポーツの大会でも授与される。そのはじまりは戦前のことだった。一九二五（大正一四）年に、大相撲本場所における優勝力士に授与されたのが最初である。ただ、戦前の天皇杯はこれだけだった。

戦後は、一九四六年に、東京六大学野球リーグ戦の優勝校に天皇杯が授与されるようになったのを皮切りに、競馬の天皇賞優勝馬の馬主、天皇杯全日本サッカー選手権大会の優勝チームといった具合に、次々とその対象が拡大されていった。現在では、バレーボール、柔道、剣道、弓道、卓球、ソフトテニス、バスケットボール、陸上競技、軟式野球、学生の陸上競技、水泳、体操、テニス、レスリング、スキー、なぎなたにまで及んでおり、女子に皇后杯が授けられる競技もある。それぞれの分野で頂点を究めたチーム、あるいは個人は天皇・皇后によって顕彰される体制が作られているわけである。

国民体育大会や天皇杯は、戦後の社会において天皇の存在を国民にアピールする機会にもなっているが、国体という言葉は、戦前においては、まったく異なる意味で使われていた。国体とは、天皇を中心とした政治体制のことを意味していたのである。

国体という言葉を最初に使ったのは、水戸藩の藩士会沢正志斎であった。会沢は、江戸時代末期の一八二五年に執筆した『新論』という著書の冒頭に、国体と題された章を設け、そこで神の子孫である天皇の系譜が受け継がれていることに日本の独自性を求めた。

そうした考え方を説く「国学」が、明治維新を生む一つの原動力となり、それが、やがては大日本帝国憲法の第一条における「大日本帝国ハ万世一系ノ天皇之ヲ統治ス」の規定に結びついていく。法学者の穂《ほ》積《づみ》八《や》束《つか》は、憲法発布直後に法科大学で行われた「帝国憲法ノ法理」という講演において、この第一条の「主意ハ国体ヲ定ムルニ在リ」と述べていた。

ただ、国体という言葉がとくに強調されるようになるのは、第一章でも見たように、美濃部達吉らの「天皇機関説」を排撃するために、昭和に入った一九三五年から「国体明徴運動」がはじまってからのことであった。

太平洋戦争が激化し、日本の形勢が悪化するなかで、戦争を継続すべきかどうかの議論が戦わされることになるが、その際に、日本が戦争に敗れたとき、果たして国体が護持されるかどうかが大きな問題となった。ポツダム宣言の受諾を決めた一九四五年八月九日の御前会議においても、それが条件となっていた。

ただ、日本が戦争に敗れれば、天皇の戦争責任を問われる可能性があった。元首相の近衛文磨などは、まだ戦争が続いている時期において、天皇が退位することで、そうした事態が生まれないようにするべきだという考え方を示していた。

これは、「天皇退位論」に当たるわけだが、敗戦後になると、さまざまな形でそうした主張が展開されるようになった。

「天皇退位論」の展開

たとえば、皇族の一人である高松宮は、終戦への基盤作りを行ったことで知られる元海軍少将の高木惣吉に対して、一九四五年一二月一七日に、天皇には「御責任ガアルカラ、コレハドウシテモ御退位ニナラナケレバナラヌ」という考え方を伝えていた。

また、戦後東京帝国大学の総長に就任した無教会派のクリスチャンで政治学者の南原繁は、一九四六年四月二九日の天長節の式典で講演し、「象徴としての天皇が自らの自由の原理に基き、率先して国民の規範たり、理想たるべき精神的、道徳的の神聖なる御責任をおびせられるのは当然のことであろう」と述べていた。彼は当時貴族院議員であり、その年の一〇月に、貴族院で皇室典範の改正が議論されたときには、そこに天皇の自発的な退位の項目を入れるよう主張した。ここには、南原が戦争の責任をとっての天皇の退位を想定していたことが示されている。ただし、この南原の主張は貴族院では受け入れられなかった。

このように、戦争中から敗戦後にかけて、戦争の責任をとっての天皇の退位が議論の俎上にのぼった。また、一九五〇年代はじめには、サンフランシスコ講和条約の締結を機に、ふたたび天皇は退位すべきだという議論が巻き起こるが、結局のところ天皇は退位しなかった（天皇の退位論については、河西秀哉『「象徴天皇」の戦後史』講談社選書メチエを参照）。

大日本帝国憲法と同時に定められた皇室典範においても、戦後改正された新しい皇室典範においても、天皇が退位する規定は設けられていない。だからこそ南原がその規定を設ける必要性を訴えたわけだが、歴史を考えれば、天皇が退位することは決して珍しいことではない。平安時代においては、天皇が退位して上皇となり、実質的に政務を執り行う「院政」が敷かれた時期もあった。それ以降も、天皇の譲位はくり返されてきた。

その点では、天皇が退位したとしても、それは伝統に背くことにはならない。しかし、昭和天皇は退位することはなかった。第一章で取り上げた「人間宣言」を通して、現人神であることを否定しただけだった。

そこには、さまざまな要因がからんでくるが、一番大きいのは、日本を占領下においたGHQの意向である。当初の段階では、GHQ内部で、天皇を戦犯として裁くことも検討していた。また、それを強く主張する人物もいた。

しかし、GHQのトップにあったダグラス・マッカーサー元帥は、一九四六年一月二五日に本国の陸軍省宛に打った電報において、「天皇を告発すれば、日本国民の間に想像もつかないほどの動揺が引き起こされるだろう。その結果もたらされる事態を鎮めるのは不可能である。天皇を葬れば、日本国家は分解する。連合国が天皇を裁判にかければ、日本国民の憎悪と憤激は、間違いなく未来永劫に続くであろう」と述べていた。

マッカーサーは、そのなかで、「天皇が戦犯として裁かれるかどうかは、極めて高度の政策決定に属し、私が勧告することは適切ではないと思う」と述べてはいたが、この電報を受けとった陸軍省は国務省と協議し、天皇を戦犯として裁かないことを決定した（西鋭夫《としお》『國破れてマッカーサー』中公文庫）。

そこには、GHQの進駐直後の一九四五年九月二七日に、天皇自らがアメリカ大使館内のマッカーサーの宿舎を訪れ、三五分会談した際に、「私は、日本国民が戦争を闘うために行った全てのことに対して全責任を負う者として、あなたに会いに来ました」と述べたことが影響しているとも言われる。

さらには、日本の国民のあいだで、天皇の責任追及を求める声や退位を望む声がそれほど高まらなかったことも影響していたに違いない。マッカーサーの判断も、そうした状況を反映してのことだろう。

戦前の天皇家の莫大な財産

天皇は、大日本帝国憲法の規定では、統治者であり、神聖で絶対的な存在とされてはいたものの、実際的には、政治上の権限は限定され、自由に権力をふるう立場にはなかった。そこが同じ敗戦国でもドイツなどとは事情が違う。少なくとも、天皇が勝手に命令を下すことはできなかった。

アメリカは新興国で、一八世紀に建国されたこともあり、ヨーロッパの諸国とは異なり、王や貴族という特権階級が存在しない。それは、民主国家を標榜するアメリカにとって誇りでもあるわけだが、同時に、王や貴族といった存在に対する強い憧れを生むことにもつながっている。そうしたアメリカの人間からしてみれば、天皇という存在、あるいは天皇制という政治制度は、どう扱っていいかが難しいものに映った可能性がある。

そうしたことから、天皇制は温存され、天皇退位も行われなかった。そして、国家と国家神道の分離を推し進めることで、天皇制が軍国主義の復活に結びつかない体制が作られていったのだが、やはり天皇制のあり方は戦前と戦後では大きく変わらざるを得なかった。

それは、第一章で述べた現人神の否定ということには留まらない。一般に、それほど注目が集まることもなく、重視されることも少ないが、戦後大きく変わったのは、いわゆる「天皇財閥」の解体と、「皇室の藩屛《はんぺい》」、つまりは皇室を守護するものとその役割が規定された「華族制度」の解体であった。

戦前の天皇家は、莫大な財産を所有していた。その財源を供給したのが「御料地《ごりようち》」であり、林業経営によって資産を形成した。ただ、一八八一（明治一四）年における御料地はわずか六三四町歩であった。一町歩は、およそ一ヘクタールに相当する。ところが、その九年後には、御料地は三六五万四〇〇〇町歩と、六〇〇〇倍に増えている。民有林の総面積が八三八万五〇〇〇町歩だったので、御料地はその半分に匹敵した。

御料地は、北海道の夕張、静岡の大井川流域、岐阜や木曾といった具合に全国に広がっていて、当時は「金のなる木」とも言われるほど、膨大な収益をもたらした。天皇家は、それをもとに、株式や国債などの有価証券にも投資した。主なものをあげれば、次のようになる。

日本銀行（二〇万八〇〇〇株）
横浜正金銀行（二〇万九三一八株）
日本興業銀行（四万五四五〇株）
台湾銀行（三万二六四株）
東洋拓殖会社（五万株）
帝国銀行（二万九一一〇株）
王子製紙会社（六万六〇八株）
関東電業会社（三万四七四九株）

南満州鉄道会社（八万四三七五株）
台湾製糖会社（三万九六〇〇株）

こうした株のなかには、日本銀行や横浜正金銀行、あるいは日本郵船のように、政府が保有していた株が皇室に献上されたものもある。日本銀行は日本の中央銀行であり、横浜正金銀行はもっぱら貿易金融や外国為替を扱う特殊な銀行だった。

このように、皇室の財産が増大していった背景には、自由民権運動が高まり、国会開設が避けられない状勢のなかで、皇室財産と国家財政を分離することにあった。国家の財政は、新たに開設される国会で審議されることになるが、皇室の財産なら、それを免れることができる。その点で、天皇財閥の形成は、政府が隠し金、裏金を作ることを目的としたものだったとも言える。

その点で、天皇財閥を一般の財閥と同じものとして考えるわけにはいかないが、天皇家が膨大な資産を所有していたことは間違いない。その総額は、終戦の時点で、GHQの発表では約一六億円に達した。また、一九四六年三月の財産税納付の際には、約三七億円と評価された。

「天皇財閥」の解体

財産税法に従って、皇室の所有する約三七億円の九割にあたる約三三億円の財産税が課され、それは物納された。残りの財産も、日本国憲法の第八八条で、「すべて皇室財産は、国に属する。すべて皇室の費用は、予算に計上して国会の議決を経なければならない」とあることから、国家に帰属することになった。皇室の私的な財産としては、身の回りの品と預貯金、有価証券が約一五〇〇万円残されただけだった。

さらに、憲法の第八条では、「皇室に財産を譲り渡し、又は皇室が、財産を譲り受け、若しくは賜与することは、国会の議決に基かなければならない」とされ、戦前のように天皇財閥が形成されることがないような規定も設けられていた。

これによって、天皇家は財産を奪われることになった。その代わりに、一九四七年一月一六日に、「皇室経済法」が定められ、皇室関係の費用である皇室費は、国によって賄われることになる。

皇室費は、宮廷費、内廷《ないてい》費、皇族費の三つの種類に分かれている。宮廷費は、皇室の公的活動に使われるもので、宮中晩餐会をはじめ、園遊会の開催、皇族の地方への訪問、宮殿の補修や皇居の庭園整備などに用いられる。内廷費は、天皇家の生活費を含む私的な費用であり、一方皇族費は、天皇家以外の宮家の私的な費用である。

ちなみに、平成二五年度の当初予算では、皇室費は全体で六〇億七八〇〇万円にのぼり、宮廷費が五四億九三〇〇万円、内廷費が三億二四〇〇万円、皇族費が二億六一〇〇万円である。なお、宮内庁の予算はこれとは別で、平成二五年度は一〇二億六三〇〇万円だった。

内廷費はさらに人件費と物件費に分かれる。額は一対二で、人件費は、天皇家が私的に雇い入れている内廷職員のためのもので、そこには宮中祭祀を司る神職、その手伝い、あるいは生物学御研究所や御養蚕所の職員が対象になる。

物件費は、用度費《ようど》、食饌費《しょくせん》、恩賜金・交際費、教養費・旅行費、祭祀費、その他の雑費に分かれる。用度費は、衣服など身の回り品の費用である。食饌費のなかには、日常の食費の他、会食の費用などが含まれる。恩賜金は、日本赤十字社への寄付の他、災害時の見舞金、あるいは神社に幣帛を捧げるときの費用などが含まれる。教養費・旅行費には、天皇や皇太子の研究費や、御用邸に静養に行く時の費用が含まれる。祭祀費は、宮中祭祀にかかる費用である。そして、その他の雑費には、医薬品代のほかに、私物を買うための「御手元金」などが含まれる。

なお、内廷費は一九四七年に八〇〇万円だったのが、四八年には二〇〇〇万円になり、七二年には一億円を越えて一億一二〇〇万円となった。そして、九六年には三億二四〇〇万円となるが、それ以降は据え置かれている。

このように、現在の皇室関係の予算は、国によって管理され、天皇家が私的に使える金も、かなりの制約を受けている。そのなかで公務をこなし、皇室としての威厳を保たなければならないわけである。

戦前の天皇家が天皇財閥を形成できるほど莫大な資産を抱えていたとは言え、その性格上、財産を自由に使えたというわけではない。しかし、戦後は財産を奪われ、経済的な基盤は相当に弱体化した。現在の天皇家は、本当の意味で私的な財産を所有しているとは言えない状況にある。

戦後、天皇家に対しては、「開かれた皇室」であることが求められるようになる。その際には、イギリス王室のことが持ち出されることが多い。しかし、イギリス王室の場合には、その維持と活動のために、国家から「王室費」が支払われている一方で、独自に領地を所有しており、大土地所有者としてかなりの収入を得ている。

その点で、日本の皇室とは経済基盤がまったく異なっており、イギリス王室と同じようなあり方や行動をとることは難しい。その点はつねに無視され、その上で両者の比較が行われ、日本の皇室にもイギリスの王室のように開かれたあり方が求められてきたのだった。

このことは、貴族制度、日本で言えば華族制度の問題とも関連する。

華族制度の消滅

華族は、明治に時代が変わってすぐの一八六九（明治二）年に生まれた制度で、戦後まもない一九四七年に解体されている。それによって、日本からは特権階級としての貴族が消滅した。

明治以前においては、京都の朝廷には公卿、あるいは公家と呼ばれる特権階級がいて、政務にあたっていた。一方、徳川政権は各地に所領をもつ大名を擁していた。明治時代になると、かつての大名は諸侯と呼ばれた。華族は、公卿と諸侯からなるもので、その数は制度が発足した時点で四二七家に及んだ。

その後、各地の重要な神社の神職、皇族や公卿のうち藤原氏嫡流の五摂家と姻戚関係をもつ真宗（浄土真宗）各派の法主、宗主、管長、さらには公家出身で奈良の興福寺の塔頭《たっちゅう》の住職をしていたのが明治に入って還俗した者、あるいは南朝の末裔、各藩の下級武士ではあったものの明治維新で勲功のあった者、琉球王家などが華族に加えられ、その数は増えていった。

華族は、公爵・侯爵・伯爵・子爵・男爵の五つの爵位に分けられた。侯爵の爵位を授かったのは、公家では五摂家、武家では徳川宗家で、ほかに、「国家に偉功ある者」として、公家の三条家と岩倉家、武家の島津家宗家、玉島島津家、毛利家が叙せられた。以下、家の地位に応じて爵位が定められた。

華族の特権は、次の通りであった。

爵の世襲
家範（華族一族内の家憲で、法規として認められた）の制定
叙位（成年に達したとき従五位が授けられた）
爵服の着用許可
世襲財産の設定
貴族院の構成
特権審議（貴族院で審議することによって）
貴族院令改正の審議
皇族・王公族との通婚
皇族服喪の対象
学習院への入学
宮中席次の保有
旧堂上華族保護資金

皇室を支えてきた華族

この特権のなかで、とくに重要なのは、「皇族・王公族との通婚」の箇所である。

江戸時代においては、「士農工商」という形の身分制度が存在したが、それは明治維新によって廃止された。しかし、新しい戸籍制度においては、旧武士階級は士族として一般の平民とは区別され、その上に華族が定められた。士族と平民には、皇族との婚姻が許されなかった。

これは、江戸時代までの伝統を引き継ぐもので、天皇の正式な配偶者である中宮や皇后になることができたのは、皇族を除くと五摂家出身の女性だけだった。五摂家は、藤原北家嫡流の近衛家、九条家、二条家、一条家、鷹司《たかつかさ》家のことをさし、こうした家が摂政・関白を独占した。そうした伝統が、華族制度においても引き継がれたのである。

これは、華族の側からすれば特権であり、天皇家の側からすれば、皇后などの供給源が確保されていることを意味する。それは、一面では、士族や平民の出身者が皇族のなかに入ってくることを妨げるものではあったが、一方で、皇族の配偶者を確保することを容易にした。

もちろん、華族として爵位を与えられたからといって、それだけで特権階級として家を永続させる資産を確保できるわけではなかった。それでも華族には、大土地所有者が多く、資産運用によってその名にふさわしい豊かな暮らしをすることができた家が少なくない。

しかし、戦後においては、特権階級を生まないことが占領下における基本的な方針となり、議論はあったものの、華族制度は廃止された。新たな日本国憲法には、華族制度は盛り込まれなかった。これによって七八年続いた華族という存在が消滅するとともに、古代に発する貴族が日本からは消滅した。

たんに制度が廃止されただけではなく、一九四六年一一月一二日に財産税が公布されたことが、旧華族には大きな打撃を与えた。これは、財政再建とインフレ抑制のために制定された税法だが、財産をもつ個人がすべて納税対象者になっていた上に、きわめて高い率の累進課税が行われ、一五〇〇万円以上の財産をもつ者に対しては税率は九〇パーセントと定められた。これは一回だけの臨時税で、物納が認められたが、資産家には決定的な打撃を与えるものであった。これによって旧華族は、特権だけではなく、経済基盤を失った。

華族制度が生まれた一八六九年は、東京の九段下に靖国神社の前身となる東京招魂社が創建された年でもあった。当時、徳川幕府に代わって明治新政府が政権を担うようになったとは言え、その基盤は決して磐石なものではなく、内戦も続いていた。

そのなかで、東京招魂社の場合もそうだが、華族制度も、新政府を樹立するために功績のあった人間や故人を顕彰することによって、政府に対する忠誠心を高めることが目的になっていた。だからこそ、同じ時期に両者は生まれたのである。

また、華族制度の場合には、京都から東京に移ってきた天皇家の周囲に、それまでの公卿、公家を置く体制を存続させる役割を果たした。公卿、公家は華族に叙せられた上、一八七一年には東京在住を命じられたからである。要は、京都の朝廷がそのまま東京に移ってくることになったのである。

天皇制と華族制度の解体

戦後、天皇制は廃止されず、さまざまな方面から退位論が主張されたものの、天皇もその地位から退かなかった。

それでも、一九四六年年頭の人間宣言によって、天皇は現人神であることを自ら否定した。それは、古来からの伝統を大きく改めたように見えるが、現人神であることが強調されるようになったのは、第一章で述べたように、文部省が『国体の本義』を刊行した一九三七年以降のことである。その点で、天皇の人間宣言は、古くからの伝統を根本から改めたというわけではない。

しかし、華族という皇室の藩屏を失った戦後の天皇家は、その支えを失った。それは、古代において天皇制が確立された時代以来の伝統が大きく損なわれたことを意味する。天皇家は、華族を失うことで裸になったとも言える。

華族制度があった時代の天皇家は、華族とさまざまな形で姻戚関係を結んでいた。家というものは、その外から必ず配偶者を迎えなければならないので、単独では存立し得ない。さらに、皇后に子どもが生まれない場合には、側室がおかれたが、側室の女性たちも伯爵家や子爵家出身の女官から選ばれた。

一つの家を永く存続させるには、妻一人では不可能である。夫の側に不妊の原因があれば、いくら側室をもうけても、跡継ぎを産むことはできないが、妻の側に原因があるのなら、側室で後継者問題は解決した。華族の家にも、妻とは別に「婦」と分類される女性たちがいて、それは妾を意味した。

戦前においては、憲法に規定はなかったものの、民法において、女性が結婚する場合、戸主の許可を得なければならないと定められ、女性は男性の家に嫁ぐという形態をとっていた。

ところが、新たな日本国憲法では、その第二四条において、「婚姻は、両性の合意のみに基いて成立し、夫婦が同等の権利を有することを基本として、相互の協力により、維持されなければならない」と規定され、婚姻における男女平等が認められた。それは、女性の地位向上に貢献し、それにともなって男性が家を永続させるために、妾をとるというあり方が否定されるようになる。

これは、戦後社会における家族のあり方を大きく変え、「核家族」の方向へむかうことを促進していくことにもなるが、天皇家も、側室という制度を失い、さらに華族を失ったことで、同じ方向へむかわざるを得なくなる。

その点で、これから述べるように、天皇家が戦後核家族のモデルの役割を担うようになるが、それは同時に、天皇家の存続が容易なものではなくなったことを意味した。

敗戦後の天皇の巡幸《じゅんこう》

人間宣言からおよそ一カ月半が経った一九四六年二月一九日、天皇は巡幸に出発した。目的地は神奈川県で、戦後の復興状況や海外からの引き揚げ者の援護状況を視察するとともに、戦災者を激励することがその目的だった。巡幸は車で行われたが、車列は七台で、戦前に比べればはるかに簡素であり、天皇も背広を着て、ソフト帽をかぶるという軽装だった。

昭和天皇の巡幸　神奈川県・戦争被災者の簡易住宅街で（提供：毎日新聞社）

そのときの様子は新聞に写真つきで報道されたが、天皇は戦災者などと直接に会話を交わした。そうした記事では、「漂う苦悩の御表情」という見出しがつけられ、「戦災者宿舎感激で一ぱい」と、巡幸先の人々の反応についても述べられていた。ただし、写真に映っているのは、部屋を訪れた天皇を正座して迎える戦災者の姿だった。

この巡幸は、ＧＨＱが求めたものであった。ＣＩＥのダイク局長は、敗戦後の日本を混乱状態から立ち直らせるためには、天皇が全国各地を巡幸し、直接民衆と接触して、話をすることが必要だと、侍従長に求めた。天皇も、第一回の巡幸の成果に満足し、継続を希望した。それによって、この年には一都八県、翌年には二府二一県の巡幸が実施された。これを迎えた民衆は、君が代を歌い、万歳三唱を行うなど、熱狂的な歓迎ぶりを示した。

天皇が、各地を訪問することは「行幸《ぎょうこう》」と呼ばれる。いくつかの地域をまわる場合に、それは「巡幸」と呼ばれる。天皇と皇后が一緒に外出するときは、「行幸啓《ぎょうこうけい》」である。また、皇太子をはじめ他の皇族の場合には、それぞれ「行啓」と「巡啓」という言葉が用いられる。

こうした行巡幸や行巡啓は、古代から行われてきたが、明治になると、ただ天皇や皇族が各地を訪れるというだけではなく、その姿を民衆に対して示す政治的なパフォーマンスとしての性格をもつようになる。

そもそも、一八六八（明治元）年に明治天皇が京都から東京を訪れたこと自体が行幸であり、それは「東幸」とも呼ばれた。その時点では、天皇が京都を離れて東京で生活するようになるとは定まっていなかったからである。東京に居を定めるのは、翌年の第二回の東幸によってだった。最初の東幸の際には、総勢三三〇〇人もの行列が組まれた。

その後、一八七二年から巡幸が行われるようになるが、それは陸軍省が提出した「全国要地巡幸の建議」によるものだった。天皇が全国各地の地理や形勢、人民や風土を視察し、その実情を知るとともに、天皇のことをほとんど知らない民衆にその存在を知らしめ、崇敬の念を起こさせることが、その目的とされた。

明治時代には、明治天皇による地方巡幸がくり返されるが、一方、皇太子（後の大正天皇）による行巡啓も行われるようになり、一九〇七（明治四〇）年には、日本の保護国になったとはいえ、必ずしも政情が安定していなかった韓国にも行啓している。

明治天皇が亡くなると、大正天皇が行巡幸を行うようになるが、大正天皇には健康上の問題があり、行巡幸ができなくなったため、摂政となった裕仁皇太子（後の昭和天皇）の行巡啓が重要なものとなった。それは、天皇に即位してからも継続され、行巡幸の範囲は全国に及んだ。

このように、日本が近代社会に入ってから、天皇の行巡幸、あるいは皇太子の行巡啓はくり返され、それを通して国民は天皇や皇太子の姿を直接目にすることになった。明治時代から敗戦までの行巡幸（啓）について研究した原武史は、「国民国家が確立してからも、行幸啓は依然として『臣民』の間に天皇や皇室の存在を認識させ、忠誠心を培養するための重要な政治的手段と見なされていたのである」とその意義を強調している（『可視化された帝国――近代日本の行幸啓』みすず書房）。

戦後の行巡幸となると、国民は臣民ではなくなり、天皇や皇族に対して忠誠心をもつことは求められなくなる。また、戦後の行巡幸では、天皇は国民と直接にふれあい、会話も交わした。それは、敗戦までの行巡幸にはないことだった。だからこそ、国民は、玉音放送を通してはじめて天皇の声を耳にしたのである。

戦後の国民のあいだにも、依然として天皇を特別な存在としてとらえる感覚が残り、そこには、敗戦までの時代における天皇崇拝の影響があった。しかし、戦後の天皇は国民と直接言葉を交わすだけではなく、新聞では、その談話が紹介されるようになる。それによって、神としての天皇ではなく、人間としての天皇の存在がアピールされるようになり、それは国民の天皇に対するとらえ方を変化させることにも結びついていった。

皇太子のご成婚

その際に重要な役割を果たしたのが、明仁皇太子（現在の天皇）であった。前掲の『「象徴天皇」の戦後史』によれば、皇太子が一九五一年一二月二三日に、皇太子としての成年にあたる一八歳になると、マスコミは、「日本の若きホープ」としての皇太子に期待をかける記事を数多く掲載するようになった。

一九五二年四月二八日には、サンフランシスコ講和条約が発効し、日本は主権を回復する。その年の一一月一〇日には、正式に皇太子となるための立太子礼が行われる。このことから、皇太子は、戦災から立ち直り、国家として新たな再生をとげていく日本の象徴と見なされるようになっていく。

皇太子は、立太子礼の後、一九五三年三月三〇日から半年にわたって外遊し、ヨーロッパ一二カ国やアメリカ、カナダを訪問した。主たる目的は、六月二日に行われたイギリスのエリザベス二世の戴冠式に天皇の名代として出席することにあった。昭和天皇には、戦争の首謀者としてのイメージがつきまとっていたが、皇太子にはそれがなかった。さらに、各国の王室と直接親交をもつことも、そうした諸国との友好関係を確立する上で重視された。

しかし、戦後民主主義の象徴としての皇太子の存在をもっとも強くアピールすることになったのが、その結婚においてだった。結婚相手になった正田美智子は、元華族の出身ではなく、一般国民の家の出身だった。そこから、この結婚は大いに注目され、「ミッチー・ブーム」が巻き起こる。

すでに述べたように、明治に入るまで、天皇の正式な妻である中宮や皇后になれるのは、五摂家出身の女性にかぎられた。明治になると、華族制度が生まれ、天皇家に嫁ぐのは華族に限定された。

戦後、華族制度が廃止されることによって、天皇家に嫁ぐ女性には制限がなくなった。しかし、皇太子妃や皇后になることは特別なことであり、皇太子の結婚が囁かれるようになっても、当初、その候補に上げられたのは、主に元皇族の女性たちであった。

それが、民間の出身者である正田美智子に決まるまでには紆余曲折があった。その経緯については、当時朝日新聞東京本社の皇太子妃取材チーム員として取材にあたった佐伯晋が、「三水会」という雑学の勉強会で二〇一〇年二月一七日に語った「美智子妃が決まるまで――半世紀後に語れる実相」という講演に詳しい（出典は、http://www.hone-kenko.org/sansuikai/sansui_32.html）。

皇太子の結婚は、軽井沢で二人が一緒にテニスをしたのがきっかけで、それが恋愛に発展したかのように思われているところもあるが、恋愛結婚ではなかった。しかし、相手は民間人であり、皇太子妃を選考する側が勝手に候補者を選び、結婚を強制するとなると、逆に問題になると判断された。選考に加わったのは、宮内庁長官や侍従長の他に、元慶應義塾塾長だった小泉信三などである。

そこに選考の難しさがあったようで、さらに、学習院の同窓会で、皇族や旧皇族が中核をしめている「常盤会」の存在も事態を難しくした。旧皇族の女性たちは、皇太子の結婚相手は旧華族

皇太子（当時）と美智子さまがご婚約発表後、初めて二人でテニスを楽しむ
（提供：毎日新聞社）

に限定されるべきだという考え方をもっていたからである。

しかし、旧華族の女性のなかには適当な相手が見つからず、選考する側には、戦後の新しい皇室のイメージを作り上げる上では民間人から皇太子妃を選ぶ方が好ましいと考える人間たちもいて、しだいにその方向に傾いていった。そこで、名門とされる女子大の学長に推薦依頼が密かに出され、聖心女子大学からあがった名前が正田美智子だった。

皇太子がそれまでに正田と軽井沢においてテニスで対戦していたのは事実で、そのとき、皇太子の側が負けたこともあり、彼女の存在は皇太子に強い印象を残していた。そうしたところから、彼女がふさわしいのではないかということになり、また、さまざまな調査の結果からも問題がないということで、最終的に皇太子妃は正田美智子に決まった。佐伯は、「このご成婚の本質は、責任を持ってアレンジされた恋愛結婚である」と結論づけている。

この事実が報道されると、国民のあいだに大きな反響を巻き起こした。軽井沢のテニスコートでの出会いということは格好の話題になったが、何より、旧華族でもない民間人のなかから皇太子妃が選ばれたということは、皇室のあり方に根本的な変化をもたらすものであり、その点で国民に歓迎された。それは、時代が大きく変わったことを強く印象づけたからである。

一九五九年四月一〇日には、結婚式が行われ、その後の「ご成婚パレード」は、ようやく家庭に普及するようになったテレビでも生中継され、また、一般家庭がテレビを購入する大きな刺激にもなった。

本当の意味では恋愛結婚ではなかったものの、二人の最初の出会いが軽井沢のテニスコートであったことは事実である。結婚は強制されたものではないし、見合いが行われたわけでもない。それは、少なくとも戦後の皇室のあるべき姿を示すものと受け取られた。

さらに、二人のあいだに子どもが生まれ、子育てをそれまでの皇室の伝統とは異なり、皇太子妃が直接行ったことも、同じように好感を抱かせた。皇太子一家の日常の生活は、もちろん自由にではないが、逐一メディアによって報道され、その家庭生活が国民一般と根本的には異なるものでないことが強調された。

しかも、天皇一家が皇居に住んでいたのに対して、皇太子一家は赤坂御用地のなかにある東宮御所に住むことになり、新しい皇太子妃が舅姑と同居するという形態をとらなかった。それは、戦後に急速に拡大する「核家族」としてのあり方を象徴するものであった。

すでに述べたように、戦後は華族制度が廃止され、皇族の家の数も減少した。それは、皇太子一家をめぐる親族関係が縮小したことを意味する。

しかも、近代に入るまで天皇家は長く京都に住んでいたわけで、そこが故郷とも言えるわけだが、明治に入った時点で、東京に移り、京都にはいなくなった。それは天皇家が姻戚関係を結んだ華族についても言えることで、彼らも東京に移り住んだ。それによって、皇族が京都に里帰りをすることはなくなった。故郷を喪失したという点では、戦後の都市住民のなかでも、天皇家はもっとも先端を行ったことになる。

しかし、皇室が核家族化したことは、その基盤が脆弱化したことを意味する。核家族は、何代も続くことが難しい。そのことは、その後大きな問題を生むことになる。また、民間から皇室に嫁ぐことの難しさも、やがて露呈していくことになるのである。

第六章　創価学会の急成長という戦後最大の宗教事件

日蓮系新宗教の台頭

戦後の宗教の歴史を考える上で最大の事件は、高度経済成長とともにはじまった日蓮系新宗教の台頭という出来事である。

日蓮系新宗教は、法華経信仰、あるいは法華経に独自の価値を見出した鎌倉時代の宗祖の一人、日蓮個人に対する信仰を核とした在家の宗教団体のことをさす。その中心を担ったのが創価学会であり、霊友会や立正佼成会であった。とくに創価学会の成長は目覚ましく、そのことは宗教界だけではなく、日本社会そのものに大きな影響を与えることとなった。

すでに第三章でふれたように、戦前においても、天理教や金光教のように「教派神道」に分類される教団や、「類似宗教」と呼ばれた、今日で言う新宗教が発展し、多くの信者を集めた。そうした教団のなかには、成長があまりに急速であったために、権力の側に警戒され、弾圧や規制を受けたところもあった。その点では、新宗教の発展は近代社会の特徴であり、戦後になってはじめて生まれたものではない。

日蓮系新宗教も、すでに戦前の時代に生まれていた。しかし、急速に拡大するのは戦後になってからで、瞬く間に多くの会員を獲得していったので、それは既成教団にとって脅威になり、かなり警戒された。創価学会の場合には、さらに政界に進出して、公明党という政党を組織したため、既成政党とも対立することになる。

日蓮系新宗教がどれほど急速に発展していったかについては、これから述べていくが、現在の時点でどの程度の規模になっているかをひとまずおさえておきたい。

難しいのは、各教団の信者数をどのようにしてとらえるかである。第四章でもふれたように、宗教教団を所轄しているのは文化庁文化部宗務課である。宗務課では毎年、『宗教年鑑』（ぎょうせい）を刊行し、そこには既成教団、新宗教教団を問わず、宗教法人として認証された宗教団体の信者数が掲載されている。ただしそれは、それぞれの団体の自主的な申告にもとづくものであり、客観的な調査によって算出されたものではない。いわば、「自称」の数である。

したがって、実態とかけ離れた数が申告されても、それにチェック機能が働くことはない。その点で、この数字をそのまま信用することはできない。だが、ほかに信頼がおける信者数の調査は存在していない。

そのなかで、一定程度信頼がおける調査がある。その一つが、ＮＨＫ放送文化研究所編『現代の県民気質——全国県民意識調査』（ＮＨＫ出版）に示された数字である。これは、一九九六年六月から七月にかけて、四七都道府県それぞれの一六歳以上九〇〇人を対象に県民意識を調査したもので、全国では四万二三〇〇人が対象になった。

その際に、宗教も調査対象になっており、どの宗教団体に所属しているかを聞いている。もちろん、既成仏教教団の信者だと答える人間が多いのだが、創価学会と立正佼成会については対象になっており、全国で、創価学会の会員は三・〇パーセント、立正佼成会の会員は〇・五パーセントという結果が出た。すでにこの調査から二〇年近くが経過しており、現在は両教団ともこれより若干減少していると思われるが、一九九六年の総人口がおよそ一億二六〇〇万人なので、それをかけると、創価学会は約三七八万人、立正佼成会は約六三万人という数が出る。

なお、NHK放送文化研究所『放送研究と調査』(一九九九年五月)に掲載された「日本人の宗教意識」というレポートで紹介されている調査では、創価学会が二・三パーセント、立正佼成会が〇・一パーセントという結果がでていた。こちらの方はサンプル数が少なく、全国の一八〇〇人が対象で、回答率は七六パーセントだった。

日蓮系新宗教が爆発的に伸びたのは、一九五〇年代の終わりから七〇年代のはじめにかけてで、一九九六年の時点では、すでにそうした教団は活発な布教活動を行わなくなっており、最盛期は明らかに過ぎている。だが、創価学会も立正佼成会も、敗戦の時点ではほとんど会員を抱えていなかった。その点を考えると、これだけの規模の教団が戦後に誕生したことは驚くべき事態である。

創価学会の布教活動「折伏」

創価学会の場合には、布教活動を展開する際に、「折伏《しゃくぶく》」と呼ばれる方法をとった。それは仏教用語で、「摂受《しょうじゅ》」と対になるものである。摂受が諄々《じゅんじゅん》と教えを説くことで相手を説得していくやり方であるのに対して、折伏は強引な手段を使ってでも相手を屈伏させ、それによって教えを広めようとするものである。

折伏による布教を行えば、当然、その対象となった相手と対立する事態が生じる。そのため、既成の宗教教団は、創価学会の折伏を警戒し、それを防ぐ対策を立てざるを得なくなった。その点で、創価学会の拡大は、既成教団にとって相当の脅威として受け取られたのだった。

さらに、創価学会は政治の世界に進出する。新宗教のなかには、創価学会以外にも政界に進出し、国会に議員を送るようなところもあった。しかし、創価学会は公明党という政党を組織したところに見られるように、その進出の仕方は本格的で、規模も格段に大きかった。衆議院では最大で五八議席を獲得している（一九八三年の第三七回総選挙においてで、追加公認が一あり、合計で五九議席に達した）。

これだけの規模で政界に進出できたのは、創価学会に多くの会員がいて、公明党の議員に投票してくれるよう活発な選挙活動を展開したからである。それは、他の政党にとっては重大な脅威であり、とくに創価学会の会員には都市の中下層階級が多かったことから、同じ階層をターゲットとした日本共産党などとは票の奪い合いになり、両者は選挙のたびごとに激しく対立した。そのことが「創共協定」に結びつくが、それについては第一〇章でふれる。

このように、戦後、日蓮系の新宗教が拡大し、なかでももっとも戦闘的で政治的な創価学会が飛躍的に伸びたことで、宗教界だけではなく、政界にも波紋を呼び、創価学会の存在は社会問題化していった。

本書においては、ここまでくり返し述べてきたように、新宗教の他に、天皇制と祖先崇拝という三つの軸をもとに戦後の宗教の展開を追っているわけだが、日蓮系の新宗教のなかで創価学会は天皇制と深くかかわっている。

とくにそれは、「国立戒壇」の問題と関係する。国立戒壇は、創価学会の独創ではなく、戦前に日蓮主義の運動を推進した国柱会《こくちゅう》の田中智学《ちがく》が唱えたものである。創価学会の場合には、彼らが信奉し、支えてきた日蓮正宗の信仰を、国民全体が信仰する「国教」に祀り上げることを意味した。この国立戒壇の建立は、創価学会が政界に進出する際の第一の目的ともされており、それが日蓮正宗の総本山である大石寺に建立されたおりには、天皇の勅使がそこを訪れるとされた。そこで創価学会の信仰は、天皇制と密接な関係をもつわけである。なお、霊友会・立正佼成会にはそうした面は見られない。

また、日蓮系の新宗教教団は、祖先崇拝という側面についても特徴的な部分をもっていたことが注目される。

新宗教は一般に、現実の社会生活のなかで生じる問題の解決を志向するもので、現世利益を追求するところに特徴があると考えられているが、一方で、祖先崇拝に強い関心をもつ教団も少なくない。

日蓮系の新宗教の場合には、創価学会と立正佼成会、そしてそのルーツとなった霊友会では、祖先崇拝に対する姿勢が大きく異なる。

創価学会の場合には、死者の霊を供養するということにまったく関心をもたないわけではないが、それぞれの家の祖先を祀るということに必ずしも熱心ではない。それに対して、霊友会・立正佼成会の場合には、独自の祖先崇拝の形態を特徴としており、その点では創価学会と大きく異なっている。

その点についてはこれから詳しく見ていくことになるが、日蓮系新宗教の祖先崇拝に対する姿勢は、それぞれの教団が急成長した戦後社会のあり方を反映したものであり、それを象徴している。その点で、新宗教と祖先崇拝との関係性は大いに注目されるのである。

創価学会誕生の歴史

この章では主に創価学会の展開について述べていくことにするが、創価学会が誕生したのは戦前の一九三〇年のことである。その時点では、創価学会ではなく、「創価教育学会」を名乗っていた。創立者は、尋常小学校の校長を歴任した牧口常三郎であった。牧口は地理学者でもあり、地理学関係の大部の著作を刊行している。また、『先祖の話』の著者、柳田國男とも交流をもっていた。

牧口は、一八七一（明治四）年に新潟で渡辺長七《ちょうしち》として生まれる。六歳のときに叔母の嫁ぎ先である牧口家の養子となる。八九年に北海道尋常師範学校、現在の北海道教育大学に入学し、卒業後は教師の道を歩むことになるが、一方で、地理学に強い関心を抱くようになる。牧口の地理

牧口常三郎

学は自然地理学ではなく、人文地理学であり、自然現象と人間の生活を結びつけて理解しようとするところに特徴があった。

牧口は、小学校のカリキュラムのなかに、地理について学ぶ「郷土科」を設けることを提唱し、そうした自分の考え方を一九〇三年に『人生地理学』（『牧口常三郎全集』第一巻、第三文明社所収）という書物にまとめた。これが、柳田とともに「郷土会」という民俗学の研究会を結成した新渡戸稲造の目にとまり、それで牧口も郷土会に参加するようになる。牧口は、柳田が山梨県南都留郡道志村で行った民俗調査にも参加している。

その牧口が信仰を獲得したのは、創価教育学会が発足する二年前の一九二八年のことだった。牧口は、研心学園（現在の目白学園）の校長であった三谷素啓《みたにそけい》という人物と出会う。三谷は、池袋にある常在寺《じょうざいじ》という日蓮正宗寺院の講である大石講の幹部であった。この三谷との出会いをきっかけに、牧口も日蓮正宗に入信する。

なぜ牧口が日蓮正宗の信仰を得たのか、その理由は分かっていない。柳田は、戦後に、創価学会が急成長をとげているのを知り、そこから牧口のことを思い出して、その動機を推察している。柳田は、「牧口君は家庭の不幸な人で」あったと述べ、子どもを亡くしたり、貧しさや病に苦しんでいたことに入信の動機を求めている（柳田『故郷七十年』）。柳田が牧口と出会った時代には、たしかに牧口は定職についておらず、次男を亡くすという出来事を経験をしていた。

ただ信仰を得たいというのであれば、その対象は日蓮正宗には限られない。そこには、戦前の日本で、田中智学が創設した国柱会などの日蓮主義の運動が高まりを見せていたことが関係していたものと思われる。日蓮主義は、日蓮を国難を救った救済者ととらえ、その思想を皇国史観と結びつけたもので、戦前には多くの支持者を生んだ。牧口も、智学の講演会に足を運んでいる。ただ、牧口は智学には共感できなかったようで、国柱会には入会しなかった。入会はしなかったものの、日蓮信仰には関心があり、それが日蓮正宗への入信に結びついたであろう。

牧口が、日蓮正宗の信仰と出会ったことは、創価教育学会の歩みだけではなく、戦後の創価学会の方向性にも決定的な影響を与える。日蓮正宗は、日蓮の愛弟子である「六老僧」の一人、日興にはじまる富士門流に属しており、日蓮こそが真実の仏であるとする日蓮本仏論や、日蓮の正しい信仰は、日蓮正宗の総本山である大石寺の法主にのみ伝えられていると主張する特異な教義をもっていた。それは、一般の日蓮宗の信仰とは相いれないものであり、自分たちの信仰の正統性を強調する点で排他的な性格をもっていた。この点が、戦後の創価学会の攻撃性に結びついていく。

牧口は、日蓮正宗に入信した後には、三谷と袂をわかち、一九三一年からは日蓮正宗の僧侶である堀米泰栄《たいえい》から教義を学ぶようになる。さらに、日蓮正宗の法主《ほっす》であった堀日亭《にちこう》を招いて講習会を開いたりした。

そのなかで牧口は、独自な宗教思想として「価値論」と「法罰論」を展開するようになる。価値論は、一九三一年に刊行された彼の著作『創価教育学体系』第二巻で展開された考え方である。牧口は、西欧の哲学で「真善美」が強調されているのに対して、「真」の代わりに「利」を入れた「美利善」を強調した。それによってより現実的な価値の実現を求めたのだが、これは、戦後の創価学会が現世利益の実現を徹底して強調することに結びついていく。

一方、法罰論は、一九三七年に刊行された『創価教育法の科学的超宗教的実験証明』のなかで展開されたもので、そのなかで牧口は、日蓮仏法には、価値論に示されたように利的価値が備わっているとともに、悪人を罰する力がともなっていることを強調した。これも、戦後の創価学会に受け継がれていくことになる。

もう一つ、牧口がはじめたことで、戦後の創価学会にも受け継がれたのが、信仰を伝える場として機能する「座談会」だった。座談会は、現在の創価学会においても、会員が集う機会として全国で実践されているが、牧口はそれを「生活革新実験証明座談会」と呼んだ。信仰を得たことでどういった功徳があったか、あるいはそれに反したことでどういった法罰が下ったのかを報告し合うことで、信仰の価値を証明しようとしたのである。

このように、牧口の試みは戦後の創価学会の基礎を作ることに貢献するが、創価教育学会自体はそれほど大きくは発展しなかった。一九四二年一一月に開かれた第五回総会の参加者は六〇〇名で、その時点での会員の総数は四〇〇〇名であった。東京に一六、地方に一二の支部を作っており、決して小さな組織ではなかったが、戦後の急拡大と比較すれば、その規模は比較にならなかった。

創価教育学会は、その名称が示すように、当初は教育者の団体としての性格が強かったが、牧口がしだいに宗教的な傾向を強めていったことで、むしろ宗教団体としての性格を強くもつようになっていった。

牧口は、国が宗教を統制するために宗派を合同する政策をとり、日蓮正宗を日蓮宗と合併させようとしたことに反対したばかりか、伊勢神宮が配布する神宮大麻《じんぐうたいま》を拝むことを拒み、札を焼却させたことから、一九四一年に全面改正された治安維持法に違反したとして、四三年七月に逮捕され、起訴された。

牧口は、これによって巣鴨の東京拘置所に収監され、翌年に病死しているが、創価教育学会の他の幹部も同様に逮捕され、組織は壊滅状態に陥る。逮捕された幹部の多くは信仰を捨てたが、最後まで信仰を貫き、敗戦の前の月に釈放されたのが戸田城聖《じょうせい》だった。戸田は、戦後に創価教育学会を創価学会と改め、その再興をはかることになる。

戸田城聖による創価学会の再興

戸田は、一九〇〇年に石川県に生まれるが、二歳のときに一家は北海道の厚田村に移る。戸田は、一度は丁稚奉公に出されるが、牧口も学んだ北海道尋常師範学校を改称した北海道札幌師範学校で尋常科准訓導《じゅんくんどう》の資格を得て、代用教員となる。ただ、その地位には満足せず、上級学校への進学をめざして上京する。戸田が二〇歳のときである。

上京した直後の戸田は、株に手を出して失敗する。その直後に牧口を紹介され、牧口が校長をしていた尋常小学校で代用教員となり、高等学校入学資格検定試験にも合格する。ただし、学校で学ぶ経済的な余裕がなかったため、生命保険の外交員をやった後、牧口の勧めで「時習学館」という学習塾を開く。一九二三年のことだが、これ以降の戸田は、公開模擬試験をはじめて成功するなど、教育産業の分野で活躍する。さらには、出版や食品業にも手を広げ、証券界にも進出した。牧口が学究肌の人物であったのに対して、戸田は、実業家としての才に恵まれていた。それが、戦後創価学会を飛躍的に発展させることに貢献する。

戸田が敗戦直前に出所したときには、時習学館や会社の建物は空襲で焼けてしまっていた。戸田は、戦前に日本小学館という出版社を経営していたが、それを日本正学館と改称し、中学生向けの数学と物理の通信教育講座をはじめる。

これは成功し、西神田に日本正学館の事務所を構えると、戸田は法華経の講義をはじめ、そこには創価教育学会の元会員などが集まってきた。さらに戸田は、機関誌の『価値創造』を復刊するとともに、一九四五年一一月には、創価学会としての初の総会を開き、約五〇〇名を集めている。その際に戸田は、戦前と同様に、創価学会の理事長に就任している。

事業の方面では、戸田は通信教育から出版へと移行し、少年雑誌や婦人雑誌を刊行する。さらに、信用組合の経営立て直しを試みるが、「ドッジ・ライン」と呼ばれたＧＨＱの財政金融引き締め政策によって、事業は破綻し、信用組合は業務停止を命じられた。

そのことが、戸田を宗教活動に専念させることになる。一九五一年三月に、戸田は信用組合の問題に整理をつけると、創価学会の第二代会長に就任する。その就任式は、五月三日に墨田区の向島にある日蓮正宗の寺院、常泉寺で行われるが、戸田は、そこに集まった一五〇〇人の会員を前にして、「折伏大行進」の開始を宣言する。その際に戸田は、「私が生きている間に七五万世帯の折伏は私の手でする。もし私のこの願いが、生きている間に達成できなかったならば、私の葬式は出してくださるな。遺骸は品川の沖に投げ捨てていただきたい」と、高らかに宣言した。

これは、当時の状況からすれば、途方もない宣言だった。というのも、当時の創価学会の会員は多くて六〇〇〇人程度で、世帯数にすれば一二〇〇世帯前後に過ぎなかったからである。それを戸田は七五万世帯にまで増やすとした。なぜ、五〇万や一〇〇万ではなく、七五万という半端とも思える数字が出てきたのかは分からないが、実業家としての才に恵まれた戸田には、七五万世帯まではという一定の勝算があったのかもしれない。

なお、戸田が会員数ではなく、世帯数をあげていることについては注釈を加えておかなければならない。一般に宗教団体では、個人単位の信者数を言うが、創価学会の場合には世帯数でそれを数えることが多い。それは、創価学会に入会すると、同時に日蓮正宗の信徒となることになっており、大石寺に祀られた本尊を書写したものが与えられるからである。本尊は一家に一つ与えられるもので、創価学会の会員はそれを自宅の仏壇に祀り、毎日その前で勤行を行う。勤行では、「南無妙法蓮華経」の題目を唱え、法華経の方便品《ほうべんほん》と如来寿量品《にょらいじゅりょうほん》の一部を唱える。こうした構造になっているからこそ、創価学会では、会員の数を世帯数として発表してきたわけである。

この戸田による折伏大行進開始の宣言は、すぐに成果をあげていく。その年の末には、五七〇〇世帯に増え、五二年末には二万二〇〇〇世帯を超え、五三年末で七万四〇〇〇世帯、五四年末で一六万世帯、五五年末には三〇万世帯となる。戸田は五八年に享年五八歳で亡くなるが、その前の年、五七年末の時点で目標を上回る七六万世帯の折伏を成功させていた（会員数は、大木道惠「創価学会世帯数会員数推移表」第三版私家版による）。

創価学会の発展は戸田の死後も続き、一九六〇年には一五〇万世帯を超え、東京オリンピックが開かれる六四年には五〇〇万世帯を超えていた。

この段階になると、どこまで数字が正確か、それを確かめることは難しい。また、なかには一旦創価学会に入会し、日蓮正宗の信徒になったものの、活動をしなかったり、すぐに辞めてしまう人間も少なくなかった。だからこそ、現在の創価学会が会員数を八二七万世帯と称していながら、前掲の『現代の県民気質』が示すように、会員としての自覚を持っている人間は四〇〇万人にも及ばないという数字が出るわけである。

そうした問題はあるものの、一九五〇年代に入ってから、創価学会が急速にその勢力を伸ばし、巨大教団へと発展していったことは間違いない。

ではなぜそうした事態が起こったのだろうか。

巨大教団へと発展した理由

一つ大きな要因は、理事長から第二代の会長となった戸田城聖の存在である。戸田は、その経歴が示しているように、実業家としての才能に恵まれていた。創価教育学会が発足したのと同じ一九三〇年に刊行した『推理式指導算術』という受験参考書は一〇〇万部を超えるベストセラーになったとも言われるが、それも戸田が、いったい何が求められているのかを正確に予測できたからであろう。

しかも戸田は、折伏大行進を開始するにあたって、『折伏教典』(初版は一九五一年一一月一八日刊で、それ以降、改定がくり返された)という折伏のためのマニュアルを作成、刊行している。そこでは、戸田の唱えた「生命論」をはじめ、創価学会の教義や法華経、あるいは日蓮の教えなどが解説されているが、一方で、他の仏教宗派や日蓮宗の各宗派の教義、さらには民間信仰や他宗教の教義についても解説されており、そうした教義がどういった点で間違っているかが詳しく述べられていた。

そうした他宗派、他宗教の教義に対する批判は、かなり一面的なもので、それぞれの教義内容を正確に把握した上でのものではないが、かえってそうであるがゆえに、決して宗教について詳しい知識を持っているとは言えない創価学会の会員にとっては役に立った。彼らは、『折伏教典』によって理論武装し、他宗派、他宗教の信者を言い負かして、折伏しただけではなく、他宗派の寺院や他宗教の教会、神社などに出かけていき、議論をふっかけ、そこの聖職者や信者たちを激しく攻撃したのだった。

創価学会では、戦前の創価教育学会の時代から、「謗法払《ほうぼうばら》い」ということを行っていた。これは、新しく会員になった人間に、それまで祀っていた他宗派や他宗教の本尊、神札《しんさつ》、神棚、祠《ほこら》、経典、護符などを取り払い、焼き払わせるものである。これは、他宗派、他宗教の人間からすれば、自分たちの信仰を真っ向から否定される行為にほかならなかった。創価学会の会員は、『折伏教典』に説かれたことにしたがって、自分たちの信仰を絶対視し、他宗派や他宗教を徹底して攻撃することになったのである。

その裏には、現世利益の約束ということがあった。戸田は、牧口が唱えた価値論と法罰論にもとづいて、創価学会に入会し、日蓮正宗の信徒となって、その総本山である大石寺に安置されている「板曼陀羅」とも呼ばれる本尊を拝むならば、必ずや現実的な利益がもたらされ、仕事に成功し、生活の向上が実現された上、病や悩みも解消されると説いた。激しい折伏も、そうした現世利益を得るための手段として位置づけられた。だからこそ会員たちは、折伏に精力を注いだのである。

その際に、会員たちを引きつけたのは、戸田の個人的な魅力であった。すでに述べたように、牧口が学究肌の人物であったのに対して、戸田は実業家であったわけだが、その話し方はざっくばらんで、庶民が圧倒的多数を占める創価学会の会員たちには大いに受けた。

戸田が会員たちに向かってどういう話をしたかは、『戸田城聖全集』（聖教新聞社）の「講演編」などに残されている。たとえば、一九五三年三月二九日に東京神田の教育会館で開かれた三月度幹部会では、「みなさんに会うと、ひじょうになつかしい息子のように思われる。私のほうは好きだが、みんなのほうは、なかなかいうことをきかぬ。あなた方も、めんどうな人たちだと思う。欲ばかりで、怒りやすく、頭が悪い。しかし、みなさま方の折伏闘争には、ほんとうにうたれてくる」（第四巻）といった具合である。

活字になったものを読むと、会場の雰囲気が必ずしも伝わってこないが、戸田は、会員たちに対して、面と向かって悪口を言っている。しかし、おそらく、戸田が「みんなのほうは、なかなかいうことをきかぬ」とか、「欲ばかりで、怒りやすく、頭が悪い」と言ったところで、会場には大爆笑が起こり、折伏の姿勢を褒《ほ》めたところでは、大きな拍手が起こったはずである。

実際に戸田がどういった形で講演を行ったかは、その没後に製作されたＬＰレコード『創価学会会長　戸田城聖先生の教え』を聞くと明らかになる。まず、戸田の声は野太く、語り口はざっくばらんで、それは「庶民宰相」と呼ばれた田中角栄元首相の演説を彷彿とさせる。

しかも、戸田の場合には、演台には必ず酒の入ったコップを用意させていたと言われており、明らかに酒を飲みながら講演を行っているものが少なくない。なかには、酔っ払ってくだを巻いているようなものもあり、自説を滔々と披露している。それでも、聴衆となった会員たちは、戸田の話を面白がり、場内は相当に盛り上がっていたことが録音から分かる。今引用した講演を、少し酔っ払った人間がしゃべっているものとして読んで見ると、その雰囲気が分かるかもしれない。

こうした戸田の経営感覚や庶民受けする姿勢が、創価学会を大きく発展させる上で大きな役割を果たした。だが、社会の側にもそれを歓迎する、あるいはそれを求める状況が生まれていなければ、創価学会が大きく発展することはなかったであろう。問題は社会の変化というところにある。

立正佼成会の発展

戸田一人の力で創価学会が急成長したわけではないことは、同じ時期に、他の日蓮系の新宗教も、創価学会ほどではないにしても大きくその勢力を拡大した事実があったことからも証明される。

第三章でもふれた『新宗教事典』では、「新宗教の展開」という項目のなかで、創価学会とともに、その最大のライバルとなった立正佼成会の戦後の発展がどうであったかが示されている。この項目の執筆者である磯岡《いそおか》哲也は、森岡清美『新宗教運動の展開過程』（創文社）などをもとに、昭和一九年から五〇年までの「立正佼成会の年次別会員動態」を作成しているが、敗戦の昭和二〇年では、会員世帯数はわずか一二七七であった。立正佼成会の会員数は、個人の数でカウントされることも多いが、ここでは創価学会と同様に世帯数でカウントされている。

それが、昭和二三年には一万七九八三世帯と一万世帯を超え、二七年には一三万三二三二世帯にまで増加している。創価学会が一〇〇万世帯に達した昭和三四年において、立正佼成会の方も四〇万二二三八世帯に達している。創価学会ほどではないが、立正佼成会の会員の伸びも相当に著しいものだった。

ほかに、日蓮系の新宗教としては、立正佼成会の創設にも影響を与えた霊友会が戦後拡大している。立正佼成会は現在、公称で四二〇万人以上の会員を抱えている。霊友会の実際の会員の数は不明で、おそらくは立正佼成会よりも少ないものと推測される。それでも、五〇万人程度の会員を抱えていても不思議ではない。

ということは戦後急成長したのは創価学会だけではなく、日蓮系の新宗教全般ということになる。ならば、すでに発した問いは、なぜ戦後創価学会は急速に拡大したのかではなく、日蓮系の新宗教は急拡大したのかに改めなければならない。

ただ、すでに述べたように、新宗教について、多くの信者、会員を抱えている教団全般を対象としたような調査は存在しない。ただ、創価学会の発展、さらには日蓮系の新宗教の発展を考える上で重要な調査が一つある。それが、社会学者の鈴木広が行った福岡市の創価学会についてのものである。この調査は一九六二年七月から九月にかけて行われ、学会員の属性を明らかにすることに貢献している（鈴木「都市下層の宗教集団――福岡市における創価学会」上下、東北大学社会学研究会『社会学研究』一九六三年一一月、六四年七月。これは後に、一九五六年から六八年のあいだに行われた四回の参議院選挙の分析をもとに書き換えられ、鈴木の著作『都市的世界』誠信書房、一九七〇年に収録された）。

この調査によっていくつかのことが明らかになってくる。一つは、福岡市の学会員は、全体として学歴が低いということである。高卒以上は全体の三割を占めるに過ぎず、多くは小卒か中卒である。職業の面では、零細企業、サービス業の事業主と従業員、零細工場・建設業の工員、単純労働者などが中心である。つまり、創価学会は、都市下層に位置する人々によって構成されているわけである。

もう一つ、鈴木は、学会員の生家の職業と出身地の分布についても調べている。それによれば、農家漁家と商工自営の家に生まれた者が全体のおよそ七割を占めていた。調査が行われた時点で対象者が住んでいる場所に生まれた者はゼロに近く、福岡市内の別の場所というのを加えても二割に満たない。福岡市外で生まれた者が八割を超え、その大部分は農家の出身である。市内に生まれた者の場合にも、その約半分は商工自営であった。

この調査から次のことが言える。

戦後、福岡市で創価学会の会員となった人間たちは、福岡市で生まれ育ったわけではなく、最近になって、農村や漁村、山村から出てきたばかりの人間たちであった。彼らは、全般に学歴が低いため、大企業などに就職することはできなかった。また、しっかりとした労働組合のあるようなところにも就職できず、未組織の労働者として不安定な生活を送らざるを得ない境遇にあった。これは、福岡市に限らず、首都圏や近畿圏の会員についても言えるはずである。

問題は、なぜそうした人間たちが大量に生まれたのかということである。

高度経済成長と人口の大規模移動

その背景には高度経済成長という事態があった。日本の高度経済成長は一九五〇年代の半ばからはじまる。戦争によって大きな損失を被った日本の社会は、戦後復興をめざすが、一九五〇年からはじまる朝鮮戦争は特需を生み、それが日本経済の復興を促進する役割を果たした。

経済の発展は、産業構造の転換を伴っており、それまで農業などの第一次産業が中心であったものが、高度経済成長の時代には、鉱工業の第二次産業、さらにはサービス業などの第三次産業が勃興した。そうした産業は基本的に都市部で発展するものであり、その結果、都市部では必然的に労働力の不足が生じた。

その際に労働力の供給源となったのが地方の農村部であった。とくに、農村に残っていても、跡取りでないために、十分な農地を与えられない農家の次男や三男が都市部に仕事を求めて農村から出ていった。これによって、地方から都市部への大規模な人口の移動が起こる。

そうした人口の大量移動は、一九五〇年代から起こり、とくに六〇年以降になると、年間で都市部へ流入する人口は一〇〇万人を超え、最大で一三〇万人近くに及ぶようになる。ただ、流出する人口も多く、都市部での人口の増加は最大で六〇万人前後だった。六〇年代後半に入ると、年間に増加する数は四〇万人前後に減少してはいくものの、人口の大量移動自体は七〇年くらいまで続いていく。

この時期に都市部に出てきた人間のうち、大学に進学できるような者たちは、卒業後、大企業や官公庁に就職することができ、安定した生活の基盤を確保することができた。

しかし、学歴が低い者たちには、そうしたことは到底不可能であり、彼らは生活基盤を十分に確立することができないばかりか、苦難や問題に直面したときに助けになってくれる仲間をもたなかった。地方の村社会で生活していたときには、村の共同体の規制を受けたものの、そこには家を核にした人間関係のネットワークが広がっていたが、都市部では、そうしたネットワークを確保することが難しかった。

その際に、現世利益を与えることを約束する新宗教は魅力的な存在に映ったはずだ。しかも、創価学会は座談会という場を用意していた。座談会は、すでに述べたように、初代会長の牧口常三郎が考案したもので、「生活革新実験証明座談会」と命名されたところにも示されているように、信仰を得たことでいかなる利益がもたらされたか、それぞれの会員が体験を発表する場となっていた。新しく会員になった人間は、座談会で自らの体験を発表することで、仲間からの励ましを受け、自らの生き方に自信を持つことができた。

また創価学会は、会員に対して毎日朝晩に勤行を行い、折伏を行って仲間を増やすだけではなく、「御書」と呼ばれる日蓮の遺文を読んで、日蓮正宗の教義を学習することを勧めた。学会では、定期的に教学試験を実施し、それに合格した人間には「教授」などの資格を与えた。そのため、熱心な会員は、教学を学んでいったが、それは彼らの識字能力や仏法についての知識を増やしていくことに結びついた。

創価学会はまさに都市下層の宗教であり、高度経済成長の波に乗って都市部に出てきたばかりの人間たちを会員に加えることで、組織として大きく発展していった。その点で、創価学会を巨大化したのは、戦後の社会の変化にほかならない。創価学会は、戦後日本社会が生んだ特異な組織だったのである。

創価学会と日蓮正宗の関係

創価学会の特徴として一つ指摘しておかなければならないのが日蓮正宗との関係である。すでに述べたように、日蓮正宗は日蓮宗の一派で、既成仏教教団である。

創価学会と日蓮正宗とが関係をもつのは、創立者の牧口が日蓮正宗に入信し、そこから宗教活動を展開するようになったからである。創価学会と日蓮正宗とはあくまで別の宗教団体であり、戦後も、それぞれが独自に宗教法人として認証された。

ただ、創価学会の会員は、同時に日蓮正宗の信徒となるわけで、両者の関係は密接なものだった。実はそうした関係は、江戸時代に遡るもので、日蓮宗の寺院には、在家の信者で構成される法華講が付随していた。創価学会は、この法華講の現代版と言えるもので、実際戸田は、大石寺の法華講の総講頭に就任している。

創価学会の会員は、会長や理事長などの幹部を含め全員が在家である。それに対して、日蓮正宗には出家した僧侶がいる。出家の場合には、仏教の教えにもとづく各種の儀式を司ることができるわけだが、それは在家には認められないことである。

したがって、日蓮正宗の信徒となった創価学会の会員は、本尊を授与してもらった日蓮正宗の各寺院の檀徒となった。一般の仏教宗派の檀徒の場合には、その寺院の境内に墓地を持つわけだが、創価学会の会員は、墓を持たないまま日蓮正宗寺院の檀徒になった。したがって、創価学会が拡大するにつれて、それぞれの日蓮正宗寺院の檀徒の数は飛躍的に増えていき、一万、あるいは二万を超えるようなこともあった。そこには、日蓮正宗の寺院の数が決して多くなかったことが影響していた。

創価学会の会員は、葬儀をはじめ、さまざまな儀礼を日蓮正宗の寺院に依頼することができた。法事であろうと、結婚式であろうと、それを司るのは日蓮正宗寺院の僧侶であった。それによって、創価学会の会員は、他の宗派や宗教にかかわる必要がいっさいなくなった。創価学会が、他宗派や他宗教を徹底的に攻撃することができたのも、これが関係する。日蓮正宗と創価学会とは、両者が組み合わさることで、独立した宗教世界を作り上げた。創価学会の会員は、儀式を営んでもらった際に布施をすることで日蓮正宗寺院を支えた。

しかし、死者の供養ということにかんして、創価学会の信仰には大きな特徴があった。

すでに述べたように、創価学会に入会し、日蓮正宗の信徒となった人間たちは、本尊を授与されたが、同時にそれを祀るための仏壇を購入した。すでにその家庭に仏壇がある場合には、謗法払いによって撤去することになるが、そうしたケースは必ずしも多くはなかった。というのも、創価学会の会員たちは都市部に出てくる際に、家の跡取りではないため、実家で祀られていた仏壇を携えてはこなかったからである。しかも、会員の年齢はまだ若く、たとえ結婚して、新たな家庭を営んでいても、その家で亡くなった死者はおらず、位牌がないため、仏壇を持ってはいないことがほとんどだった。

創価学会の会員たちが購入した仏壇は、「正宗用仏壇」と呼ばれ、それを会員の営む仏壇店で購入した。仏壇は本来、礼拝の対象として仏像や仏画を安置するものだが、一般の家庭の仏壇は、その家の先祖の位牌を安置して、供養するためのものになった。ところが、正宗用仏壇の場合には、位牌は安置されず、代わりに授与された本尊を掲げるためのフックが設けられている。ある見方からすれば、創価学会の運動は、仏壇のない家庭に仏壇を祀らせることを目的とするものであったとも言える。

創価学会の会員が新たに購入した正宗用仏壇に、先祖の位牌ではなく、本尊を祀ったということは、彼らが、とりあえずその段階では、祖先崇拝の信仰を持たなかったことを意味する。そもそも、都会に生まれた新しい家には、その家を作りあげることに貢献した先祖はいない。その点では、祖先崇拝を実践すること自体が意味をなさなかった。

地方の農村部では、家の継承ということには、祭祀権の継承ということが含まれていた。家を継ぐ者が、その家の先祖を祀る権利を確保するわけである。それは多く長男の役割であり、女性はもちろん、次男以下の場合にも、それに与ることはできなかった。

第二章で取り上げた『先祖の話』のなかで、柳田國男は、南多摩郡の丘陵地帯を歩いていたときに、原町田で自分と同年代の老人である睦川《むつかわ》という人物に出会った話を紹介している。その老人は、自分は「ご先祖になるつもりだ」と語ったというのである。その老人は、生まれは越後の高田だが、大工になり、東京へ出てきて働くようになった。その後、請負と材木の取引に転じ、家作をもって楽に暮らしている。六人の子どもたちに家を持たせることができるほどになったので、その新たにできる六軒の家のご先祖になるというのである。

新しく一つの家を作り、その経済的な基盤を確立した人間は、子孫から「ご先祖様」として祀り上げられる。柳田が原町田で出会った老人は、まさにそれを実践し、自分がご先祖様になる自覚をもっていたわけである。それこそが、農村地帯に生まれた人間の願望になるわけだが、創価学会の会員になった人間たちは、そこまでの成功を収めることが難しいこともあり、ご先祖様に祀り上げられるという願望を抱かなかったことになる。

祖先崇拝の信仰「総戒名」

一方で、霊友会や立正佼成会の会員の場合には、創価学会の会員と比べると、祖先崇拝の信仰を受け入れる傾向が強かった。それを象徴しているのが、どちらの会にも存在する「総戒名」という先祖の祀り方である。

この総戒名という祀り方は、霊友会のもとを作った西田無学《むがく》という人物に遡る。西田は、現在の松阪市に生まれ、横須賀に出てから法華信仰を持つようになる。そして、仏所護念会という組織を作って布教活動を行うようになる。なお西田の仏所護《ぶっしょご》念会《ねんかい》は、後に霊友会から分かれて、関口嘉一とトミノ夫妻が作った仏所護念会とは別の組織である。

無学の法華信仰の特徴は、法華経による先祖供養を強調したところにある。無学は、一般の戒名が布施の額に応じて院号がつけられたりすることを批判し、総戒名という独自の戒名をつけることを主張した。それは、夫の家の祖先だけではなく、妻の家の祖先を含み込んだもので、その基本的な形は、「誠生院法道慈善施祖先〇〇家〇〇家徳起菩提心」とするものである。

これを霊友会を開いた久保角太郎《かくたろう》と小谷喜美《きみ》が受け継ぎ、さらに一時その霊友会の会員だった庭野日敬《にわのにっきょう》と長沼妙佼《みょうこう》が開いた立正佼成会にも受け継がれていくわけである。なお、立正佼成会の場合には、「誠生院」ではなく、「諦生院《ていしょういん》」となる点が違う。他は霊友会と同じである。

この総戒名という形式は、夫の実家だけではなく、妻の実家の祖先まで祀るところに特徴があり、それは、夫の家の祖先だけを祀る一般的な祖先崇拝のやり方とは異なっている。都会では、二人の男女が出会って、新たに家庭を営むようになることが多く、その時点では、ご先祖様にあたるような存在はいない。

農家においては、その家が耕作する田畑を開拓したご先祖様は仏壇に祀られて信仰の対象となるわけだが、都会にできた新しい家にはそうしたご先祖様はいない。したがって、夫婦にとっては、夫の実家だけが重要性をもつのではなく、妻の実家も重要な意味をもつ。そうした都会にできた新家庭の夫婦にとっては、従来のものではなく、夫と妻、双方の家の先祖を祀る供養の仕方は受け入れやすいものだった。

霊友会・立正佼成会の信仰のあり方は、先祖供養に力点を置くという点において、創価学会の信仰のあり方とは異なっている。逆に創価学会では、霊友会・立正佼成会の会員ほど、祖先崇拝ということに関心をむけていないことになる。それは、一九九〇年代に入って、創価学会が長年密接な関係を持ち続けてきた日蓮正宗と絶縁し、僧侶も呼ばず、戒名も授からない形式の葬儀を採用する際に明確になっていく。

座談会と「法座」の違い

さらに、創価学会と霊友会・立正佼成会の祖先崇拝に対する姿勢の違いは、前者の座談会と後者の法座の違いにもあらわれている。

創価学会の座談会は、すでに述べたように、信仰を得たことによっていかなる功徳を得たのかを語る体験発表が中心になっているが、その際に、発表者は前に出て、他の参加者の方を向いて話をする。それは、教室で講義をするときの形に近い。

一方、霊友会・立正佼成会の法座では、まず車座になるという点が座談会とは違う。車座の輪のなかには、支部長などのリーダーが入り、話を引っ張っていくことになるが、そうした形をとっているため、参加者は自分の悩みを打ち明けやすい。したがって、法座は、体験発表の場ではなく、悩みを打ち明け、それに対して支部長なり、信仰歴の長い会員が、信仰にもとづく解決策を示す場になっていく。逆に座談会の形式では、気軽に悩みを打ち明けることは難しい。

そこには、創価学会の会員と、霊友会・立正佼成会の会員の家庭状況の違いということが影響しているものと思われる。

法座で打ち明けられる悩みの中心は、職場、あるいは家庭といった、日常生活を営む上で重要な役割を果たしている場で生まれるものである。横山真佳《みちよし》は、立正佼成会の機関誌である『佼成』に載った体験手記について、「酒乱の主人、家庭をかえりみない夫、子供の事故、不治の病など、家庭の問題が目立つ」と述べている(「立正佼成会――法華信仰と先祖供養」『新宗教の世界Ⅱ』大蔵出版)。

これは、とくに家庭の悩みを抱えた人間が、立正佼成会に入信していったことを意味している。逆に、創価学会の座談会に出ても、そうした悩みを解決してもらうことは期待できない。

こうした比較から、創価学会に入会した人間と、霊友会・立正佼成会に入会した人間の違いというものが浮かび上がってくる。後者の人間たちの方が、家庭というものの比重が重い。しかも、創価学会の会員が先祖供養にほとんど関心をもたないのに対して、霊友会・立正佼成会の会員は、伝統的な形式にのっとったものではないものの、それを重視している。

さらに、法座において提示されるのは、悩みについて、それは「自分の心の中に原因があるのだ」という教えである（前掲横山）。心の持ち方を変えれば、それによって相手の姿勢も変わり、問題や悩みが解消するというわけである。

創価学会の場合には、「宿命転換」（後には「人間革命」とも呼ばれるようになる）ということが強調される。これは、日々勤行を行い、折伏に励めば、それによって個人の人生はよい方向に転換し、幸福がもたらされるという考え方である。

自分が変わるという点では、創価学会の宿命転換と霊友会・立正佼成会の法座で示される自分を変えるということとは似ている。だが、創価学会の場合には、自分の心の持ち方を変えるという意味合いはない。心の持ち方を変えるという行為には、自分のあり方を反省するという部分が含まれるが、宿命転換にはそれが欠けている。

このように見てくると、創価学会の方がより革新的で、より攻撃的であるのに対して、霊友会・立正佼成会の場合には、穏健でより保守的であるということが鮮明になってくる。

それは、組織の姿勢にも反映されている。読売新聞が、一九五六年一月二五日付夕刊で、立正佼成会による土地不法買い占め事件について報道し、それは同紙による立正佼成会批判キャンペーンに発展した。それは、立正佼成会が急成長を遂げていた時代のことで、実際、立正佼成会は本部のある東京杉並区和田の土地を次々と買い占めていた。

もしこれが創価学会に起こったことなら、組織をあげて読売新聞に対する猛抗議に発展したことだろう。ところが、立正佼成会は、教団内で調査を行い、疑惑を否定した上で、読売新聞のことを「菩薩」と呼び、自分たちの行きすぎた姿勢を戒めてくれたと感謝の念を表明した。そこには、立正佼成会の穏健な姿勢が端的に示されている。

霊友会・立正佼成会が急拡大したのも、高度経済成長の時代であり、その点で、会員となったのは、その時代の波に乗って都会に出てきたばかりの人間たちであったと推測される。しかし、そのなかで創価学会の折伏などの過激な路線に共感できない、より穏健で、保守的な人間たちが、霊友会・立正佼成会に入会したものと思われる。

あるいは、霊友会・立正佼成会の会員の方が、祖先崇拝の信仰を創価学会の会員よりも色濃く受け継いでいるとするなら、彼らは、自分たちが出てこざるを得なかった故郷や実家に対して親和的で、恨みなどをもっていなかったか、すでに都会において、安定した家庭を築き上げていたのではないかとも推測される。逆に創価学会の会員には、故郷から追い出されたという感覚が強かったのではないかとも考えられるのである。

第七章　創価学会の政治進出と宗教政党・公明党の結成

創価学会の政治進出

前の章では創価学会をはじめとする日蓮系新宗教の戦後における急速な拡大とその背景についておさえ、とくに先祖崇拝との関連について見ていったわけだが、創価学会の場合、もう一つ重要な点は、宗教団体として政治の世界に進出したことにある。

ただし、戦後において、政治の世界に進出した宗教団体は創価学会には限られない。敗戦の翌年である一九四六年四月には、戦後初の衆議院総選挙が行われるが、その際には、既成仏教教団の関係者八名のほか、天理教の教団役員だった東井《とうい》三代次《みよつぐ》（奈良全県区）と柏原義則（徳島全県区）が立候補し、当選している。

翌一九四七年四月二〇日には、はじめての参議院通常選挙が行われているが、そこにも既成宗教や新宗教の関係者が数多く立候補していた。この選挙は、中選挙区制の地方区一五〇議席、大選挙区制の全国区一〇〇議席を争うもので、一一二名の宗教関係者は皆、全国区に立候補している。

そのうち当選したのは、浄土真宗本願寺派僧侶の梅原真隆《うめはらしんりゅう》、天理教教師の堀越儀郎《ぎろう》、天理教中央分教会長の柏木庫治《くらじ》、一燈園《いっとうえん》主の西田天香《てんこう》で、ほかに任期が半分である三年の補欠当選が、生長の家教育部長の矢野酉雄《とりお》、立正学園女学校長（日蓮宗）の小野光洋《こうよう》、曹洞宗の僧侶の来間《くるま》琢道《たくどう》であった。他に、日本基督教団の正教師、日蓮宗の僧侶、扶桑教教師などが立候補したものの落選している。

浄土真宗本願寺派は全国に多くの門徒を抱えており、梅原は全体の七位で当選している。注目されるのは、衆議院選挙のときもそうだが、天理教から二人の当選者を出している点である。天理教は、一九五六年以降になると、政界進出を辞めてしまうが、敗戦から間もない時代においては、かなり熱心に政治的な活動を行っていた。そこには、第三章でふれたように、戦前の天理教が国家神道体制のもとで、教えを前面に押し立てることができなかったことが関係していたことだろう。弾圧を避けるには、政治的な力を持つ必要がある。堀越と柏木は一一位と一二位で当選し、三〇万票前後を集めており、当時の天理教がかなりの集票能力を持っていたことも注目される。

もう一つ重要なのは生長の家が当選者を出している点である。生長の家は、戦前において強烈な天皇信仰を強調し、太平洋戦争を「聖戦」と位置づけるなど、戦争を鼓舞する方向で活動を展開した。戦後においても、活発な政治活動をくり広げ、一時は「生長の家政治連合」まで組織し、政界にも一定の影響を与えた。その点についていては、次の章でふれることになる。

創価学会の場合には、敗戦直後の段階では、まだ会員の数も少なく、立候補者を出せるような力をもっていなかった。したがって、一九四六年の総選挙や翌年の参院選には候補者を立てていない。そもそもこの時期にはまだ政治性を表に出してはいなかった。しかし、一九五〇年代に入り、戸田城聖が第二代の会長に就任すると、組織が急速に拡大していったこともあり、しだいに政治性を表面化させていく。

創価学会が政治性を示す一つのきっかけとなる出来事が、一九五四年一〇月三一日に行われた「一万人登山」と呼ばれた大イベントであった。日蓮正宗においては、総本山である大石寺に参拝することを「登山」と呼んでいる。これは、日蓮正宗に限らず、どの宗派の寺院にも言えることだが、それぞれの寺には「山号《さんごう》」がつけられており、登山という言葉はそれに由来する。

すでにその年の五月九日には、創価学会の青年部が五〇〇〇人で登山を行っていた。そのときに、一万人登山が目標に設定され、一〇月三一日に実現されたわけである。全国から一万三〇〇〇人もの青年部員がこの登山に結集した。

青年部員たちは、白い鉢巻きに登山杖をたずさえ、「捨つる命は惜しまねど／旗持つ若人いずこにか／富士の高嶺を知らざるか／競うて来れすみやかに」という、戸田城聖が作詞した「同志の歌」をうたい、分列行進を行った。これは、三高寮歌の「行春《ぎょうしゅん》哀歌」を元歌としたものだった。

青年部員たちの前にあらわれた戸田は、「銀嶺《ぎんれい》号」と名づけられた白馬にまたがっており、彼らにむかってゆっくりとうなずいてみせた。上空では、加藤隼戦闘隊の元中隊長が操縦するセスナ機が旋回していた。

白馬にまたがった戸田城聖（提供：毎日新聞社）

このときの情景について、『真相』（一九五五年、八三号）という雑誌は、次のように報じている。

「式は北条主任参謀と称する男の開会宣言にはじまり、『我ら精鋭、国士として東洋広宣流布のために死をとしてあくまで闘い抜かん』というような宣誓。それから数十流の部隊旗をつらねて分列行進に移れば、会長の戸田城聖が天皇気取りで白馬〝銀嶺号〟にまたがり閲兵を行い、空には元加藤隼戦闘機隊中隊長黒江某が操縦する富士航空のセスナ機が飛んで、低空で頭上を旋回して機上からメッセージを投下。白鉢巻姿でナギナタもどきに登山杖を小脇にかいこんだ約四、〇〇〇名の女子部隊は『……起て憂国の乙女らよ、使命果さん時は今、国士たる身のホマレもて、歴史の花と咲き咲かん……』等と部隊歌〝憂国の華〟を大合唱――――というような、これが終戦後一〇年の現実か（？）と目をうたぐりたくなるような有さま」

この『真相』という雑誌は、佐和慶太郎という人物が創刊した、いわゆる「カストリ雑誌」で、天皇の政治責任を追及したことでも知られるが、たしかに白馬に乗って大衆の前にあらわれるのは、戦前の天皇が行ったパフォーマンスと同じだった。この点では、当時の創価学会も、神の座を下りた天皇にとってかわろうとした璽宇や天照皇大神宮と共通するものをもっていた。

戸田は明らかに天皇の閲兵式を真似たわけで、その点で揶揄されたし、「軍旗のある宗教」としても叩かれた。それも、青年部員の組織は、「男子青年部隊」や「女子青年部隊」と名づけられ、軍隊組織に似た形をとっていたからである。記事のなかにある北条参謀とは、後の創価学会の第四代会長、北条浩のことをさすが、第三代会長となる池田大作も参謀室長に就任していた。

軍隊を模倣したところには、すでに述べた、折伏に代表される創価学会の戦闘的で攻撃的な姿勢が反映されていた。戸田は、「仏法は勝負」（一九五三年一二月二一日、豊島公会堂での本部幹部会において）であるととらえており、学会員のあいだでは、この「仏法は勝負だ」のほかに、「勝負でいこう」といった言葉がくり返し用いられていた。

この青年部員の登山は、創価学会の若い会員たちに、彼らが「戦う集団」に属していることを意識させたものの、実際に敵となる勢力に対して勝負を挑んだものではなかった。

日蓮宗との論争「小樽問答」

それが具体化されるのは、翌一九五五年三月一一日に北海道小樽市の小樽市公会堂で開催された、創価学会の幹部と日蓮宗の僧侶とのあいだで行われた、いわゆる「小樽問答」においてだった。

異なる仏教宗派のあいだで行われる教義をめぐる論争は「法論《ほうろん》」、あるいは「宗論《しゅうろん》」と呼ばれ、小樽問答はそれにあたる。きっかけは、小樽にある日蓮宗寺院の信徒であった女性が、いったんは創価学会に入会し、本尊を授与されたものの、それを返却したいと言い出したことにあった。

そこで学会員が再度折伏に行ったところ、その日蓮宗寺院の僧侶の代理である執事などと議論になった。学会員は、十分な教学的な知識がなかったため、執事に対して、たまたま日蓮正宗の法主に随行して小樽にやってくる僧侶と議論するよう要請した。

その点では、本来この問答は、日蓮宗と日蓮正宗の僧侶同士の法論になるはずだった。ところが、戸田はこれを絶好の機会としてとらえ、創価学会の幹部と日蓮宗の僧侶が対決する状況を作り上げた。戸田はすぐに対策本部を設け、後に第五代会長となる秋谷《あきや》栄之助（当時は第五部隊長）などの幹部を現地に派遣している。

ある意味、その時点で、勝負は決まっていたとも言える。日蓮宗の方からは、上野の妙顕寺《みょうけんじ》の僧侶、長谷川義一と身延山短期大学教授の室住一妙《むろずみいちみょう》が出ることになるが、室住は学究肌の人物でおとなしく、決して法論向きの人物ではなかったからである。

一方、創価学会の側からは、教学部長の小平芳平《よしへい》と青年部長の辻武寿《たけひさ》が出るが、辻が攻勢、小平が守勢と役割分担まで行っていた。さらに、問答の当日には、小樽市公会堂に、機関紙である『聖教新聞』の「身延謗法特集号」と、身延山が観光地化し、商売に精を出していることを伝える大判の写真も貼り出した。

聴衆は一〇〇〇名ほどだったが、日蓮宗側が約三〇〇名だったのに対して、創価学会の側は約五〇〇名で、数でかなり上回っていた。問答の最中には、双方ともかなり激しくヤジを飛ばしているが、その際に数の違いは大きかった。室住などは、あまりにヤジが激しかったため、言葉につまってしまうようなこともあった。

この問答において、創価学会の側は主に、身延山における「本尊雑乱《ほんぞんぞうらん》」を批判した。これは、日蓮宗を開いた日蓮は、法華経にこそ釈迦の真実の教えが説かれているという天台大師《てんだいだいし》智顗《ちぎ》以来の教えを信奉し、法然の浄土宗をはじめ、禅宗や真言宗を鋭く批判した以上、本尊以外の神仏を身延山で祀るのは間違っているとする考え方にもとづいていた。

一方、日蓮宗の側が問題にしたのは、大石寺に本尊として祀られている板曼陀羅が本物なのかどうかという点だった。

どちらの側も、こうした点で相手を強く批判したが、ともに効果的な反論を展開できたとは言えなかった。そのため、問答の後半になると、お互いに相手を非難して、言いっぱなしの状態になった。その点では、問答にどちらが勝利したのか、明確ではなかった。

そもそも、この問答においては、どちらが法論に勝利したかを判定する第三者が不在だった。ところが、創価学会側の司会者となった池田は、問答がはじまる前のあいさつで、法論の正邪をしっかりとりたいという考えを示し、場合によっては聴衆の賛否を問うと述べていた。会場には、創価学会の会員の方が多くつめかけていたので、賛否を問えば、学会側が勝利するに決まっていた。しかし、日蓮正宗の側は、この池田の発言に反論せず、それを黙認する形になってしまった。

時間切れで問答が終わると、まず、『聖教新聞』の主幹であった石田次男が勝手に発言をはじめ、日蓮宗の側の司会が制止したにもかかわらず、日蓮宗の側が敗れ、日蓮正宗が大勝利したと宣言した。

その後、日蓮宗の側の僧侶は有意義な議論だったと締めくくったものの、池田は、「断固として正宗が、日蓮正宗創価学会が、誰が聞いても誰が見ても正しいということは、厳然としてわかることであると思います」と、やはり勝利宣言で締めくくったのだった。

その後、創価学会は『聖教新聞』三月二〇日付で、小樽問答のことを大々的に取り上げ、勝利を宣伝した。一方、日蓮宗の側は、創価学会批判を強めていくが、問答に敗れたというイメージを払拭できず、今日までそのことは尾を引いている。その点で小樽問答は、問答に十分な準備をして臨んだ創価学会の全面的な勝利に終わったとも言える（小樽問答については、創価学会教学部編『小樽問答誌』、長谷川義一『小樽問答の真相』妙顕寺などがある上、録音テープも残されている）。

国立戒壇の建立を目指す

小樽問答において、日蓮宗の側は、創価学会を批判する際に、主に大石寺に祀られた板曼茶羅の本尊のことを問題にした。

この板曼茶羅本尊は、日蓮正宗において「本門戒壇の大御本尊」と呼ばれるものであり、弘安二（一二七九）年一〇月一二日に、日蓮自身が楠板に描き、それを和泉公日法《こうにっぽう》が彫刻したものだと伝えられていた。

ただし、その言い伝えについては以前から疑問が寄せられており、板曼荼羅本尊の真偽問題は議論を呼んできた。だからこそ、小樽問答において、日蓮宗の側は、それが偽物であると強く主張したのである。

実際にこの板曼荼羅は、日蓮正宗につながる富士門流の祖である日興の第一の弟子であった日禅に対して、日蓮から弘安三年に授与された本尊曼荼羅の字を写し、それを彫刻したものと考えられる（その点については、犀角独歩《さいかくどつぼ》『必携図解大石寺彫刻本尊の鑑別』瓔珞出版事務局を参照）。

そうした真偽問題はあるものの、日蓮正宗においても、創価学会においても、大石寺の板曼荼羅本尊は究極の本尊として極めて重要な意味をもってきた。創価学会の会員が、日蓮正宗の信徒として大石寺に登山したのも、この本尊を拝むためであった。

戸田城聖は、この大石寺の本尊を「幸福製造機」と呼び、その功徳を強調したと伝えられているが、その出典ははっきりしない。ただ、一九五四年四月二五日に仙台市公会堂で開かれた第五回仙台支部総会で戸田は、「御本尊様は、貧乏人は金持ちになり、肺病はなおる〝機械〟である。こういうと、あるものは、御本尊様を機械だなどともったいないではないか、というかもしれぬが、もったいないといっても、そうなんだからしょうがない」と、それに近い発言を行っている（『戸田城聖全集』第四巻）。

一九五二年四月二八日の大石寺理境坊における立宗七〇〇年記念登山での講演で、戸田は、

「ただ、御本尊様を信じきって、折伏する以外にはないことなのだ。(中略)御本尊様は、即日蓮大聖人様、即わが生命である。御本尊様をじっくり拝みなさい」と、本尊の価値を強調していた(同、第三巻)。

さらに、この大石寺の本尊に関連して、戸田が「国立戒壇論」を唱えたことで、創価学会の運動のなかで重要性を増していくことになる。というのも、創価学会が政界に進出する目的は、ひとえに国立戒壇の建立にあるとされたからである。

ただし、この国立戒壇論は、戸田の独創ではなかった。この言葉をはじめて使ったのは国柱会の田中智学であった。田中は、もともとは日蓮宗身延派の僧侶であったが、宗門のあり方に飽き足らないものを感じ、還俗して、日蓮主義の運動体として立正安国会を結成した。これが後の国柱会である。

田中は、明治三五(一九〇二)年に「本化妙宗式目《ほんげみようしゆうしきもく》」という独自の教学を完成し、そのなかではじめて国立戒壇という言葉を使った。田中は、「国土成仏を通じて、世界統一が実現される」とし、その方法として、仏法と国家とが合致する「法国冥合《ほうこくみようごう》」を主張した。具体的には、日蓮の「三大秘法抄」という遺文にもとづいて、本門の戒壇を建立する必要があるとした。そのためには、日本人の大半が、田中の説く日蓮主義に帰依し、天皇による「戒壇建立の大詔《たいしよう》」が発せられ、当時の帝国議会においても戒壇建立が議決される必要があるが、その暁には、法華経による社会と政治の統一がはかられるとしたのである。

大正時代に入ると、この国立戒壇にどのような本尊を祀るべきかで議論が起こり、それに影響を受けて、日蓮正宗内においても、国立戒壇という言葉が使われるようになった。田中が国立戒壇と言い出すまでは、日蓮正宗を含めた日蓮系の教団では、その言い方はされず、もっぱら本門の戒壇と呼ばれていた。

なお、本門の戒壇の重要性を、本門の本尊、本門の題目とともに強調した「三大秘法抄」は、日蓮自筆のものが残っておらず、江戸時代から、その真偽が問題になってきた。それについては、現在でも議論が続いているが、一五世紀はじめの写本しか伝わっておらず、基本的には偽書と考えられる（その点については、拙著『ほんとうの日蓮』中公新書ラクレを参照）。

しかし、創価学会の内部においては、「三大秘法抄」は、日蓮が執筆したものと信じられ、それが前提になっていた。その上で、本門の戒壇には大石寺の本尊を祀り、それを国立のものにすることが目標であるとされていた。

その際に重要な点は、天皇が、国立戒壇の建立を積極的に担わなければならないとされていたことで、ここで、創価学会と天皇とのかかわりが生まれてくる。すでに見たように、戸田は、青年部員の登山の際に、天皇のスタイルを真似たわけだが、それは「国主諫暁《こくしゅかんぎょう》」という考え方に結びついていく。

戸田は、一九五四年四月二九日に中央大学講堂で開かれた青年部総会で、日蓮正宗で行われてきた国主諫暁についてふれ、次のように述べていた。

「しかし、戒壇建立ということは、大きな仕事でありまして、なかなか実現するものではない。で、大聖人様以来、代々の法主猊下はみな、天皇陛下に、戒壇建立、また文底秘沈の仏法を日本の国におかなければ、日本の国の繁栄はないと、御諫暁あそばしたのであります」

戸田は、政界に進出する五年前の一九五〇年、創価学会の機関誌である『大白蓮華』三月一〇日号の巻頭言として、「王法と仏法」という文章を発表し、仏法と政治との関係について言及していた。そこで戸田は、「三大秘法抄」についてふれ、そのなかにある「王法仏法に冥じ仏法王法に合す」という言葉こそが、政治にたずさわる者がこころすべき事柄であり、宗教と政治とは一体のものでなければならないとした。

政界進出から公明党結成へ

小樽問答が行われた翌月、一九五五年四月の地方議会選挙において、創価学会は新たに「文化部」という組織を設置して、最初の政界進出を果たす。東京都議会では一名、二三区の区議会では三三名、他の都市の市議会では一九名を当選させた。

さらに翌一九五六年七月の参議院通常選挙で、創価学会は六名の候補者を立て、全国区で二名、大阪地方区で一名の合計三名を当選させた。その際には、九九万票も獲得しており、世間の注目を集めることになる。

当然、この政界進出は国立戒壇建立のための運動の具体的なあらわれということになるが、戸田は、『大白蓮華』の一九五六年八月一日号から翌五七年四月一日号まで「王仏冥合論」を連載し、その点についてふれている。連載の第一回では、参議院選挙を通して創価学会が社会的な関心を呼び、創価学会は日蓮正宗を国教にするとか、衆参両院の議席を学会の人間で占めようとしているといった議論が出ているが、それは「妄説」であると否定している。

その上で、創価学会が政界に進出した理由については、「しかし、われわれが政治に関心をもつゆえんは、三大秘法の南無妙法蓮華経の広宣流布にある。すなわち、国立戒壇（本門の戒壇）の建立だけが目的なのである。ゆえに政治に対しては、三大秘法稟承事における戒壇論が、日蓮大聖人の至上命令であると、われわれは確信するものである」と述べていた。ここに出てくる「三大秘法稟承事」は、「三大秘法抄」のことである。

戸田は、連載の最終回において、日蓮の教えは、「政治と個人の幸福とは一致しなければならない」という主張であり、それこそが「王仏冥合論」であるとする。そして、「社会の繁栄は、一社会の繁栄であってはならない。全世界が、一つの社会となって、全世界の民衆が、そのまま社会の繁栄を満喫しなければならない」と述べていた。

戸田は、政界進出の目的がもっぱら国立戒壇の建立、日蓮正宗の言い方からすれば、本門の戒壇の建立にあるとしたわけだが、ここでは、その具体的なやり方については説明していない。ただ、建立すべき場所として大石寺をあげているだけである。

一九五四年九月三〇日に豊島公会堂で開かれた九月度本部幹部会で、戸田は、「日蓮正宗でなければ広宣流布ができない証拠には、日蓮大聖人様は、御在世のとき、一国が広宣流布された暁に、天皇陛下が帰依なされ、宮中の紫宸殿に安置する御本尊様として、紫宸殿御本尊様と申し上げる御本尊様をお遺しになられている」と述べている。ここで言う「紫宸殿御本尊」は、弘安三年の日蓮真筆の曼荼羅で、大石寺に所蔵されている。

戸田は、第二代会長に就任する際のあいさつのなかでは、「天皇に御本尊を持たせ、一日も早く御教書《みぎょうしょ》を出せば、広宣流布ができると思っている人があるが、まったくバカげた考え方で」あると述べていた。国民全体が、本尊を信仰するようにならなければ、本当の意味での広宣流布はならないというのである。

しかし、先にふれた一九五四年四月二九日の青年部総会での戸田の講演について、『戸田城聖全集』第四巻では、注がつけられ、「当時は、三大秘法抄の『勅宣並びに御教書』をもって広宣流布が達成されるという考え方が宗内にあった」と述べられている。

この『戸田城聖全集』は、全集全体の編者も明記されておらず、十分な編纂作業が行われた形跡も見られない。注についても、後の状勢の変化を踏まえ、組織にとって都合が悪くなったところにだけつけられている。したがって、その記述内容を簡単には信用できないが、戸田の発言と合わせると、この時代の創価学会においては、天皇が日蓮正宗に帰依することを宣言し、国会でも国立戒壇建立を決議すれば、それで広宣流布が実現されるという考え方が広がっていたものと考えられる。

要するに、創価学会の政界進出は、日蓮正宗の信仰を国教に近いものに祀り上げるために国立戒壇を建立することを目的としたものであると会員のあいだで理解されていたことになる。だからこそ、会員たちは創価学会から立った候補者の選挙活動に熱意を燃やしたのである。

その時点では、創価学会の急成長は続いていて、組織のなかも激しく動いていた。その分、必ずしも十分な意思の統一がはかられていなかった。戸田と会員とのずれは、ほかにも、将来において衆議院に進出するのかどうかという点についても見られた。戸田は、一九五五年三月二七日の第四回鶴見支部総会では、これから「創価学会党」ができるのではないかと考える人間もいるかもしれないが、政治のための政治ではなく、一党一派に偏するものではないので、「文化部員のなかで、一人が社会党であり、一人は自由党であり、一人は民主党であり、なかには共産党がいても、いっこうにさしつかえないのであります」と述べていた。さらに、『週刊朝日』の五六年七月二九日号の記事のなかでは、衆議院には候補者を立てないとしていた。

実際、最初に創価学会が政界に進出した地方議会選挙のとき、東京区議として当選した文化部員のなかで、五人が日本民主党に所属し、一人が右派社会党に属していた。この点をさして、毎日新聞記者の堀幸雄は、創価学会の政界進出が「政治の為の政界進出でない」ことを物語っていると述べていた（『公明党論』南窓社）。

ただ、これはこのときだけのことで、以降、文化部員が既成政党から立候補することはなくなっていく。そして、戸田の死後には、公明政治連盟が結成され、それは一九六四年の公明党結党に結びついていく。

また、衆議院に進出しないということについても、それを否定する戸田の考えが、創価学会の組織全体に共有されていたわけではなかった。先に引いた一九五四年元旦の『聖教新聞』の記事のなかでは、「国立戒壇建立の御教書が発せられるであろう。否発せさせなければならないのである。御教書とは衆議院に於いて過半数の構成を以て発せられるものである」と述べられていた。ここでは、衆議院への進出が前提とされている。実際、戸田の死後には衆議院に進出しており、戸田の考え方は結局、創価学会の組織のなかで受け入れられなかったことになる。

脅威となる創価学会

創価学会が政界に進出した際、組織のあり方の面でも大きな革新がはかられた。これは、その後大きな意味をもっていくことになる。それが、「ブロック制」の導入であった。

一般の新宗教の教団では、布教の対象となって入信した新しい会員は、その人間を誘った既存の会員の下につく形になる。それは、霊友会や立正佼成会でも見られることだが、もしある地区の支部の会員が、別の地区の人間を勧誘し、会員にしたとき、その地区に住んでいなくても、新しい会員は勧誘した会員の支部に所属することになる。これは、「タテ線」と呼ばれるものである。創価学会も、政界に進出する前は、このタテ線で拡大していた。

ところが、タテ線では、選挙の際に機能しない。異なる選挙区に属する会員同士が結びついていて、同じ地域の会員とは結びつかないからである。そこで、「ヨコ線」と言えるブロック制が導入された。最初の段階では、タテ線とヨコ線とが共存していたようだが、選挙を重ね、地域活動の比重が高まることで、ブロック制が機能するようになり、それが創価学会の選挙における強さに結びついていった。

しかも、当時の創価学会は強力な折伏を行っており、それは、選挙活動にも反映された。はじめての参院選では、戸別訪問の疑いなどで、全国で家宅捜索が入り、逮捕者も出した。神奈川県警は、一九五六年六月二四日の朝、二一カ所を家宅捜索し、会員二〇名に任意出頭を求めて取り調べを行った。会員たちは、五月のはじめから会員宅や一般家庭を戸別訪問していた。その際には、全国区に立候補している幹部の名前を書いた紙片を「お札」と称し、「これを神様に供えろ」と渡したり、同候補への投票を承諾した人間から署名をとり、投票しないと病気になると言い歩いていたという（『朝日新聞』一九五六年六月二五日付朝刊）。

これに対して創価学会の側は、『聖教新聞』七月一日付で、それを警察による選挙妨害だと大々的に報じた。会員たちはそれをもって警視庁管内の警察や交番を訪れ、「これを読んで警察は反省せよ」という「折伏説教戦術」をはじめた（同、七月五日付朝刊）。

それまで選挙運動などしたことがなかった会員たちは、公職選挙法を無視し、普段行っていた強引な折伏の延長線上で選挙活動を展開したわけである。

翌一九五七年四月には参議院大阪地方区で補欠選挙が行われた。補欠選挙は一議席を争うものであり、創価学会の候補者に当選の見込みはなかった。しかし、大阪の組織は、前年の参院選で選挙違反に問われ、混乱状態にあった。そこで、組織の再建のために、船場支部長だった中尾辰《たつ》義《よし》を候補者に立て、当時参謀室長（兼渉外部長）であった池田大作が陣頭指揮をとる形で選挙活動を行った。

選挙後、創価学会の理事長で東京都議の小泉隆ら四五人が買収の容疑で、池田ら三人が戸別訪問の容疑で逮捕された。このとき池田は、大阪東署と大阪拘置所に一五日間勾留されている。創価学会の側は、これを「大阪事件」と呼ぶ。小泉と池田は裁判にかけられたものの無罪になった。だが、起訴された会員のうち二〇人が有罪判決を受け、罰金や公民権停止の処罰を受けている。

それだけ創価学会は激しい選挙戦を展開したことになるが、中尾は一七万票を獲得し、得票率は二〇・〇パーセントにも達した。前年の参院選では、白木義一郎が三位で当選しており、大阪にはすでに強い地盤があったことになるが、中尾はそのときよりも相対得票率を三・四パーセント増やした。

創価学会は折伏路線をとることで強力な布教活動を展開し、爆発的な勢いに乗って会員を増やしていった。しかも、政界に進出し、そこでも着々と成果を上げた。それは、他の宗教や既成政党にとっては大いなる脅威であり、創価学会はそうした勢力から批判を浴びるようになる。

まず、同じく日蓮を信仰の対象とする日蓮宗からは、金子弁浄《べんじょう》『創価学会批判』(日蓮宗宗務院)と日蓮宗新聞部『大石寺と創価学会の実態』(同)が刊行された。また、浄土真宗からは、土井忠雄『創価学会問答』(本願寺派宗務所内伝道所)、伊藤義賢『創価学会の批判』(真宗学寮)、浄土真宗本願寺派布教研究所『創価学会の検討』(百華苑)が刊行された。浄土真宗も庶民に信仰の基盤をおいており、その点で創価学会と競合する部分をもっていた。

さらに、すでに政界進出を果たしていた一九五七年六月には、北海道の日本炭鉱労働組合(炭労)が創価学会の締め出しを決定する。すると、創価学会は、青年部隊を八〇〇名を、行動隊として北海道に送り込み、地元の会員も動員して炭労の方針を批判する決起集会を開いた。この炭労との戦いで、創価学会は左翼陣営、労働運動からも強い警戒心をもたれることになる。そのため、日本社会党や日本共産党から創価学会を批判する書物が刊行されるようになった。

戸田の死、そして池田大作の登場

ところが、その直後、一九五七年一一月二〇日に、戸田が病に倒れてしまう。まだその時点で、戸田は五七歳にしかなっていなかった。翌年三月には、創価学会の会員たちの寄進によって大石寺に大講堂が落成する。その際に戸田は式典に参加しているものの、それ以降、体調は悪化し、四月二日に亡くなっている。創価学会は、戦後、強力なリーダーシップによって組織を急成長させた有能な指導者を失ったのである。

新宗教の組織において、開祖や教祖の死という出来事は必ず訪れることであるわけだが、その後を継ぐ新しい指導者が現れるかどうかは、まったくの未知数である。ほとんどの場合、最初の指導者がもっていたカリスマ性に匹敵するものを、後継者が発揮することはない。

創価学会の場合には、戸田は初代ではなく二代目だった。しかし、初代の牧口常三郎の時代には、それほど大きな組織には発展していなかったし、組織の性格も戸田時代になると変わった。その点で、戸田を初代の指導者としてとらえることができる。

それだけ強力な指導者には、なかなか後継者は現れないものだが、創価学会の場合には、池田大作がいた。池田は、戸田に匹敵する、あるいは戸田を上回る指導力を発揮することによって、創価学会をさらに巨大組織へと押し上げていく。

池田は、一九二八（昭和三）年一月二日に現在の大田区大森北の海苔業者の家に生まれた。高等小学校を卒業後には鉄工所に就職したものの、結核で療養し、敗戦後は印刷所に勤めた後、蒲田工業会で書記として働いていた。そのときに、小樽問答の際には講師になる小平芳平に折伏され、創価学会に入会している。

　池田が頭角をあらわすのは、戸田の設立した日本正学館や小口金融の東京建設信用組合で働くようになってからである。池田は、会社の経営立て直しや新規事業の開拓に奔走し、その方面で才能を発揮した。

池田大作（提供：毎日新聞社）

　創価学会の組織のなかで参謀室長に就任してからの活躍もめざましく、それについてはすでに述べたところからも明らかである。とくに、創価学会が参議院にはじめて進出したときには、大阪に出向いて、そこで長期にわたって活動し、大きな成果を上げた。それは、池田が戸田の後継者としての地位を固める上で大きな意味をもった。
　ただし、戸田が亡くなった後、池田がすぐに第三代の会長に就任したわけではない。それには二年の歳月が必要だった。創価学会の組織のなかで、池田が確固たる地位を築くにはそれだけの時間がかかったということだろう。なにしろ池田は若かった。会長に就任したときでも、まだ三二歳だった。組織のなかには、戸田の教えを受けてきた年長の愛弟子が数多くいた。そうした人間たちのなかには、池田時代になって、池田を批判するようになったり、組織を離れる人間も現れる。

池田は、一九六〇年五月三日に開かれた第二二回本部総会で第三代会長に就任し、その際には、六四年にめぐってくる戸田の七回忌までに三〇〇万世帯の折伏を果たし、大石寺に大客殿《だいきゃくでん》を建立することなどを目標として掲げた。この時代には、まだ創価学会は急速な拡大を続けており、会員たちは三〇〇万世帯の折伏と聞いても、戸田が会長に就任したときの宣言とは異なり、必ず目標は達成されると受けとったに違いない。

それはまだ、日本の高度経済成長が続いていたからである。経済成長率は、一九六〇年代を通して年率一〇パーセント前後で推移し、一二パーセントに達するようなときもあった。それは、さらなる都市化を促し、創価学会にとっては、折伏の対象者が増え続けていることを意味した。池田が戸田の後継者としての地位を確固としたものにできたのも、こうした社会的な背景があったからである。組織の拡大が続き、その勢いに翳りが見られなければ、それは会長の指導力によるものとして評価される。そうなれば、会員の支持は強まり、会長の地位は安泰なものになるのである。

さらに、政治の世界へ

こうした状況を踏まえ、池田は、それまで以上に政治の世界に足を踏み入れていく。池田は、会長に就任した直後には、政党を結成することも、衆議院に進出することも否定していた。これは、戸田の考え方を踏襲するものであった。

ところが、池田が会長に就任してちょうど一年が経った一九六一年五月三日には、組織のなかで政界進出の役割を担った文化部が文化局に昇格している。そして、一一月二七日には「公明政治連盟（公政連）」が結成される。その基本要綱では、公政連は政治団体であると規定されていた。実際、六三年に行われた地方選挙では、それまで創価学会の候補者が無所属で出馬していたのに対して、公政連の公認を受けるようになる。

公政連は創価学会の外側に作られた組織ではあるものの、そこに所属するのは創価学会の文化局政治部にいた人間たちであり、創価学会から完全に独立しているわけではなかった。それは、公政連の幹部や、そこに所属する参議院議員が創価学会の幹部を兼ねていたことにも示されている。

公政連の第一回総会では、池田が挨拶しており、公政連の北条副委員長は、「決して池田先生を離れて、公政連の発展もおのおののしあわせもありえない」と述べていた。『公明党論』の著者である堀は、「池田が事実上の党首で」あったと述べている。

その後、一九六四年五月三日に開かれた創価学会の第二七回本部総会において、池田は、公政連を政党化する意思を示した。その際に、「民衆の要望にこたえて」衆議院への進出もあるという考えを示した。

これは、すでに述べた戸田の考えと対立するものだが、池田は、「恩師戸田先生も時きたらば衆議院へも出よとの御遺訓があったのであります」と述べ、それを正当化した。ただし、戸田がそうしたことを言い残していた証拠はない。池田の著作である小説『人間革命』にも、そうした場面はまったく出てこない。

ただ、すでに見たように、『聖教新聞』では、政界に進出する前の時点で、衆議院への進出を予感させるような記述がなされていた。真実ではない可能性が高い戸田の「御遺訓」を持ち出してくることには問題があるものの、創価学会のなかには、たとえ戸田との見解は異なっていても、衆議院への進出を考える人間がいたとしても不思議ではない。

一九六四年一一月七日には、東京両国の日大講堂を使って、公明党の結党大会が開かれる。そのときの「結党宣言」には、国立戒壇のことには直接言及されなかったものの、「公明党は、王仏冥合・仏法民主主義を基本理念として」と述べられていた。すでに見たように、王仏冥合は政治と宗教の一致を説くものであり、公明党が国立戒壇の建立を国会で決議することをめざしていると解釈することもできた。

さらに、公明党の実質的な党首であった池田は、一九六六年五月七日の第二九回本部幹部会で、「七つの鐘」ということに言及した。それは、一九三〇年の創価教育学会の発足から七年目ごとに節目が訪れるとする考え方で、六五年から七二年までの第六の鐘の期間においては六〇〇万世帯の折伏を目標に掲げ、次の七九年まで続く第七の鐘では一〇〇〇万世帯を目標とした。

その上で、大石寺建立七〇〇年目にあたる一九九〇年を最終目標として、「広宣流布の大総仕上げにかかりたい」とし、一五〇〇万世帯に達すれば、現在の日本の総世帯が二四〇〇万世帯だから、全世帯の半分を超え、「舎衛《しやえ》の三億」ということが現実化するとした。舎衛の三億とは、国民の三分の一が創価学会の会員になり、もう三分の一が支持者になれば、広宣流布が達成されるという考え方だった。

公明党の書記長と委員長をつとめた矢野絢也は、この時代の池田の口癖は、「公明党で単独過半数をとれ」、「天下を取れ」であったと述べている（矢野絢也VS.島田裕巳『創価学会　もうひとつのニッポン』講談社）。それに呼応するように、一九六七年七月三日に開かれた公明党の第五回臨時党大会において、委員長だった竹入義勝は、一〇年後には衆議院で一四〇議席を占めて、社会党に代わって第二党となり、参議院でも七〇議席、地方議会では五五〇〇議席を占めたいと発言した。

この時代、創価学会の拡大が続くなか、池田をはじめ、創価学会・公明党の中枢部では、政権奪取を視野に入れていた。たしかに、一九六〇年代の拡大の勢いが続いていくならば、それに現実味を感じても不思議ではない。

政権奪取が目標であるなら、そのためには会員を増やし続けていく必要があるわけで、会員たちの折伏にも熱が入った。しかも、会員が増える社会的な環境は依然として存在していた。

一九六九年一二月二七日の第三二回衆議院総選挙において、公明党は七六人の候補者を立てて四七人を当選させ、民社党を抜いて第三党に躍進した。得票率は一〇・九パーセントで、当時第二党だった社会党の半分を超えた。池田や竹入の構想は、着実に実現されようとしているかに見えたのである。

第八章　靖国神社の国家護持をめぐる問題

靖国神社の変貌

第一章で述べたように、靖国神社は戦前における軍国主義の象徴とも言える宗教施設だったにもかかわらず、ＧＨＱの占領下でも廃止されず、民間の一宗教法人として存続した。しかし、国が設立し、軍部がその運営を担ってきた靖国神社が、民間の宗教法人として存続することは、その設立の事情からすればかなり矛盾したことであった。事実、そのあり方をめぐって、戦後さまざまな問題が噴出し、それは国内において対立を生んだだけではなく、外交問題にまで発展した。「靖国問題」は、創価学会の問題と並んで、戦後の日本社会と宗教とのかかわりを考える上で極めて重要な事柄となっていく。しかもそこからは、「政教分離」をめぐる問題が派生するが、天皇制とのかかわりも重大である。

まず、一つ事実として指摘しておかなければならないのは、戦後の靖国神社では、国家の管理を離れたにもかかわらず、かえってそこに合祀される祭神の数が飛躍的に増加したことである。

靖国神社は、戊辰戦争や西南戦争などの内戦における戦没者を祀る施設として出発した。その後、日本が日清・日露戦争という外国を相手にした対外戦争を行うようになると、その戦没者を祀るようになっていく。対外戦争での戦没者は内戦での戦没者の数倍に及び、これによって靖国神社の性格は変わる。国のために殉じた死者を祀る施設に変貌したのである。

さらに、昭和の時代に入って、満州事変から日中戦争、太平洋戦争と戦争の範囲が広がり、戦闘が激化していくと、自ずと戦没者の数は増え、靖国神社に祀られる祭神の数も増加していった。昭和一三（一九三八）年の秋の例大祭からは新たに祀られる戦没者の数は一万人を超え、太平洋戦争末期には最終的に四万人を超えるまでに至る。それによって、敗戦の時点で、靖国神社には五〇万柱に近い戦没者が祀られていた。

しかも、昭和一〇年代に入って戦闘が激化し、戦死者が増えると、戦没者を「英霊」として顕彰する気運が高まる。英霊という言葉自体は、かなり前からあったものの、英霊崇拝が強調されるのは、その時代になってからである。そして、戦争に駆り出されていく若者たちのあいだでは、「死んで靖国で会おう」が合い言葉になっていく。靖国神社は、戦争で亡くなるという行為を崇高なものとして意味づけるとともに、戦意を高揚する手立てを提供する施設として機能するようになる。

しかし、祭神の数ということになると、戦後の方がかえって増加した。第一章でふれた終戦直後に行われた合祀祭では、戦没者の氏名をいちいち確認していく作業が間に合わず、一九四五年九月二日の降伏調印までの戦没者を、氏名不詳のまま一括で合祀した。その時点で、確認作業が

靖国神社　拝殿（提供：毎日新聞社）

行われていない戦没者の数は約二〇〇万人と見積もられた。

ＧＨＱが、それからしばらくの間、新たな合祀を許さなかったため、合祀作業は進まなかった。それでも靖国神社の側は密かに合祀を続けた。冷戦の時代に入ると、ＧＨＱの占領政策にも変化が見られ、一九四九年頃からは公に合祀することが可能になった。サンフランシスコ講和条約が発効し、独立を回復するときまでに、約三五万人が合祀されていた。

独立回復後は、より積極的に合祀の作業が進められるようになる。二〇〇四年の時点で、満州事変の戦没者が一万七一七六名、日中戦争が一九万一二五〇名、太平洋戦争が二一三万三九一五名で、これを合わせると二三四万二三四一名となる。これに、それ以前の戦没者を加えると、二四六万六五八四名となる。全体の九五パーセントを満州事変以降の戦没者が占めていることになる。

したがって、戦後にこそ靖国神社の重みは増したとも言える。満州事変以降二三四万を超える祭神が新たに祀られたことで、戦没者の家族や親族など、関係者の数は飛躍的に増えた。敗戦によって、これ以上、戦没者は増えない状況が生まれたものの、関係者が増えたということは、祭神として祀られた戦没者の慰霊のために、より多くの日本人が靖国神社を訪れるようになったことを意味する。

しかも、戦没者の関係者は一九五三年に財団法人となる「日本遺族会」に結集する。日本遺族会は、「英霊の顕彰」とともに、「戦没者遺族の福祉の増進」を目的に掲げており、遺族年金の増額や受給者の範囲の拡大を要求する活動を展開する。それによって、日本遺族会は圧力団体として機能するようになり、政治的に無視できない勢力となっていくのである。

もう一つ戦後における変化は、日清日露戦争が日本の勝利に終わったのに対して、満州事変以降の戦争は、日本の敗戦に終わったことにある。しかも、戦没者の多くは病死や餓死で、おまけにその遺骨は現地に残され、今でもその半分近くが日本には戻されていない。靖国神社の祭神を祀るという行為は、戦前から戦中にかけては、日本が世界の列強の仲間入りを果たしたという高揚感を伴ったが、戦後はむしろ悲愴感を伴うものに変貌したのである。

靖国と国家の関係

ここで一つ重要なことは、靖国神社は国の手を離れて、民間の宗教法人になったとは言え、国との関係がまったく切れてしまったわけではないという点である。

まず、靖国神社は、一九五一年四月三日に公布され、即日施行された宗教法人法によって宗教法人として認証されるが、一般の神社が神社本庁を包括法人とする被包括法人となったのに対して、その形態をとらなかった。それも、靖国神社の成立の経緯と歴史が特殊なものと考えられたからである。靖国神社は単立の宗教法人として認証された。

戦前において靖国神社を所管していた陸軍と海軍は、敗戦直後に解体され、陸軍省と海軍省は一九四五年一二月一日の時点で、第一復員省と第二復員省に改組された。復員省の役割は、まだ戦地に残っている元軍人や軍属を国内に復員させることにあった。どこに誰を送り込んでいるかという情報をもっているのは陸軍省と海軍省であり、したがって、それを改組するしか、復員の事業をなしとげることは難しかった。四六年六月一五日には、二つの復員省は復員庁に統合され、そのなかに第一復員局と第二復員局が設置される。

一方で厚生省は、GHQの指令によって、社会局に引揚援護課を設置し、全国の引揚者が上陸する地域に地方引揚援護局を設置した。海外には、軍人や軍属以外の一般人も数多く残されていた。厚生省は、一九四六年三月一三日に、外局として引揚援護院を設置した。これが、復員庁と統合されて引揚援護庁が生まれたが、四九年には廃止され、厚生省の内局として引揚援護局が設置されることになる。

問題は、この引揚援護局が、靖国神社に祭神を合祀するために必要な事務を司ったことである。なにしろ、引揚援護局の元をたどれば、陸軍省と海軍省に行き着くわけである。厚生省の時代になっても、その局員は、局長こそ一般の官僚であったものの、次官以下は、元軍人だった。その点で、引揚援護局は厚生省のなかで特別な職場となっていたが、その局員たちには、戦争で亡くなった仲間の軍人や軍属を一刻も早く靖国神社に祭神として祀りたいという強い思いがあった。

靖国神社の側としても、自分たちで祭神の名簿を作ることはできない。そんな情報はまったく持ち合わせていないし、その入手手段もなかったからである。その点で、厚生省引揚援護局に頼るしかなかった。靖国神社にとっては、祭神の名簿を作成するという作業は、その存立にかかわる極めて重要な事柄であったが、民間の宗教法人になっても、それを国に頼っていたのである。

これは、戦後の日本国憲法が定める政教分離という観点からすれば、それに明らかに違反する可能性のあるあり方だった。引揚援護局の局員は国家公務員であり、その給与や、彼らが名簿を作成する際の費用はすべて国が負担している。つまり、国民の税金が一宗教法人のためにもっぱら使われていることになるが、この点が問われたことはほとんどない。そもそも、そういう関係が国と靖国神社の間に成立していることについて、ほとんどの国民は認識していないのではないだろうか。

引揚援護局では、一九五六年四月一九日に局長名で「靖国神社合祀事務協力要綱」を出し、その冒頭では、「法令に基づくその本然の事務の限界において、なし得る限り好意的な配慮をもって、靖国神社合祀事務の推進に協力する」としていた。文書の作成者の感情がこもっていて、とても役所の文書とは思えないものだが、引揚援護局の側が、つまりは元軍人たちが、戦後の政教分離の体制のなかで、なんとか靖国神社に協力しようとする姿勢を示していたことがうかがえる。

実際、誰を靖国神社に合祀するかということについて、引揚援護局の局員は靖国神社に出向き、そこで神社側と協議を行っている。合祀基準をどう定めるかはかなり難しい問題で、戦前においても幾度かそれが議論になった。とくに自殺した軍人の扱いが難しかった。この点は、「A級戦犯」の合祀の問題にかかわっていくが、それについては後に第一二章で述べることになる。

戦後最初の合祀祭には、天皇が列席しているが、それ以降も、一九五二年、五四年、五七年、五九年、六五年、六九年、そして七五年に天皇は靖国神社に参拝している。死んで靖国神社に祀られれば、こうした天皇の「親拝」を受けられるということが、本人にとっても、遺族にとっても大いなる誇りだった。戦前の天皇が軍服姿で親拝していたのが、戦後は一般の洋装で臨むようになったという違いはあるものの、靖国神社は、一般の庶民が天皇の親拝を受けられる施設という点で、戦後も戦前と変わらなかった。

政教分離に違反する可能性

一つ重要な点は、靖国神社に祭神として祀られた戦没者の遺族に対しては、国が経済的な援助を行うようになったことである。

日本の徴兵制度は一八七三（明治六）年にはじまるが、七五年には陸軍と海軍で恩給制度が設けられる。これは、退役した軍人や、戦没者の遺族に恩給を支払うものである。ところが、GHQは、重症者を対象とした傷病恩給を除いて軍人恩給を停止してしまった。そのため、サンフランシスコ講和条約が発効した直後の一九五二年四月三〇日に、「戦傷病者戦没者遺族等援護法（遺族援護法）」が公布施行された。ただし、翌五三年には軍人恩給の停止が解けたため、遺族援護法の対象者の多くに恩給法が適用されることになる。

日本遺族会が結成されるのも、軍人恩給の停止によって、戦没者の遺族が経済的な危機に陥ったからである。停止された一九四六年には遺族の組織がいくつか生まれ、同年六月には東京の京橋で戦争犠牲者遺族大会が開かれた。そこから、翌年一一月には日本遺族厚生連盟が結成され、それが五三年三月の財団法人日本遺族会の設立に結びついていく。

この日本遺族会が、たんに戦没者の遺族の経済的な援助ということを要求していくだけであったとしたら、社会に対してそれほど大きな影響を与えることはなかったであろう。ところが、日本遺族会は、靖国神社の国家護持ということを要求として打ち出すようになる。それはやがて、「靖国神社法案」の国会への上程ということに発展していくことになり、政治問題化していくのだった。

まだ、日本遺族会の前身だった日本遺族厚生連盟の時代、一九五二年一一月二六日に開かれた第四回全国戦没者遺族大会において、「靖国神社並びに護国神社の行う慰霊行事はその本質にかんがみ国費又は地方費をもって支弁するよう措置すること」を求める決議が採択されている。護国神社は、各県に設けられたもので、それぞれの県の戦没者を祀っており、靖国神社と性格が共通していた。

翌年、日本遺族会が発足すると、一二月八日の第五回大会で靖国神社の祭祀費用の国家負担を決議している。こうした決議は、その後もくり返されている。それはやがて、靖国神社そのものを国による管理運営に移行させせようとする国家護持の構想に結びついていくことになる。

たしかに、靖国神社は、国内に一〇万社ある神社のなかでも極めて特殊なものである。少なくとも陸軍省と海軍省が所管するような神社は、戦前でもほかになかった。戦後も、祭神の合祀には厚生省引揚援護局が全面的に協力したわけで、国との関係は切れていなかった。その点からすれば、靖国神社の国家護持という構想が出て来るのも必然的なことであった。

しかし、そこには大きな問題があった。

戦後に制定された日本国憲法では、GHQが国家神道と呼んだ戦前の体制に対する反省から、政教分離の徹底が求められていた。第四章でもふれたが、憲法の第二〇条では、「いかなる宗教団体も、国から特権を受け、又は政治上の権力を行使してはならない」と規定されている。靖国神社の国家護持は、これに違反する可能性があった。

そこで、当時の二大政党であった自由民主党と日本社会党からは、靖国神社の名称を改め、そこを「脱宗教化」することで、国家護持を可能にするような法律案が発表された。こうした法案に対しては神社界からも賛同の声が上がった。

ところが、日本遺族会の側は、こうした靖国神社の脱宗教化によって国家護持しようとする方向性を認めなかった。一九五六年三月には、組織の内部にこの問題を討議するための小委員会を設置し、四月には「靖国神社法案（仮称）意見書」を衆議院の海外同胞引揚特別委員会に提出している。そこでは、靖国神社の名称の変更は認めないとし、靖国神社は戦没者の「みたま」を奉《ほう》斎《さい》し、その遺徳を顕彰・慰霊するもので、その特殊性と伝統を尊重するよう求めていた。

その上で日本遺族会は、国家護持を求めるための署名活動を開始する。これによって、一九六〇年一月から三月までの短期間に二九五万件もの署名を集めた。これは、日本遺族会がもっとも力をもっていた時代であり、会員は八〇〇万人にも及んでいたので、当然の結果であった。当時の日本遺族会は、政治に対して強い影響力を発揮する圧力団体として機能していた。国会のなかには、自由民主党の議員を中心に「遺家族議員協議会」が組織され、日本遺族会はこの組織を介して国に対して国家護持を働きかけるようになる。

こうした日本遺族会の動きに連動して、靖国神社の側も、神社本庁とともに「靖国神社祭祀制度調査委員会」を一九六一年に設け、六三年四月には、「靖国神社国家護持要綱」を発表した。そこでは、靖国神社が行ってきた祭祀をそのまま継続させた上で、国家が護持するとされた。具体的には、宗教法人としての靖国神社は解散して、特別な法律に基づいて設立される特別法人とし、靖国神社の名称は変えず、合祀などの費用は国が負担し、その合祀については天皇に上奏して決定するというものだった。

これは、とても靖国神社の非宗教化と言えるものではなかった。そのあり方は、軍部が関与していないという点を除けば、ほとんど戦前の体制を踏襲しており、戦後の政教分離の原則に配慮しているようにはまったく見えなかった。

難航する靖国神社法案

その直後の六月、自由民主党内には、「靖国神社国家護持問題等小委員会」が設けられる。ただし、すぐに法案がまとめられ、国会に上程されたわけではなかった。一九六九年に、靖国神社が創建一〇〇年を迎えた際、当時の総理大臣であった佐藤栄作が靖国神社の国家護持に積極的だったため、ようやくその年の六月三〇日に「靖国神社法案」が第六一回国会に提出された。

その後、この靖国神社法案は、全部で五回国会に提案されるが、内容はすべて同一である。

第一条の目的では、「靖国神社は、戦没者及び国事に殉じた人々の英霊に対する国民の尊崇の念を表すため、その遺徳をしのび、これを慰め、その事績をたたえる儀式行事等を行ない、もってその偉業を永遠に伝えることを目的とする」と定められていた。そして、靖国神社の名称を踏襲し、そこに祀る「戦没者及び国事に殉じた人々」については、政令で基準を定め、靖国神社の申し出にもとづいて総理大臣が決定するとされた。

法人格については、ただ「法人とする」とされただけで、宗教法人とはしない方針が示されたものの、どういった法人にするかは規定されていない。ただ一つ、政教分離の原則に配慮したのが第五条で、そこでは、「靖国神社は、特定の教義をもち、信者の教化育成をする等宗教的活動はしてはならない」とされた。

戦前の国家神道の時代において、神道は宗教ではないとされ、その扱いは他の宗教とは異なった。この第五条で言われていることは、そうした戦前の神道のとらえ方に近い。神道には、もともとはっきりとした教義があるわけではないので、たとえ教義を持たないようにさせたとしても、それで脱宗教化させたとは言い難い。

その点で、この法案はかなり無理なものであった。実際、第六一回国会では、提案理由の説明さえ行われずに、そのまま廃案になっている。

その五年後、一九七四年の第七一回国会で、靖国神社法案は衆議院の内閣委員会で自由民主党の賛成多数で単独強行採決された。本会議でも、やはり単独採決されたものの、参議院では廃案になっている。

こうした靖国神社法案に対しては、宗教界をはじめ各方面から強い反対の声があがっており、それが法案を廃案へと追い込んだ一つの要因だったが、もう一つ、内閣委員会で強行採決がなされた後、内閣法制局が「靖国神社法案の合憲性」という見解を出したことも大きく影響した。

内閣法制局の見解によれば、法案を通すには、靖国神社の脱宗教化を、相当程度進めなければならないというのである。具体的には、「祝詞」は「感謝の言葉」に変え、「修祓《しゅばつ》の儀《ぎ》」や「御神楽」は別の形式にし、「降神《こうしん》、昇神《しょうしん》の儀」は止め、「拝礼」は二拝二拍手一拝にこだわらず、形式を自由にし、神職の職名も変更し、鳥居についても名称の変更を検討する必要があるというものだった。

神道の儀礼においては、祭式を行う場を清めるために修祓を行い、その上で、神を降ろし、神饌や玉串などを捧げた上で、また天に戻ってもらうという形式が採られる。内閣法制局の見解は、そうした祭式の本質的な部分を真っ向から否定するものであった。

当然、これに対して靖国神社の側は猛反発した。そんなことになれば、「靖国神社は神霊不在、言わば正体不明の施設に堕することは間違いない」というのである。内閣法制局の見解は、靖国神社の国家護持の可能性に対して相当に高いハードルを設けるものであった。後に首相の靖国神社参拝が問題化してから、代々の首相は、参拝を行っても、祓いを受けなかったり、二拝二拍手一拝をせずに、一礼だけですませるようになったが、そこには、この内閣法制局の見解が反映されていると見ることができる。こうした見解が出てしまった以上、靖国神社の国家護持は、事実上不可能になった。実際、第七一回国会で廃案になってからは、一度も国会に上程されていない。

創価学会と靖国神社

こうした靖国神社の国家護持をめぐって、宗教界においてはさまざまな動きが起こる。そこには、それが社会的に論議されていた時代に、急速にその勢力を拡大し、政界にも進出した創価学会の動向もからんでおり、事態はかなり複雑だった。

靖国神社法案がはじめて国会に上程される前の年の一九六八年、日本宗教連盟は、この法案に対する特別委員会を設置して、協議を行った上で、法案に反対する声明書を発表した。この日本宗教連盟は、教派神道連合会、財団法人全日本仏教会、日本キリスト教連合会、神社本庁、新日本宗教団体連合会（新宗連）の五つの団体の連合体で、財団法人の形態をとっていた。

ここに加わった団体を見た場合、一つ違和感を持たざるを得ないのが神社本庁の存在である。たしかに靖国神社は、単立の宗教法人で、神社本庁に包括されてはいないものの、思想的には両者に共通なものがあり、人事の上でも密接な関係をもってきた。ではなぜ、神社本庁は法案反対の声明書に加わったのだろうか。

それは、自由民主党の靖国神社国家護持に関する小委員会の委員長だった山崎巌の作った私案が、憲法を遵守するあまり、「英霊の合祀奉斎に消極的であるという理由からであった」という。要するに、靖国神社法案の趣旨には賛同するが、それが不十分だという点で反対したというのである（縄田早苗「宗教と政治」『新宗教の世界Ｉ』、大蔵出版）。

靖国神社の国家護持に対しては、創価学会も反対の立場をとっていた（横山真佳『ルポ・宗教　横山真佳報道集①』東方出版刊）。創価学会の場合、その初代会長である牧口常三郎は、靖国神社に参拝していたが、神宮大麻を焼却したとして逮捕され、獄死している。戦後の創価学会は、それを国家による宗教弾圧の結果ととらえ、国家神道の時代に戻ろうとするような動きには反対していた。

しかし、創価学会は、新宗教教団が集まってできた新宗連のなかには加わっていなかった。新宗連が結成されたのは一九五一年一〇月一七日のことで、その前身は、その年の八月に設立された「新宗教団体連合会」だった。そこには、ＰＬ教団、立正佼成会、世界救世教、生長の家、惟《い》神会《しんかい》が加わっていた。ＰＬ教団は、戦前にはひとのみち教団と言い、第三章でもふれたように、厳しい弾圧を受けていた。立正佼成会は、第六章でふれたように、日蓮系の新宗教で、世界救世教と生長の家、そして惟神会は開祖が大本の出身で神道系だった。

新宗教　三つのグループ化

このように見ていくと、新宗教団体連合会には戦前、教派神道として公認されなかった神道系の教団が多いということが言える。ただ、立正佼成会が加わり、新宗連の中心的な教団として活動したことは大きかった。

創価学会が折伏大行進の路線を推し進め、活発に折伏を行っていた時代には、学会の内部で「東の立正佼成会、西の天理教」が合い言葉になっており、この二つの教団に対して強い対抗意識をもっていた。とくに立正佼成会の場合には、同じ日蓮系の教団ということで創価学会と対抗関係におかれることが多かった。そのため、新宗連は創価学会と対立することともなった。

たとえば、創価学会が一九六四年に公明党を結党し、衆議院に進出すると、新宗連は、それに対抗して六五年の参院選に事務局長だった楠正俊を全国区の候補に擁立した。新宗連が組織をあげて支援したことから、楠は七四万票以上を獲得し、全体の第六位で当選している。所属は自由民主党であった。

このときの参院選には、生長の家が推薦する玉置和郎も自由民主党の公認として立候補し、八五万票以上を獲得して第三位で当選している。玉置は、生長の家が組織した政治組織、「生長の家政治連合」に属していたが、その後、玉置以外にも、この連合からは村上正邦、田中忠雄、寺内弘子が自由民主党の公認候補として参議院に送り込まれている。

生長の家は、戦前には日本の侵略を聖戦として煽り、戦後も、日本は戦争に負けたわけではないと主張し、戦前の体制を支持する立場を取り続けた。政界に進出したのも、そうした考え方を訴えるためで、妊娠中絶反対運動をくり広げたほか、建国記念の日の制定や元号法制化に力を入れた。さらに、靖国神社護持運動にも積極的に参加した。

したがって、靖国神社国家護持に反対する新宗連加盟の他の教団とは立場を異にしており、生長の家の総裁だった谷口雅春が、「立正佼成会やPL教団など低級通俗の宗教と席を同じくするのは好ましくない」と言い出したこともあり、一九五七年には新宗連を脱退している。

ほかに、世界救世教も、右寄りの政治姿勢を示していたことから、一九六七年に新宗連を脱退し、仏所護念会も、日蓮系の教団であったが、靖国神社国家護持の立場をとり、七二年五月には脱退している。仏所護念会は、生長の家とともに、六九年に結成される「自主憲法制定国民会議」にも参加し、その中心的な勢力として活動した。さらに、靖国神社法案の制定をめざして七六年に結成される「英霊にこたえる会」にも参加し、活動を積極的に展開した（前掲縄田「宗教と政治」）。

このように見ていくと、一方で創価学会が台頭し、もう一方で靖国神社の国家護持の運動が高まりを見せていくことによって、新宗教は三つのグループに分かれたように見える。

まず、創価学会が単独で一つのグループを形成していた。創価学会は、それが密接に関係した日蓮正宗の教義の影響もあり、他の宗教や他の仏教宗派を徹底的に批判し、自分たちの信仰だけが正しいとしたことで、他の教団と連携することがなかったからである。

この創価学会が高度経済成長の時代に巨大教団に発展したことから、他の新宗教教団は自ずと創価学会と対立した関係におかれ、そこから新宗連のような組織が生まれた。創価学会が公明党を組織したことから、新宗連は自由民主党との関係を深めていく。

しかし、そこに靖国神社の国家護持の問題が浮上すると、それを支持するか、反対するかで新宗連加盟の新宗教教団は分かれた。

一方には、立正佼成会や戦前に国家によって弾圧されたPL教団があり、こうした教団は、第二のグループを形成するとともに、創価学会に対抗しつつ、靖国神社法案には真っ向から反対する姿勢を示した。

その一方で、生長の家や仏所護念会など、その右派的な政治思想から靖国神社国家護持を支持する教団は、新宗連を抜け、他の右派的な政治団体と連携して活動を展開した。これが第三のグループを構成するようになる。

しかし、こうしたグループ分けは、絶対的なものではなく、そこには流動的な要因が潜んでいた。

たとえば、新宗連から立候補した楠は、その新宗連を抜けた生長の家をバックにした玉置とともに、一九七三年に結成された自由民主党内の右派グループ「青嵐会」に参加している。その青嵐会には、当時衆議院議員だった石原慎太郎も参加しているが、石原は霊友会から推薦を受けていた。

ここには、日蓮系の新宗教の信者たちが、もともとは保守的な政治姿勢をとっていたことが関係していた。信者たちは、創価学会の会員ほどではないにしても、社会の中下層であり、知識人層が多く含まれているわけでもなく、また、左翼の政治運動や労働運動とも無縁だった。

それは実は、創価学会の会員たちにも共通して言えることだった。都会に出てきたことで創価学会の会員となった人間たちは、地方の故郷で生活していたときには、農家の出身で、その政治姿勢は保守的だった。しかし彼らは、農家に留まっていては、豊かな生活を実現できないため、やむを得ず都会に出て行き、そこで創価学会に出会ったという面をもっていた。

高度経済成長の時代には、地方から都会への大量の人口移動が起こることで、都会では過密化が進行し、反対に地方では過疎化が進行した。農村部は、経済成長から取り残されたような形になったのである。

その農村部を基盤に、政治的な力を駆使して、地方への利益還元をはかったのが田中角栄を中心とした自由民主党の「田中派」であった。都会に出て創価学会の会員になった人間たちも、故郷に残っていれば、田中派の熱烈な支持者になった可能性がある。地方に残れば田中派、都会に出れば創価学会の会員になったという可能性があり、両者は実は支持層の面で重なり合っていた。

だからこそ創価学会・公明党は、田中角栄の率いる田中派と密接な関係をもち、田中が首相になったときには、公明党の委員長であった竹入義勝が、日中国交回復の仲介役の役割をも果たす。そこには、後に述べる創価学会・公明党の「言論出版妨害事件」の際に、田中が力添えをしたため、創価学会・公明党が田中に借りを作っていたことも影響していたのである。

第九章　戦後における既成仏教の継承と変容

「廃仏毀釈《はいぶつきしゃく》」の痛手

戦後は、各種の新宗教が登場し、そのなかには巨大教団への道を歩んでいくものがあらわれたため、それは社会に大きな影響を与えていく。

では、既成教団、とくに既成仏教の方は、戦後どういった歴史を歩んだのだろうか。

日本には土着の神道があり、その後、中国や朝鮮半島から仏教や道教、儒教などが取り入れられた。一六世紀にはキリスト教も入ってきたものの、日本がそれを禁教にしたため、社会に広まることはなかった。

それぞれの宗教は、独立して存在したわけではなく、さまざまな形で融合し、習合していくことになるが、とくに中世以降、神道と仏教は混じり合い「神仏習合《しんぶつしゅうごう》」という形態が基本的なあり方になった。そこに道教や儒教も含み込まれ、日本に独自な宗教体制が築かれた。

ところが、明治政府に結集した人々のなかに、純粋な神道によって国を治めようと考える神道家や国学者が初期の段階では多く含まれていた。そこから、「神仏分離」がはかられ、神道と仏教、神社と寺院は明確に区別された。とくに神道の世界から仏教にかかわるものを排除する動きが起こる。それは民衆の間に「廃仏毀釈」の動きを生み出すことにつながり、仏教は大きな痛手を被った。

廃仏毀釈自体は比較的短期間でおさまるものの、仏教界はその状態からの立ち直りを迫られた。しかも、明治新政府は「上知令《あげちれい》」を出し、神社や寺院の所有していた土地は、境内地を除いて没収された。代わりに「社寺禄制《しゃじろくせい》」が定められ、扶持米《ふちまい》が支給されたものの、それは一〇年と年限を区切られ、しかも毎年量は減らされていった。

神社に対しては、神道を新しい日本の国家の道徳的な基盤として奨励しようとする政策がとられたことから、国や地方から経費が支払われるようになるが、寺院はその恩恵を被ることができなかった。

そのため、廃仏毀釈によって破壊された寺院などは荒廃し、なかには廃寺になってしまうものもあった。奈良の興福寺は、中世においては大和国（現在の奈良県）全体の土地を寄進され、それを支配することで絶大な権力を発揮したが、廃仏毀釈の影響を受け、かなり衰えた。現在でも興福寺に塀がなく、本堂にあたる中金堂が再建途中なのも、そうしたことが影響している。

したがって、今日有名寺院として多くの参拝者を集めているようなところでも、かなり長いあいだ苦しい状態におかれた。たとえば、大正時代に奈良の寺々をめぐって、それについて紀行文を著した和辻哲郎は、薬師寺について、講堂は「埃まみれの扉が壊れかかっている。古びた池の向こうには金堂の背面が廃屋のような姿を見せている。まわりの広場は雑草の繁るにまかせてあって、いかにも荒廃した古寺らしい気分を味わわせる」と記していた(『古寺巡礼』岩波文庫)。

この状況は戦後にまで引き継がれた。後に薬師寺の住職となってその復興に尽力する高田好胤《こういん》は、敗戦直後の薬師寺は疲弊のどん底にあり、建物はすっかり傷んでいたため、「薬師三尊が天気のいい日に日光浴をされ、そのかわり雨が降ってきたら傘をさして法要をしなければならない有様でした」と述べている(『心 いかに生きたらいいか』徳間文庫)。

今日からすると考えられない事態だが、薬師寺の場合、これは奈良の古くからある寺院に共通することだが、境内に墓地がなく、したがって檀家をもたなかった。その維持には参拝者の寄進に頼るしかなかったわけだが、敗戦直後の段階では、人々に生活の余裕はなく、また、交通機関が発達していなかったため、簡単に遠方から奈良の古寺を訪れるわけにはいかなかった。その状態はしばらく続いていくことになる。

しかし、逆に言えば、人々の生活レベルが向上し、交通機関が発達すれば、今日のように、多くの人が日本の伝統文化にふれようと、こうした古寺を訪れるようになるわけで、実際、戦後はその方向にむかっていく。

経済成長と神社の復興

高田は、そうした事態を受けて、一九四九年に薬師寺の副住職に就任すると、まず修学旅行生に対する法話に力を入れるようになる。

修学旅行自体は戦前から行われており、一八八六（明治一九）年に東京師範学校の学生が一二日間にわたって千葉に出掛けた「長途遠足《ちょうと》」にはじまる。その後次第に盛んになり、なかにはアメリカやアジア諸国へ修学旅行に出掛ける学校もあらわれた。

しかし、一九四〇年には戦争のため、修学旅行に規制がかけられるようになり、敗戦まで実施されなくなっていく。それが復活するのは一九四六年のことで、本格化するのは、サンフランシスコ講和条約が締結された五二年以降のことである。五九年四月にははじめて、当時の国鉄（現在のＪＲ）が修学旅行専用列車の運行を行った。

そこには経済成長の影響が大きかった。経済が発展していくにつれて交通機関も発達し、利便性が増していく。それによって、東日本の学生生徒は関西圏を中心とした西日本へ、逆に西日本の学生生徒は東京を中心とした東日本に修学旅行に出掛けるという流れが生まれ、関西では京都や奈良にある神社仏閣を訪れることが一般化した。高田は、それを薬師寺復興の絶好の機会として利用した。学生生徒が訪れれば、相当な額の拝観料が収入として寺に入る。高田は、修学旅行の対象となるよう、その話術で薬師寺の人気を高めようとしたのである。

高田は、一九六七年に薬師寺の管主に就任すると、傘をささなければ雨の日には法要ができなかった金堂の再建をめざし、写経の事業を開始する。これは、般若心経や薬師経などを写経し、それを薬師寺に納めてもらうもので、その際に、一〇〇〇円の供養料を徴収した。金堂の再建にはおよそ一〇億円が必要で、一〇〇万巻の納経が必要だったが、高田は全国を飛び回って説法などを行い、その事業を完成させた。その後も写経事業は継続され、それによって今日の薬師寺は、かつての偉容を取り戻している。

奈良や京都の由緒ある寺院の場合には、飛鳥、奈良、平安、鎌倉の各時代の優れた仏像を所蔵していたり、建物も古く、名園と言われる庭園をもっているところも少なくない。春の桜、あるいは秋の紅葉の名所になっているところも多い。そうした寺院では、経済が復興し、交通機関が発達して多くの参拝客があれば、それで経済をまかなうことができる。交通機関も、最初は鉄道ばかりだったが、一九六四年の東京オリンピック開催のために高速道路が作られるようになると、本格的なモータリゼーションの波が訪れ、自動車も利用されるようになっていく。

鉄道でも、私鉄の場合にはとくに、都会の中心部と郊外を結んで路線を引く際に、終点には神社仏閣のある場所が選ばれることが多い。というのも、上りの通勤通学客だけではなく、下りでは、そうした神社仏閣への参拝客を見込めるからである。関東なら成田山新勝寺へむかう京成線、関西なら高野山へむかう南海線がその代表である。とくに戦後は、地方から都会への大規模な人口移動が起こり、都市の周辺で宅地開発が進んだ。それは、著名な神社仏閣への参拝者を増やすことに結びついた。

なかには、モータリゼーションの発達を見込んで、参拝を宣伝するようなところもあらわれた。その代表が栃木県佐野市の「佐野厄除け大師」である。

ここは、大師とは言っても、弘法大師ではなく、元三《がんさん》大師を祀る寺である。元三大師は、慈恵《じえ》大師良源のことで、一〇世紀に活躍した良源は比叡山延暦寺中興の祖として知られる。ところが、死後に厄除けの利益を与える元三大師として庶民の信仰を集めるようになった。

佐野厄除け大師

佐野厄除け大師は、もともと春日岡山転法輪《かすがおかやまてんぽうりん》院惣宗官寺《いんそうしゅうかんじ》と称する天台宗の寺院だったが、その住職だった旭岡聖順《あさひおかせいじゅん》は、一九七二年に東北自動車道が宇都宮まで開通し、寺の近くに佐野藤岡インターチェンジができることを見込んで、周辺の地域に大量のダイレクト・メールを送り、それで少なかった参拝者を増やすことを計画する。一時、ダイレクト・メールは関東一円に一三〇〇万枚も配られた。この作戦が成功し、佐野厄除け大師という名前が広がり、多くの初詣客を集めるようになる。

有名社寺の場合には、その後、ユネスコの世界遺産に文化遺産として登録されるところも出て来た。最初は、一九九三年一二月に登録された「法隆寺地域の仏教建造物」で、構成資産は法隆寺の建造物と法起寺の三重塔を加えた四八棟だった。翌年一二月には、金閣寺や清水寺などを構成資産とする「古都京都の文化財」が登録される。神社仏閣関係としてはほかに、「厳島神社」、「古都奈良の文化財」、「日光の社寺」、「琉球王国のグスク及び関連遺産群」、「紀伊山地の霊場と参詣道」、「平泉――仏国土（浄土）を表す建築・庭園及び考古学的遺跡群」、「富士山――信仰の対象と芸術の源泉」と続いていく。

世界遺産に登録されると、構成資産をそのまま維持していくことが求められ、それが費用の面などで負担になるものの、観光地としてブランド化がはかられることになり、多くの参拝者を集めることができるようになる。

参拝者を集める手法

観光地として参拝者を集めることができるのは、一部の神社仏閣に限られる。一般の神社仏閣には、参拝者が関心をもつ国宝や重要文化財に指定されるようなものは所蔵されていない。それは新たに作り出すことが難しいものである。

それでも、一九八〇年代に入り、日本がしだいに「バブル経済」の様相を呈してくると、全国で、観光客を集めるために巨大な大仏や観音を作る動きが生まれた。たとえば、八二年には、淡路島の岸壁に「聖観世音菩薩」が建立された。これは一〇〇メートルの高さがあり、七五メートルのニューヨークの自由の女神像よりも二五メートル高いと宣伝された。

巨大な仏像としては、群馬県高崎市に一九三六年に建立された「白衣観音」や、六〇年に神奈川県大船市に建立された「護国観音（大船観音）」があるが、これらはあくまで観音信仰の普及を目的としたもので、観光目当てではなかった。

ところが、淡路島の事例は、拝観料が、観音像の下に併設された美術館や遊園地の入場料を含むものではあるが、大人九三〇円、子ども五一五円に設定されており、観光客を集めることが主たる目的だったものと考えられる。ほかにも、秋田県の田沢湖には二〇億円の費用をかけて高さ三五メートルの「田沢湖金色大観音」が、三重県津市の白山町には五〇億円で高さ三三メートルの「純金開運寶珠《ほうじゅ》大観世音菩薩」が建てられた。

さらに、バブル経済真っ盛りの一九八七年には、福井県勝山市に四〇〇億円をかけて高さ一七メートルの「越前大仏」と、それをおさめる大仏殿が建立された。当初の拝観料は二五〇〇円で、最初の年には五〇万人の参拝者を集めたものの、すぐにふるわなくなる。現在では境内地と境内に建てられたコンクリート製の五重塔が競売に附されているが、買い手はついていない。淡路島の観音像も、廃墟同然の状態にあり、台風で外壁が損傷を受けるなど、危険な状況のまま放置されている。

こうした事例は、宗教を金儲けの道具として用いようとした試みであり、最初から成功が見込めない事業であった。巨大な仏像を作ったからといって、当初はもの珍しさで訪れる人間がいても、古寺の仏像とは異なり、決して美しいものではないので、すぐに参拝者はいなくなるのである。

戦後、観光ということではなく、参拝客を集めることに成功したのは、「水子供養」を行うようになった寺院である。すでにふれた佐野厄除け大師の場合にも、厄除けのなかには、この水子供養ということも含まれており、境内には「水子地蔵堂」も設けられている。この地蔵堂ができ

福井県勝山市清大寺の越前大仏（提供：共同通信社）

たのは一九七八年のことだった。

水子とは、流産した胎児や出産後あまり日が経たないうちに亡くなってしまった幼子のことをさす。それは、大昔からあることで、とくに乳幼児の死亡率の高かった時代には、多くの水子が生まれた。江戸時代には、「間引き」といったことも行われ、医者を含めて堕胎を仕事とするような者もあらわれ、幕府による取り締まりの対象になったりした。

その点で、水子供養ということは昔から行われていたわけだが、それを専門として行う寺院が誕生するのは一九七〇年頃からのことである。

そのきっかけとなったのが、埼玉県秩父郡小鹿野町にある紫雲山《しうんざん》地蔵寺であった。この寺が落慶したのは一九七一年のことで、落慶式には当時の佐藤栄作首相も参列した。地蔵寺では一万体の水子地蔵を販売し、たちまち売り尽くしたという。その後、これにならう石材店があらわれ、水子供養や水子観音が全国で数多く販売されることになる（柿田睦夫『現代葬儀考――お葬式とお墓はだれのため?』新日本出版社）。

その背景には、人工妊娠中絶の急増ということがあった。一九四八年には優生保護法（現在の母体保護法）が制定され、これによって人工妊娠中絶が合法化された。ただ、すぐに中絶が急増したわけではない。急増するのは、高度経済成長が本格化する五〇年に入ってからのことで、五五年には一一七万件にも達した。この年の出生数が一七三万件だから、中絶の比率は妊娠件数の四〇パーセントにも達していた。六〇年でも、件数は一〇〇万件を超えていた。

これだけ中絶の数が増えたのは、まだ貧しい家庭が多かったからで、それはやむを得ないことと考えられた。しかし、親の都合で子どもをおろしたということは、精神的なしこりを生むことになる。まして、家庭に何か不幸が起これば、それは、水子の祟りによるものではないかという疑いを生む。その時代には、そうした祟りを強調する宗教家も少なくなかったからである。

それによって、水子供養の信仰は盛んなものになっていき、寺院のなかにはそれを売り物にするようなところも出て来たのである。それは、信仰上の需要を満たしたとも言えるし、供養を行うことで両親の精神的な負担が軽減されるという面はあった。ただしそれが、戦後社会に生まれた闇の部分とかかわっていたことは否定できない。

しかし、こうした寺院も一部であり、どこでも水子供養を行ったわけではない。佐野厄除け大師に水子供養をしにくる若いカップルが増えたのも、それが遠隔地にあり、自分たちが居住している地域からは相当に離れていたからである。水子供養は地元ではやりにくい。佐野厄除け大師は、そうした心理を突いたとも言える。

「葬式仏教」とその変容

一般の寺院の場合には、やはり葬儀の際の布施に頼るしかなかった。いわゆる「葬式仏教」としてのあり方を実践するしかなかったのである。

日本に仏教が伝えられた当初の段階では、仏教は葬儀ということにかかわっていなかった。薬師寺など古代に創建された寺院に墓地がなく、檀家もないのは、そうした時代の名残である。

やがて浄土教信仰が盛んになり、仏教には死者を西方極楽浄土に成仏させる役割が期待されるようになる。さらに、禅宗の寺院で、修行中の雲水の生活を支えるために、在家の信徒に対する葬儀の方法が編み出され、それが他の宗派にも受容されることで、仏教が葬儀を担う体制が作り上げられていった。

それが庶民層にまで広がったのは、江戸時代に「寺請制」が施行され、それぞれの家は地域の菩提寺の檀家になり、葬儀をその寺に依頼することが不可欠になってからである。これによって、葬儀は仏式という風習が確立される。

明治時代になると、寺請制は廃止され、檀家になることが強制されなくなるが、農村部の場合には、村の中に菩提寺が一つあり、そこが供養を行ってくれるため、壇家関係を断ち切ることはなかった。村のメンバーであるということは、同時に檀家であるということであり、そうした関係のあり方は村の生活のなかに完全に組み込まれていた。この状況は、農村部では戦後にまで持ち込まれ、現在も菩提寺の檀家になっている例は多い。

村には、菩提寺の他に、地域全体で信仰される氏神を祀る鎮守社があり、村の人間たちは、祭事にかんしては鎮守社とかかわり、葬儀や法事については菩提寺とかかわりをもった。村には、死者が出たときに、その葬儀を司る「葬式組」の組織があり、葬儀は村をあげての重要な行事であった。

しかしこれは、村という共同体があってのことで、都会では、そうした強固な地域共同体が形成されなかったため、もともと寺の檀家になっていない家も少なくなかった。高度経済成長の時代に都会に出て来た人間たちの場合には、農家の次男以下が多かったため、祭祀権を継承することがなく、都会では特定の寺の檀家にはならなかった。その家に死者が生まれるまでは、葬儀や法事の機会もめぐってこないわけで、特定の寺院と密接な関係を結ぶ必要がなかった。

しかも、都会において墓地を求める場合、地方自治体の霊園や、いわゆる「民間霊園」が対象になった。民間霊園は、たとえその経営母体が宗教法人である寺院になっていたとしても、宗教宗派を問わずという形で募集され、その寺の檀家になる必要はない。したがって、都会においては、どこの寺とも壇家関係を結んでいない家庭が急増した。

そうした家庭で死者が出た場合、多くは仏教式の葬儀を選択したものの、特定の寺と関係を結んでいないため、葬儀を司る僧侶については、葬儀社などに紹介してもらうこととなった。そうした僧侶は、実家と同じ宗派に属していることが原則とされたものの、僧侶との関係は葬儀のときだけで、それ以降、同じ僧侶に法事を依頼することはほとんどない。まして、その寺の檀家になることはない。

都会の寺院の場合、敗戦後の「農地改革」の影響を受けることが少なかった。農地改革では、小作に出していた土地が、極めて安い値段で国に買い上げられ、小作人に売り渡された。これによって、地方の寺院のなかには、経済基盤を失ったところもあった。

ところが、都会の寺院の場合には、小作地をもっておらず、土地があっても買い上げの対象にはならなかった。そうした寺院では、戦後も、所有する土地を貸し出し、それによって多くの地代を得てきたところがある。たとえば、浅草の浅草寺は仲見世や花やしきなど周辺の土地を広く所有している。東京武蔵野市の吉祥寺の場合も、ビルや商店が建ち並ぶ駅周辺の土地は、そこにある四つの寺が所有している。こうした寺院の場合には、土地を貸すことで莫大な収益を得ている。

都会で、広い面積の土地を所有しているならば、その経済基盤は安泰である。しかし、すべての寺院がそうした境遇にあるわけではない。となると、主な収入は葬儀や法事の際の布施ということになる。まさに葬式仏教というあり方を実践するしかないのである。

長く都会に生活してきた家では、農家のように、代々の先祖が存在し、先祖供養ということが意味をもつ。しかし、そうした家はそれほど多いわけではなく、先祖といっても、現在の世帯主の親くらいしかいない家が多くを占めている。なかには、その家にまだ死者が出ておらず、先祖のいない家もある。

しかも、都会で暮らしている人々の多くは、企業や官公庁に勤める被雇用者であり、農家のように、家の仕事を代々受け継いでいるわけではない。そうしたサラリーマン家庭においては、家業など成立しておらず、家を創始した先祖やそれを守り続けてきた先祖に対する信仰は生まれにくい。子孫としては、先祖のお蔭を被っているという意識をもてないのである。

サラリーマン家庭では、先祖崇拝は成立しないし、意味を持たない。その象徴は、仏壇の不在というところに示されている。農家では、仏壇を祀る仏間があり、そこでは隠居した老人が生活し、先祖の供養を続けるという形態が生まれるが、都会では、たとえその家に祀るべき先祖がいたとしても、必ずしも仏壇を設けないことがある。墓は造っても、仏壇は買わないという家が少なくないのである。

民俗学の柳田國男は、第二章で見たように、戦後の社会において先祖崇拝が衰退に向かうことを懸念していたが、それはまさに現実のものになった。都会の家庭において、先祖崇拝は基本的に成立しようがない。そのことは、やがて葬式仏教にも変容をもたらすことになるが、その点については後に第一三章で述べることとする。

戦後変化した、仏教へのイメージ

この章の最後に、戦後、仏教学や宗教学、あるいは歴史学の進展によって、仏教のイメージに変化が見られるようになったことにもふれておく必要がある。

明治に入って、神仏分離と廃仏毀釈によって大きな痛手を被った仏教界は、すでに述べたように、そこからの復興を目指さなければならなくなるわけだが、それには、信仰の近代化ということが不可欠だった。

実際、さまざまな形で仏教の改革がめざされ、その代表としては、真宗大谷派の清沢満之《きよざわまんし》が提唱した「精神主義」の運動などがあげられる。戦後創価学会に強い影響を与える、田中智学の唱えた「日蓮主義」の運動なども、信仰の近代化ということと決して無関係ではなかった。

戦後になると、国家神道体制が崩れ、信教の自由が確立された。また、学問の自由も確保されることによって、宗教に対して自由に発言することが可能になった。これは、戦前においては、さまざまな点で難しいことであった。

さらに、学者、研究者のなかには、学問は民衆のためにあるべきだと考える人間が増え、信仰の世界にかんしても、そうした観点から新たなとらえなおしをする試みが生み出されていく。

そのなかで、仏教にかんしては、「とりわけ鎌倉新仏教を日本仏教の最高峰と見る鎌倉新仏教中心史観」（末木《すえき》文美士《ふみひこ》「仏教研究方法論と研究史」『新アジア仏教史14　日本Ⅳ　近代国家と仏教』）が唱えられるようになる。鎌倉新仏教が高く評価され、とくに浄土真宗の開祖である親鸞に注目が集まる。末木はその点について、「法然の浄土教は親鸞によって最高度に達するとされ、それ故、親鸞、それもその悪人正機説こそが鎌倉新仏教の頂点とされることになる」と述べている。

親鸞の悪人正機説は、その言行録である『歎異抄』に記されている。『歎異抄』は、親鸞の教えを直接受けた弟子の唯円が編纂したものと考えられるが、浄土真宗の中興の祖となる蓮如は、そこに危険な教えが含まれているとして、それを禁書にしてしまった。

江戸時代には、浄土真宗の僧侶の一部が読んでいただけで、宗派のなかで広く読まれることはなかった。したがって、悪人正機説が浄土真宗の教義のなかに明確に位置づけられているわけではないが、明治になると、前掲の清沢満之などが『歎異抄』を高く評価するようになる。

戦後においては、歴史学の家永三郎や井上光貞などが、『歎異抄』などにもとづきながら、親鸞の思想を高く評価するようになり、その影響は学問の世界だけではなく、一般にも広く及んだ。

たしかに、法然や親鸞のなかには、阿弥陀仏を超越的で絶対的な存在としてとらえる傾向があり、その信仰のあり方は、唯一絶対の創造神を信仰するキリスト教のとくにプロテスタントの信仰と共通するものがあった。日本の知識人層のなかでは、明治以降、神の超越性を強調するプロテスタントの信仰のあり方を高く評価する傾向があり、親鸞の信仰は、それに近いものとしてとらえられることで、高く評価されたのである。

ところが、やがて、中世においては、比叡山や南都興福寺に代表されるような「旧仏教」の方が実際には力をもっていたことが指摘されるようになる。その代表が黒田俊雄の「顕密《けんみつ》体制論」で、中世においては顕教と密教を統合した顕密仏教が主流を占めていたととらえられるようになる。

実際、鎌倉新仏教に属する宗派が勢力を拡大するのは、鎌倉時代でないのはもちろん、かなり後になってからのことである。その点で、鎌倉新仏教中心史観は、歴史的な根拠が薄弱な主張になるわけだが、顕密体制論が主張されるようになっても、その人気は必ずしも衰えていない。

そこには、多くの信者を抱える宗派が、鎌倉時代の開祖が開いたものである点が大きな影響を与えている。それぞれの宗派では、開祖の偉大さを強調し、それに呼応して、宗派の研究者が開祖の思想を深く掘り下げていったり、小説家が開祖の生涯を物語に描くといったことが行われていった。それは、開祖たちの価値を宣伝することに結びついていったのである。

もう一つ、仏教についての学問にかんして、戦後の新しい動きとして注目されるのが、原始仏教、あるいは初期仏教の研究である。

日本には、当初から大乗仏教が取り入れられ、したがって、日本に成立した仏教宗派はすべて大乗仏教の流れを汲むものであった。それは、奈良時代に成立する南都六宗からはじまるものである。

ところが、戦後の仏教学の世界では、西欧の仏教学の影響を受けつつ、大乗仏教が生まれる以前の仏教のあり方に対する強い関心が生まれる。原始仏教の研究自体は、すでに明治時代の日本における宗教学の創始者、姉崎正治などが手がけていたが、戦後は、中村元や平川彰といった学者が研究を進め、大きな発展を見せていく。

こうした研究は、既成仏教教団に対してはほとんど影響を与えなかったが、新宗教の教団には、その直接の影響を受けたところも現れる。その点については、後の第二章で述べることにする。

Ⅲ　高度経済成長の終焉と宗教世界の決定的な変容

第一〇章　政教分離への圧力　その創価学会と靖国問題への影響

地鎮祭は、違憲か合憲か？

一九六六年一月八日のこと、日本共産党に所属する三重県津市議会の関口精一議員宛に、市長から市立体育館起工式への招待状が送られた。この招待状を受け取った関口議員は、起工式が神式で行われるのは日本国憲法の二〇条で禁止されている国及びその機関が宗教的活動を行うものに相当し、信教の自由を侵害するものであるととらえ、津地方裁判所に対して起工式の執行停止を申し立てた。

この申し立てに対して津地裁は、「神式で起工式を行なうのは世上の慣例に過ぎず、案内状を受けても参列する義務を負うものではなく、差止めの必要はない」として、それを却下した。そのため、起工式は予定通り一月一四日に挙行された。関口議員はこれを不服として、市の監査委員に監査請求を提出したが、監査委員も起工式はあくまで慣習であるという立場をとった。

そこで、関口議員は同年三月、津地方裁判所に対して損失補填を求める訴訟を起こした。起工式の際には建築現場で地鎮祭が営まれたが、津市長は、祭祀を行った大市神社に対して公金から、その費用七六六三円の支出を行った。内訳は、神職に対する礼が四〇〇〇円で、供物の代金が三六六三円であった。神道式の地鎮祭に公金を支出することは、政教分離の原則に違反するという訴えである。

津地裁は、一年後の一九六七年に請求棄却の判決を出した。その判決のなかで、地鎮祭はあくまで習俗であり、神道の教義を広めるためのものではないとされ、憲法二〇条には違反しないと結論づけられた。

これに対して関口議員は、判決を不服として控訴する。それに対しては、一九七一年五月一四日に名古屋高等裁判所で判決が出るが、それは地裁での判決をくつがえし、地鎮祭での公金の支出を憲法違反とするものであった。

判決では、津市が行った地鎮祭は、「神社神道における祭祀の一つである。しかも、神社神道は祭りを通じて積極的な教化活動をしている（中略）本件地鎮祭が特定宗教による宗教上の儀式であると同時に、憲法二〇条三項で禁止する宗教的活動に該当することはいうまでもない」とされ、「政教分離の原則を侵し、憲法二〇条三項の規定に違反する宗教的活動として許されないもの」という結論が下された。

この判決に対しては、市長の側が最高裁判所に上告し、一九七七年七月一三日に判決が確定している。そこでは、公金の支出は宗教としての神道を援助したり、助長したりするものではなく、他の宗教を圧迫するものでもないので、宗教活動にはあたらないとして、原告の請求は最終的に棄却された。

その際に、最高裁は、「行為の目的が宗教的意義をもち、その効果が宗教に対する援助、助長、促進又は圧迫、干渉等になる」か否かで合憲か違憲かが分かれるという判断基準を示した。これは、それ以降「目的効果基準」と呼ばれるようになり、政教分離の問題をめぐる裁判で判断の基準となっていく。

その点で、この裁判は重要な意味をもつことになり、その影響力も大きかったわけだが、市が地鎮祭に公金を支出すること自体は憲法に違反しないとする判決が確定した。

しかし、この裁判には控訴審の段階から、靖国神社の国家護持に反対する人たちが同調し、積極的に支援するようになった。そのため、裁判はたんに津市だけの問題ではなく、日本全体にかかわる問題に発展していった。市による公金の支出が憲法に違反するのなら、靖国神社の国家護持は到底認められないことになるからである。

そのため、名古屋高裁で違憲判決が出ると、今度は、神社界が危機感をつのらせる。神社本庁は市長の支援に乗り出し、組織のなかに「地鎮祭訴訟特別対策本部」を設置した。対策本部は、一般への啓発の活動や法廷対策にあたった。

これによって、津地鎮祭訴訟は、「反靖国」の運動の重要な柱となっていく。しかも、その訴訟の後には、「箕面市忠魂碑訴訟」や「愛媛県靖国神社玉串訴訟」が提訴され、政教分離の問題が法廷で問われる事態が続いていく。

箕面市忠魂碑訴訟は、箕面市が小学校を拡張する必要に迫られ、拡張する土地にあった忠魂碑を移設し、地元の遺族会に代替地を無償で貸与した上に、その忠魂碑での慰霊祭に公金を支出したことが政教分離の原則に違反するとされたものである。忠魂碑は、戦前において、日清日露戦争をはじめ対外戦争での戦没者を慰霊するために建てられたものである。この訴訟で、大阪地裁は違憲の判断を下したものの、高裁では棄却され、最高裁で棄却が確定した。提訴は一九七六年で、最高裁での棄却決定は一九九三年だった。

愛媛県靖国神社玉串訴訟は、愛媛県知事が靖国神社の例大祭や県の護国神社の慰霊大祭の際に、玉串料や献灯《けんとう》料、供物料に公金を支出したことが問われたものである。松山地裁は違法であるとしたものの、高松高裁は訴えの対象になった行為が宗教的意義があることは認めたものの、額が小さかったことで合憲とした。

地裁と高裁で判断が分かれたことは、津地鎮祭訴訟や箕面市忠魂碑訴訟と共通するが、最高裁は違憲と判断しており、そこに違いがあった。靖国神社という特定の宗教団体に公金を支出することは、その団体を援助・助長・促進することになるというのである。ここでは、目的効果基準が判断の目安として用いられている。この訴訟は一九九二年に提訴され、九七年に最高裁判決が確定している。

箕面市と愛媛県の訴訟は、かなり後に提訴されたもので、靖国神社国家護持をめざした靖国神社法案には直接影響を与えるものではなかった。しかし、政教分離の問題をめぐって、次々と訴訟が提起されていくことは、政府や地方自治体、あるいは宗教団体にとっても重要な問題になっていった。しかも、裁判所によって判断は割れており、最高裁でも、津地鎮祭訴訟と愛媛県靖国神社玉串訴訟では、合憲と違憲で分かれている。

訴訟が相次いだことで、国や地方自治体は、少しでも宗教や宗教団体がかかわる事柄に公金を支出することが難しくなった。そうした行為を実行すれば、提訴される可能性が高く。それは、かなり面倒な事態に発展する可能性があった。これによって、行政や宗教団体は、政教分離の厳格化を求められるようになったのである。

言論出版妨害事件

こうしたことは、当然靖国神社の問題に大きな影響を与えていくが、政教分離と言ったとき、もう一つ大きな問題になったのが創価学会と公明党とのことだった。

第七章で詳しく見たように、創価学会は、最初組織のなかに文化部を設け、それを基盤に政界進出を果たしていく。そして、選挙で当選者を出し、得票数を伸ばすという具体的な成果をあげると、当初主張していたのとは異なり、公明政治連盟から公明党へと政党の結成にむかった。しかも、当時の公明党は、その「結党宣言」に示されたように、宗教的な目的をそのなかに含めており、宗教政党としての性格を明確に示していた。

宗教団体が政党を組織することについては、憲法にも規定がなく、それがただちに憲法に違反するものではない。しかし、創価学会の二代会長である戸田城聖は、国立戒壇の建立だけが政界進出の目的だとしており、それは創価学会の会員たちが信奉する日蓮正宗を「国教」にするための試みであると受け取られた。

日蓮正宗の信仰が国教になれば、創価学会の会員たちの社会的な立場は強化され、さらにそれが進めば、その信仰が国民全体に強制される可能性もある。国民のあいだに、そうした不安が生まれても不思議ではない。しかも、この時代の創価学会は、依然として折伏による布教活動を実践しており、他の宗教や他の宗派の信仰をまっこうから否定する傾向が強かった。

たとえば、前の章で戦後における修学旅行の普及についてふれたが、その対象には神社仏閣が選ばれることが多かった。神社仏閣はまぎれもなく宗教施設である。創価学会では、他宗教、他宗派の信仰をいっさい認めていないので、会員の子弟は、修学旅行で神社仏閣を訪れても、参拝することはおろか、鳥居や山門をくぐることもできなかった。そうした行動は、学生や生徒たちのなかでどうしても目立ってしまう。

一般の学生や生徒は、自分たちは無宗教であり、神社仏閣に参拝する行為は、たんなる慣習にすぎないと考えているので、学会員子弟の行動は理解できないものと映る。その結果、彼らは、創価学会はあまりに頑なな態度をとっていると考えてしまう。これは、修学旅行が本来意図したことではないが、はからずも創価学会の信仰をあかるみに出すことにつながった。その点で、修学旅行の目的地に神社仏閣を選ぶこと自体に宗教性があるとも言える。

こうした創価学会、あるいは創価学会員に対する一般国民の違和感は、一九六九年から七〇年にかけて顕在化する創価学会・公明党による「言論出版妨害事件」によって現実化していくことになる。

あらかじめ言っておくならば、そこには社会の変化ということが関係していた。

一九六九年から七〇年の時点では、まだ高度経済成長は続いており、六九年では成長率は年率で一二パーセントに達していた。しかし、十数年にわたって続いた驚異的な経済成長は曲がり角にさしかかっており、それを象徴するように、六〇年代後半には、学生運動や政治運動が盛り上がりを見せていた。それは、経済成長が生んだひずみから生まれたものであった。

一九七〇年代に入ると、経済成長自体に翳りが見えていくようになる。とくにそれは、七三年の「オイル・ショック」で顕在化するが、経済成長の勢いが衰えるということは、地方から都会への人口移動が停滞し、創価学会が組織を爆発的に拡大していくのが難しくなることを意味した。

ただ、それがはっきりするのはまだ先のことで、当時は、公明党が国会や地方議会で多くの議席を獲得しており、それを警戒する動きが生まれていた。とくに、左翼の政党は、公明党と同様に都市部の中下層階級に支持者を求めようとしており、なかでも日本共産党は選挙の際に公明党と激しい支持者獲得合戦をくり広げるようになっていた。

日本共産党は、戦前の一九二二年に結党されたが、君主制の廃止、つまりは天皇制の打倒などを運動の目的に掲げていたため、くり返し弾圧を受け、特高警察によって虐殺された党員もあったし、多くの党員が逮捕、拘禁された。その点で、戦前の国家神道の体制に対しては強い批判をもち、戦後は、その復活を阻止しようとする活動を展開した。津地鎮祭訴訟を共産党の市議会議員が提訴したのも、それが関係するし、靖国神社の国家護持に対しては党をあげて反対し、抵抗した。

その点では、初代会長が治安維持法違反と不敬罪で逮捕され、投獄されて獄死した創価学会と共通したものをもっていた。国家神道の復活に反対するという点では、創価学会と共産党は共闘を組むことができる相手のはずだった。

しかし、その立場が似ているということは、支持者の獲得という面では競合する可能性を示していた。実際、とくに選挙のときに両者は票を争って激しい攻防をくり広げた。その点がもっともあらわになったのが、言論出版妨害事件だった。

ただし、創価学会・公明党が出版を妨害したのは、共産党関係の書籍ではなかった。対象になったのは、むしろ右派的な立場から評論活動を行っていた明治大学教授で政治評論家の藤原弘達の著作、『創価学会を斬る』であった。これは、一九六九年一一月に日新報道から刊行されている。

この本が出版される前に、出版予告が出ていたことから、公明党の都議会議員や聖教新聞の主幹（当時は後に会長になる秋谷栄之助がつとめていた）が著者や出版社に対して、書き直しなどを要求した。しかし、拒否されたため、公明党の委員長だった竹入義勝と書記長の矢野絢也が、当時自由民主党の幹事長だった田中角栄に藤原を説得して出版を中止させるよう依頼した。田中は料亭で藤原に会い、「本は全部（創価学会の側が）買い取ると言ってますから」と説得したが、藤原はそれを受け入れなかった（『創価学会　もうひとつのニッポン』）。

そのため、『創価学会を斬る』は出版されたが、今度は聖教新聞や創価学会関係の出版社の人間が全国の書店をまわり、返品を促したため、日新報道には大量の返品がなされた。

これを問題として取り上げたのが日本共産党で、ＮＨＫの公明党との討論番組で、その事実を公表し、さらに、機関紙の『赤旗』では、田中角栄がこの件にからんでいるという藤原の告発を取り上げた。それによって、マスコミで報道されるとともに、国会でも取り上げられ、騒動に発展していくことになる。

創価学会の路線変更

藤原は、『創価学会を斬る』のなかで、創価学会と公明党との関係について、「創価学会の政治支店である公明党は、敢えてこの近代国家における大原則（政教分離のことをさす）を無視し、政権獲得をもくろんで結成された政党にほかならない」と述べ、近代の国家原理に違反する政教混淆の罪は大きいとしていた。

こういう指摘があったこともあり、やがて、創価学会と公明党のあり方は政教分離の原則に違反するものではないかと考えられるようになり、当時の池田大作会長などの国会での証人喚問が求められるようになっていく。もちろんそこに、津地鎮祭訴訟の直接の影響があったとも思えないが、政教分離の原則に違反すると告発したのが、同じ日本共産党の関係者であった点は注目される。もし、共産党が言論出版妨害事件を告発しなかったとしたら、それは大きな問題に発展しなかったであろう。

この時期、創価学会・公明党が出版を妨害しようとしたのは、藤原の書物だけではなかった。内藤国夫『公明党の素顔――この巨大な信者集団への疑問』、植村左内編著『これが創価学会だ――元幹部43人の告白』、隅田洋『創価学会・公明党の破滅』などもその対象になっていた。創価学会・公明党は、自分たちが批判されることを極度に恐れていたのである。

創価学会は、折伏路線をとり、他の宗教や宗派を攻撃し、左翼や労働組合運動に対しても攻撃的な姿勢を示した。その点で、攻めることは得意としていた。

しかし、そうした組織は守勢にまわると、意外と弱い部分をもっていた。小樽問答でも、講師に攻勢と守勢を分担させたものの、日蓮宗の僧侶からの批判には効果的な反論ができなかった。『折伏教典』に頼っても、ひとたび守勢にまわれば、それはまったく役に立たなかったのである。

それによって、創価学会・公明党は窮地に立たされ、それまでの路線の大幅な変更を余儀なくされる。

池田は、自身が会長に就任してからちょうど一〇年が経った一九七〇年五月三日の第三三回本部総会で、言論出版妨害事件について、「関係者をはじめ、国民の皆さんに多大のご迷惑をおかけしたことを率直にお詫び申し上げる」、「今後は、二度と、同じ轍を踏んではならぬ、と猛省したい」と陳謝した。

具体的には、池田自身の政界不出馬、国立戒壇の否定、創価学会と公明党の政教分離の明確化、強引な折伏活動の停止を約束した。これによって、公明党の議員は、兼職していた創価学会の役職を離れた。公明党も、その年に新しい綱領を定めるが、そこでは仏教用語はいっさい使われず、党の性格も「国民政党」と規定された。そして、大衆福祉の実現が政治活動の中心にすえられるようになる。

言論出版妨害事件は、創価学会・公明党が、自民党の幹事長の力にまで頼って、自分たちを批判する書物の出版を妨害しようとしたのだから、それはたしかに大きな問題である。だが、その代わりに、池田が本部総会で表明したようなことまで約束しなければならなかったのかと言えば、その点については議論もあるだろう。矢野はその点について、「よく考えたら、そんなにたいそうな軌道修正をする必要はなかったかもしれません」（『創価学会　もうひとつのニッポン』）と述べている。

しかし、一度会長が約束してしまった以上、創価学会・公明党としては、その方向で行かざるを得なかった。公明党の議員が創価学会の幹部を兼職しなくなったことは、この二つの組織の間に距離を生むことになった。その後、公明党の路線は、いったんは革新の方向に大きく傾いていき、また保守化していくことにもなるが、そこには創価学会の意向が必ずしも公明党に反映されなくなったことも影響していた。

一方、創価学会の方は、国立戒壇建立を否定してしまったことで、政界に進出する目的を失ってしまう形になった。第七章でふれたように、二代会長の戸田城聖は、「われわれが政治に関心をもつゆえんは（中略）国立戒壇（本門の戒壇）の建立だけが目的」だとしていた。

この言論出版妨害事件が起きたころ、日蓮正宗の総本山である大石寺では、正本堂の建立が進められていた。その計画はすでに一九六〇年代からあり、六五年にはその建設資金を集めるための資金集めである「供養」が行われた。その期間は、一〇月九日から一二日までのわずか四日間だったものの、五〇億円の目標に対して三五五億円以上が集まった。正本堂は七二年一〇月に完成し、落慶法要が行われるが、創価学会員の関心は、公明党の選挙よりも、こちらの方に向けられていく。

池田が政教分離の明確化などを約束した一九七〇年五月三日の第三三回本部総会では、日蓮正宗の法主だった細井日達《にったつ》が挨拶をしているが、そのなかで細井は、「今日では国立戒壇という名称は世間の疑惑を招くし、かえって、布教の邪魔にもなるため、今後、本宗ではそういう名称を使用しないことにいたします」と述べた上で、「正本堂が完成すれば、今、奉安殿に安置し奉る本門戒壇の大御本尊は、正本堂にご遷座申すのでありますから、その時は正本堂は本門事の戒壇であります。その正本堂は、池田会長の発願と、全信徒八百万の純信なる日蓮正宗の信徒の浄財による、いわば八百万民衆の建立であります」と言い、正本堂に祀られる板曼陀羅が、国立ではなく、民衆立のものであるという考え方を示していた。

これによって、国立戒壇の建立ということが政界進出の目的から外されたわけだが、公明党はすでに存在しているわけで、数多くの議員もいるし、選挙は創価学会員の活動のなかにしっかりと組み込まれていた。

したがって、公明党は国民政党への脱皮をめざすものの、創価学会を離れて独自の支持層を開拓することはできず、結局は、選挙については全面的に創価学会に依存せざるを得なくなる。公明党議員の活動の中心には、支持者等のさまざまな相談に乗る「住民相談」があるが、その方向に邁進していくことになった。あるいはこれは、第八章で述べた国と靖国神社の関係が、祭神の合祀の作業の面などで切ることができなかったことと共通する。宗教のあり方は、そう簡単に変えることはできないのである。

共産党と創価学会の合意

一九七四年には、創価学会と日本共産党との間で「創共協定」が結ばれる。これは、正式には「日本共産党と創価学会との合意についての協定」と呼ばれるもので、共産党の側からは「共創協定」と呼ばれる。

この協定が結ばれた背景には、選挙の際に、両陣営の対立があまりに激化していたということがあった。すでに述べたように、創価学会と共産党では支持者の層が重なり合っており、ともに戦闘的な組織であったことから、両者は誹謗中傷合戦をくり広げていた。

ただそこには、池田のなかに、言論出版妨害事件で激しく糾弾されたとき、共産党の力が大きく働いていたという認識があったことが関係していた。実際、池田はこの協定を結ぶことに積極的に関与している。

仲介者となったのは、作家で共産党の支持者であった松本清張だった。松本は、一九六八年に池田と『文藝春秋』の誌上で対談を行っており、池田に一定の好意を抱いていた。七四年一〇月三一日に、松本の自宅で創価学会の総務だった野崎勲と、共産党の常任幹部会委員上田耕一郎がはじめて会合をもち、それは七回に及んだ。その上で、同年一二月二八日に創共協定が結ばれ、翌日には、松本宅で、池田と共産党の宮本顕治委員長が懇談している。

協定の内容は、創価学会の側は共産主義を敵視する姿勢をとらず、共産党の側はいかなる体制になっても、信教の自由を無条件に擁護するという内容で、その上で「双方は、たがいに信義を守り、今後、政治的態度の問題をふくめて、いっさい双方間の誹謗中傷は行わない」というものだった。

ただ、この協定は、公明党の側にはいっさい知らされずに結ばれたもので、しばらく公表されず、公表は翌一九七五年七月二七日のことだった。そのため、公明党からは反発も生まれ、混乱状況も生まれたが、最終的に、これは創価学会と共産党が共闘を意図したものではなく、「共闘なき共存」という線に落ち着く。ただ、この協定によって共産党が創価学会を批判することはなくなり、『聖教新聞』の方も共産党批判を止めたという（『創価学会　もうひとつのニッポン』）。

もう一つ、言論出版妨害事件から派生したこととして、公明党の竹入委員長にとっては、自民党の田中に借りを作ったことがあげられる。その借りを返すため、田中が総理大臣に就任し、日中国交回復に乗り出したときには、中国にパイプがあった竹入は、その仲介に奔走する。そこには、言論出版妨害事件以前の一九六八年九月に、池田が中国との国交正常化に向けての提言を行っていたことも深くかかわっていた。

竹入は、一九七一年六月、第九回の参議院選挙のさなかだったにもかかわらず、訪中団を組織して中国に向かう。ところが、中国側との交渉は難航し、竹入が周恩来首相と会談して、共同声明に調印するのは、すでに選挙が終わっていた七月二日のことだった。これは、国交正常化のために日本側としてどういった姿勢を示したらいいかを明確化したもので、田中による国交正常化の実現に大きく貢献する。これによって、公明党と自民党田中派との結びつきはいっそう強いものとなった。

靖国の政教分離問題

政教分離ということがもう一つ問われたのは、靖国神社の問題においてである。

一九七一年に、名古屋高裁は、津地鎮祭訴訟について、地鎮祭に対する公金の支出は違憲であるという判断を下す。その後、七四年には、靖国神社法案が、衆議院本会議で自民党によって単独採決されるが、結局廃案になるという事態が起こる。これによって、それ以降、この法案が国会に上程されることはなくなる。これは、靖国神社の国家護持が事実上不可能になったことを意味する。

そうした状況のなかで、一九七五年八月一五日、当時の三木武夫首相が、戦後の首相としてははじめて終戦の日に靖国神社に参拝する。これは、靖国神社をめぐって新たな問題を生むことにつながる。

戦後においても、代々の首相は靖国神社に参拝していた。一九五一年一〇月一八日に吉田茂首相が参拝したのがはじまりで、鳩山一郎と石橋湛山以外の首相は在任期間中に参拝している。ジャーナリストだった石橋は、終戦直後に「靖国神社廃止論」を唱えていたし、在任期間はわずか二カ月だった。

三木首相は、すでに四月二二日にも靖国神社を参拝している。ただしそのときは格別問題にされなかった。それまでの首相の場合にも、靖国神社への参拝の是非が問われたことはなかった。ところが、三木首相が終戦記念日に参拝したことで俄然注目が高まり、その際に、首相が「公人」として参拝したのか、それとも「私人」として参拝したのかが問われた。

そこには、一つには、「戦没者等の慰霊表敬に関する法案（表敬法案）」のことが関係していた。これは、内閣委員長だった自民党の藤尾正行衆議院議員が私案として発表したもので、天皇をはじめとする国家機関に属する者の靖国神社「公式参拝」や外国使節の「公式表敬」などを実現しようとする提言だった。これは、靖国神社法案の成立が見込めなくなったなかで、参拝に公的な性格をもたせ、実質的に国家護持を実現しようとする試みであった。

その時点で、津地鎮祭訴訟での名古屋高裁の判決はすでに出ていたものの、最高裁の判断は下っていなかった。そこで政教分離かどうかに関心が集まっていたわけで、その文脈のなかで、首相の参拝が公的なものなのかが問われたわけである。

三木首相は、日本武道館で開かれた全国戦没者追悼式に参列した後、自民党総裁用の専用車に乗り、公職にあるものを随行させなかった。記帳も氏名を記しただけで、内閣総理大臣の肩書きも入れなかった。玉串料も自弁している。そして、このやり方を踏まえ、参拝後には、あくまで私的参拝であり、政教分離の原則には違反しないと主張した。

このときは、公式参拝か、私的参拝かが問われただけで、大きな問題にはならなかった。しかし、それ以降、首相が靖国神社に参拝するときには、必ず公式か私的かが問われるようになる。もし表敬法案が計画されず、津地鎮祭訴訟に対する名古屋高裁の判決が出ていなかったとしたら、そうした事態は起こらなかったであろう。

今日では靖国神社のことと言えば、A級戦犯合祀のことが問題として大きく取り上げられる。

だが、それが問題化するのは、かなり後になってからのことで、実は、一九八五年八月一五日の中曾根康弘首相の「公式参拝」のときがはじめてだった。

戦犯には、A級のほかにB級とC級がある。A級は平和に対する罪を問われるもので、そこには戦争責任ということがからんでくる。B級は通常の戦争犯罪を問うもので、対象は士官や部隊長であった。C級は人道に対する罪を問うもので、下士官や一般の兵士、軍属がその対象になる。

最初、戦犯についてはどの級についても靖国神社に合祀されなかった。それが、一九五〇年代後半から、祭神の名簿を作成する厚生省引揚援護局と靖国神社の間で検討されるようになるが、戦犯の合祀に積極的だったのは引揚援護局の方だった。ただ、それが社会的な問題になることをかなり恐れていて、靖国神社の側に対して、「目立たないよう合祀」する道を模索するように求めていた。

一九五九年になって、BC級戦犯の合祀が実現される。ただ、マスメディアは、このことに注目せず、報道もしなかったことから、問題は起きなかった。引揚援護局の懸念は、この段階では杞憂に終わった。それでも、A級戦犯については、すぐには合祀されなかった。

引揚援護局は、一九六一年六月に援護局に改組されるが、援護局は、六六年二月に、A級戦犯の祭神名票を靖国神社に送付している。これは、援護局の側が靖国神社に対して合祀を催促したものと言えるが、両者の話し合いで、決定は靖国神社の総代会に委ねられた。総代会では、将来は合祀するものの、「暫く其儘」とするとされ、それ以降、筑波藤麿宮司の時代には合祀されなかった。

合祀されたのは、筑波宮司が亡くなり、その代わりに、海軍の元少佐で自衛隊の一等陸佐でもあった松平永芳宮司が就任してからである。東京裁判に対して批判的な松平は、就任早々の一九七八年一〇月に合祀に踏み切っている。

ただし、靖国神社は、これを秘密裏に行ったため、合祀の事実が明らかになるのは、翌年、一九七九年四月一八日夜に共同通信の編集委員が、スクープ記事を配信したときである。これを各新聞が報道したものの、このときもまったく騒ぎにはならず、格別問題視されなかった。

それが問題になるのは、中曾根首相が、ことさら「公式参拝」と称して、終戦記念日に参拝したときのことである。中曾根は、公用車を用いて、内閣官房長官と厚生大臣を伴った。その上、「内閣総理大臣　中曾根康弘」と記帳し、本殿ではやはり「内閣総理大臣　中曾根康弘」と記された生花を備えた。その献花料三万円は公費として支出した。

ただ、中曾根が政教分離の原則にまったく考慮しなかったわけではない。手水も使わず、宮司による祓いも受けなかった。しかも、二拝二拍手一拝の形式はとらず、一〇秒間にわたって深く一礼しただけだった。そこには、明らかに靖国神社法案に対する内閣法制局の見解が影響していた。

すでにこの時点では、津地鎮祭の高裁判決は出ていたし、箕面市忠魂碑訴訟における大阪地裁の違憲判決も出ていた。しかも中曾根は、参拝後に記者団に対して、公式参拝であることを明言した。こうしたやり方をとれば、それが政教分離の原則に違反するという声が上がり、訴訟にまで発展することは目に見えていた。

中曾根は、首相に就任して以来、公式参拝を実現するための地ならしを行っていた。官房長官の私的諮問機関として、「閣僚の靖国神社参拝問題に関する懇談会」を発足させ、公式参拝の直前には、その懇談会は報告書をまとめていた。それは、必ずしも公式参拝にお墨付きを与えるような結論ではなかったものの、中曾根としては十分の準備をした上で、公式参拝を実行した。

ところが、予想外の反発を生んだ。参拝の前日に官房長官が、それを公表すると、中国が反発し、「東條英機ら戦犯が合祀されている靖国神社への首相の公式参拝は、中日両国人民を含むアジア人民の感情を傷つけよう」という声明を発表したのである。ほかに、韓国、香港、シンガポール、ベトナム、ソ連からも批判の声が上がった。

これによって靖国神社にかんして、A級戦犯の合祀ということが、もっぱら中心的な問題にされていくようになる。中曾根の公式参拝は、そのきっかけになったのである。

しかし、三木の時代に、首相の参拝が公式か私的かが問われていなかったとしたら、中曾根はあえて公式参拝と称して靖国神社に参拝することはなかったはずだ。となれば、A級戦犯の合祀が国際問題にまで発展することはなかったであろう。その意味で、津地鎮祭訴訟以来、政教分離のことが厳しく言われるようになったことが重要な意味をもつことになったのである。

第一一章　オイル・ショックを契機とした新新宗教概念の登場

新宗教と天皇制国家の対立

前の章では、政教分離を求める訴訟が起こるなか、言論出版妨害事件を起こした創価学会が公明党との間での政教分離を求められ、その一方で、首相の靖国神社参拝に対しても、公式参拝か私的参拝かが問われるようになった経緯を見ていった。

その際、とくに政教分離の厳格化を求める人々が理論武装をするために参照した重要な文献に、村上重良《しげよし》の『国家神道』と『慰霊と鎮魂』があった。ともに岩波新書で、前者は国家神道の歴史的な成立過程やその思想と制度について論じたものであり、後者は靖国神社の成立とその背景を国家神道との関係で論じた靖国神社論であった。

『国家神道』も『慰霊と鎮魂』も、ロングセラーとなって多くの読者を獲得した書物であり、歴史や思想を客観的に記述しようとする姿勢は見られるものの、国家神道を取り込んだ戦前の軍国主義体制を徹底的に批判するだけではなく、戦後の保守勢力がその復活を試みていることを糾弾し、それを阻止しようとする姿勢で貫かれていた。

村上は、第二章でふれた敗戦直後における靖国神社の護持に貢献した岸本英夫のもと、東京大学文学部宗教学科で学んだが、日本共産党の党員であり、彼の研究や著作は共産党の宗教政策と重なる部分をもっていた。ただし、前の章でふれた創価学会と共産党との間で創共協定が結ばれたときには、これを批判し、党を除名されている。その後も政治への関心は失わず、左派の政党である革新自由連合から国政選挙に出馬したこともあった。

村上の処女作は一九五八年に刊行された『近代民衆宗教史の研究』（法藏館）である。そこでは、幕末維新期に登場した新宗教の先駆けで、国家神道体制のもとでは、教派神道という枠のなかに位置づけられた金光教や天理教、あるいは大正と昭和の二度、激しい弾圧を受けた大本の歴史的な展開についてあつかわれている。その後村上は、六〇年代に入ると、創価学会、公明党を批判的に分析した書物を刊行するようになるが、六七年の『創価学会＝公明党』は青木書店、六九年の『公明党』は新日本出版社から出ている。この二冊はいずれも共産党系の出版社から刊行されたわけで、村上が共産党のイデオローグとして創価学会、公明党の現状を分析しようと試みたことが分かる。

村上が、幕末維新期の新宗教、あるいは民衆宗教について論じる際にも、そのイデオロギー的な立場は明確に反映されていた。彼がそうした宗教を評価するのは、民衆の生活にねざし、その救済や解放をめざすものであるからだが、何よりも天皇制国家といかに対立したのかという点が重視されていた。

たとえば天理教について、村上は、近世の社会に誕生したこの宗教が、封建社会の枠を越える国民的統一への動向を反映し、すべての人間を救済する「元の神・実の神」という一神教的な神を立てた点を評価した。そして、明治時代に入って、くり返し警察による取り締まりを受けたことについては、天理教が反天皇制の宗教であったことにその原因を求めている。なぜ天理教が反天皇制の宗教であるかと言えば、それは天理教に独自な神話、「古記《こうき》」ないしは「泥海古記」が「天皇制神話とは完全に異質な神話体系であったから」だというのである。村上は、「天理教に『古記』が存在すること自体が、近代天皇制のもとでは『不敬』の名に値した」とさえ述べている（中山みき・村上重良校注『みかぐらうた・おふでさき』東洋文庫・平凡社）。

明治時代の天理教がくり返し警察の取り締まりを受けたことは事実である。その時代、教祖の中山みきは高齢で、真冬に拘留されたこともあり、それによって体を壊し、それが彼女の死に結びついたという面があった。

しかし、天理教が取り締まりを受けたのは、実際には、独自の神話をもつことが原因ではなかった。不敬罪は、明治一三（一八八〇）年に公布され、それは、天理教が厳しい取り締まりを受ける直前にあたっているものの、天理教に不敬罪が適用されたわけではない。明治七年六月には、「禁厭祈禱ヲ以テ医薬ヲ妨クル者取締ノ件」が教部省から布達され、また、明治一五年一月一日付で施行された刑法の、今日の軽犯罪に相当する違警罪の対象に、「官許を得ずして神仏を開帳し人を群集せしもの」が含まれるようになったからである。

当時の天理教では、「ビシヤツと医者止めて、神さん一条や」と説かれており、これは教部省の布達に違反した。また、明治一三年には、真言宗の寺院の傘下に入る形で「転輪王講社《てんりんおうこうしゃ》」を組織し、そこでは神仏を開帳して、信者を集めていた。この点で、天理教は違警罪に違反するとされたのである。

　村上の著作は、歴史資料をもとにした客観的な研究という体裁をとっていた。また、その仕事のなかには天理教や大本の聖典に校注を施すような地道なものも含まれていた。しかし、天皇制に対して批判的かどうかが評価の基準であり、その観点から新宗教を評価する際には、歴史的な事実を歪めている面が少なからず見受けられた。それでも、村上が集中的に著作を発表した一九七〇年代においては、新宗教を天皇制と対峙させる村上の主張は、靖国神社国家護持をはじめとした戦前の国家神道を復活させるような動きに対して危機感を抱く左翼的な立場の人間には、受け入れやすいものであった。

　あるいは、反天皇制としての新宗教というとらえ方を補強するものとしては、小説家の高橋和巳が一九六六年に刊行した『邪宗門』の影響も指摘しなければならない。この小説は、明治時代に一人の貧しい女性が起こした「ひのもと救霊団」という新宗教が、戦前において一〇〇万人の信者を抱える組織にまで発展したことで弾圧を受けたものの、戦後に復活をとげ、武装蜂起したことで再び弾圧を受け、教団は潰滅し、幹部は食を断って餓死していくという物語である。

　この物語に登場するひのもと救霊団は、大本がモデルになっており、そこからも天皇制に対峙する新宗教という構図が浮かび上がってくる。とくに、この小説が発表された一九六六年は、政治運動、学生運動が大きな盛り上がりを見せようとしていた時代であり、そうした運動に参加するような若い世代が、この本の熱心な読者になった。その点で、彼らの新宗教に対するとらえ方を規定する上で、『邪宗門』の影響は大きく、さらに村上の著作がそれを学問的に裏づける形となったのである。

村上の観点からすれば、創価学会の場合には、その創始者である牧口常三郎は不敬罪と治安維持法違反で逮捕、拘留され、獄死しており、まさに天皇制と対峙したと評価されるべきはずである。ところが、村上は、『公明党』において、その背後にある創価学会の歴史とイデオロギーを分析した二章において、牧口が検挙され、獄死した事実にはふれているものの、それをもって、創価学会が反天皇制の宗教であるというとらえ方をしてはいない。ここには村上の政治的な立場が明らかに影響していた。

新宗教の転換期

村上重良が精力的に国家神道や新宗教にかんする著作を刊行していた一九七〇年代に入ると、新宗教は転換期に差しかかる。

その兆候は、前の章で取り上げた創価学会・公明党による「言論出版妨害事件」と、それによる両者の政教分離というところにあらわれていた。創価学会は、高度経済成長がはじまった一九五〇年代半ばから急速に拡大し、それに伴う都市化の急激な進展によって生まれた都市下層を会員に取り込むことで巨大教団へと発展していった。それは、創価学会だけではなく、同じ日蓮系新宗教の霊友会や立正佼成会にも共通して言えることだった。

高度経済成長が頂点に達したことを象徴的な形で示したのが、一九七〇年の大阪における日本万国博覧会（一般には「大阪万博」と略称）の開催であった。大阪万博の会期は一八三日間で、その間の入場者は六四二一万八七七〇人にものぼった。目標とされた入場者数は当初三〇〇〇万人とされていたから、それを上回って倍以上に達したことになる。そのうち、外国人は一七〇万人だったから、ほとんどを日本人が占めていた。一日の最高入場者数は、会期末を一週間後に控えた九月五日の八三万五八三二人であった。

この博覧会の名誉総裁をつとめたのが当時の皇太子で、皇太子と皇太子妃は開催中五回も万博会場を訪れている。天皇と皇后も三回訪れているが、皇太子夫妻の訪問回数はそれを上回った。それは、皇太子夫妻の存在を世界に向けてアピールする機会ともなった。

この一九七〇年度における日本の経済成長率は、実質で一〇・九パーセントに達していた。依然として高い経済成長率を維持していたものの、一〇パーセントを越える経済成長率はこの年が、今のところ最後になっている。翌七一年度は七・四パーセント、七二年度は九・一パーセント、七三年度は九・八パーセントだった。そして、七三年に起こった「オイル・ショック」を反映し、七四年度はマイナス一・三パーセントと、マイナス成長を記録した。

高度経済成長がはじまり、オイル・ショックが起こるまで、一九五六年度から七三年度までの平均の経済成長率は九・一パーセントにも達した。ところが、七四年度からバブル経済崩壊の九〇年度までの平均の成長率は、その半分にも満たない四・二パーセントだった。大阪万博の時点では、すでに高度経済成長に翳りが見え、オイル・ショックによってそれが明確な形をとることになったのである。

オイル・ショックの引き金となったのは、一九七三年一〇月六日に勃発した第四次中東戦争だった。この戦争は二〇日間という短期に終わったものの、その最中の一〇月一六日、石油輸出国機構（ＯＰＥＣ）に加盟していた産油国のうち六カ国が原油公示価格を七〇パーセントも引き上げた。

先進国における戦後の経済成長は、日本も含め、安い原油価格を前提にし、それに支えられていた。エネルギーを安価で得られることで、驚異的な経済成長が可能だったわけである。原油価格が上がるということは、その前提が崩れることを意味する。さらにＯＰＥＣは、原油の生産量を削減するという処置に出たため、世界経済は深刻な影響を受けた。

日本の社会のなかにも、原油の輸入が途絶えたなら、経済はいったいどうなってしまうのかといった不安が生まれ、現実に大型の公共事業が凍結され、消費が大幅に落ち込んだ。だからこそ、一九七三年度はマイナス成長を記録したわけである。

オイル・ショックと終末論の広がり

この状況は、国民のあいだに大きな不安を生み、それが、一一月初めのトイレット・ペーパーをめぐる騒動に発展した。トイレット・ペーパーは直接原油とは関係がないものの、大阪のスーパーで買い占め騒ぎが起こり、それがテレビで報道されたことで、騒ぎは日本全体に広がった。主婦たちは、トイレット・ペーパーの在庫のある店舗に殺到した。合わせて、洗剤などの買い占

『ノストラダムスの大予言』カバー

めも起こった。

　このトイレット・ペーパー騒動が起こった同じ月の二五日、一冊の本が刊行された。それが、五島勉の『ノストラダムスの大予言』（祥伝社ノン・ブック）である。ノストラダムスは、ルネサンス期フランスの医師であり、占星術師で、『百詩篇集』という著作を残していた。そのなかに、「一九九九年の七の月／恐怖をまき散らす大王が天から降りてきて／アンゴーモアの大王を甦らせるであろう／その前後に軍神が幸せに統治するだろう」という詩が出て来る。

　これを読んでも、何を意味しているのか、一読するだけでは分からないし、それをどう解釈するかでは、判断がいろいろに分かれる可能性のある表現である。この部分を世界の終わりを予言したものとして解釈する動きは、第二次世界大戦が起こってからのことで、五島は、その流れに乗って、これを一九九九年七月に世界が滅びる予言としてとらえ、その点を強く打ち出したのだった。五島は当然、オイル・ショックが起こることなど予測していなかったはずだが、まさに社会不安が高まったときに、終末を予言する書物が刊行されたのである。

　『ノストラダムスの大予言』は、大ベストセラーとなり、最終的には二〇〇万部を超えた。もし、オイル・ショックの直後に刊行されなかったとしたら、果たしてそれだけの売り上げを記録したかどうかは分からない。

ただ、オイル・ショックの半年前の一九七三年三月には、SF作家の小松左京が書いた『日本沈没』がベストセラーになっていた。小松は、大阪万博の際にはサブ・テーマ委員、テーマ館サブ・プロデューサーとして活躍したが、『日本沈没』では、最新の地球物理学の成果を活用し、地殻の大変動によって日本列島の大部分が沈み、国民の多くはそこを逃れて世界に散っていくという壮大な物語を展開した。この小説は、科学的な知見を巧みに取り入れていたことで、迫真の物語になったが、オイル・ショックによる社会不安の高まりは、この物語によりいっそうのリアリティーを与えた。

そこに、『ノストラダムスの大予言』がベストセラーとなったことで、日本、あるいは世界が滅亡するかもしれないという危機感を生み出すことになった。もちろん、大人の世代は、そうした予言やSFを真に受けることはなかったものの、当時の子どもたちの世代には大きな影響を与えることになる。

しかも、オイル・ショックの翌年、一九七四年には、イスラエル生まれで「超能力者」を自称するユリ・ゲラーが来日し、テレビでスプーン曲げを披露して、大きな注目を集めた。これも、子どもたちには強い影響を与えることになり、日本人のなかにもスプーン曲げをする人間があらわれ、超能力ブームが訪れた。

終末論は、キリスト教をはじめとする一神教においては信仰の核心に位置するものである。日本でも、平安時代の終わりから末法思想が説かれ、それが社会的にも大きな影響を与えたが、末法思想には、世の終わりに救世主が現れて人類全体の救済を行うといった壮大な救済論は欠けている。近世のキリシタンの間では、迫害を受けたこともあり、終末論が強調されたりもしたが、それが日本の社会全体に広まることはなかった。

しかし、オイル・ショックを契機とする社会的な危機の自覚は、日本においても終末論を受容させることにも結びついていった。そして、「新新宗教」の出現という現象を生むことになるのである。

新新宗教の台頭

従来の新宗教は多様で、それぞれの教団が異なる信仰体制を築き上げていたが、病気直しや家庭の不幸からの脱出など、信者が求めるのは主に現世利益の実現であった。そうした宗教は、経済の発展が続いている時代には多くの信者を集めることに成功する。

だが、ひとたび経済の成長にブレーキがかかり、現世利益の実現が難しくなると、従来の新宗教は大量の信者を集める力を発揮できなくなる。そうした状況のなかで、現世利益ではなく、むしろ終末論的な信仰を強調する新新宗教が注目されることとなったのである。

たとえば、その代表の一つである世界真光文明教団は、「真光の業」による病気直しを中心とする教団であった。陸軍の元軍人で、実業家に転じた教祖の岡田光玉《こうたま》（本名は良一《よしかず》）は、大本やその影響を受けた生長の家や世界救世教にかかわった経験をもつが、一九六二年からは、神による裁きである「火の洗礼」がはじまったとし、終末論的な信仰を説くようになっていた。岡田が終末論を説いたのは、オイル・ショックのはるか以前のことだが、こうした主張を展開していたことが、ノストラダムスの予言などに影響され、一九九九年に世界が終わると考えるようになった若い世代にアピールすることになる。

終末論を説いていた教団が新新宗教として注目されたもう一つの例としては、世界基督教統一神霊協会、いわゆる統一教会（原理運動とも）の場合をあげることができる。

統一教会は、韓国に生まれた教団で、開祖は文鮮明であった。文は、日本に統治されていた時代に、熱心なキリスト教徒の家に生まれ、太平洋戦争が終わってから平壌で布教活動を行う。その教典となったのが『原理原本』（それを詳しく解説したものが『原理講論』）で、それはキリスト教の終末論をもとに、儒教的な倫理道徳を加味したもので、文こそが再臨するメシアであると主張する内容をもっていた。

統一教会は、一九五四年にソウルで創立されるが、その四年後の五八年には日本でも布教を開始し、六四年には世界基督教統一神霊協会として宗教法人の認証を受けている。初期の段階では、主に大学生を中心に広がっていくが、入信した人間が家族を捨て「ホーム」と呼ばれる教団の施設での共同生活に入ってしまったため、「親泣かせの原理運動」とも呼ばれた。

文は、一九六八年に反共産主義の運動として「国際勝共連合」を立ち上げる。これは、統一教会と密接な関係をもつ団体であったが、左翼の政治運動、学生運動が盛り上がりを見せるなかにあっては、それに賛同しない右派の学生を吸収する組織となった。とくに、その学生組織である原理研究会は、日本共産党やその学生組織である民主青年同盟と激しく対立した。

このように新しいタイプの新宗教が登場したことを背景にして、一九七八年には国際宗教研究所が刊行していた『国際宗教ニューズ』（一六―三・四）において、「新しい宗教運動」の特集が組まれ、そこでは世界真光文明教団をはじめ、ＧＬＡ、山岸会、エホバの証人が紹介されている。

ＧＬＡは、実業家でもあった高橋信次が一九七〇年に創立した教団で、霊が降りてきて語る霊言を特徴としていた。山岸会は、一九五三年に創立された理想社会の実現をめざす団体で、この紹介の原稿を書いたのは、一時そこに在籍していたこともある私だった。エホバの証人は、ものみの塔とも呼ばれるアメリカ生まれのキリスト教系の教団で、日本にも戦前に灯台社として入っていた。三位一体説を否定するなど、他のキリスト教の教団とは異なる教義を掲げており、やはり終末論を特徴としていた。

こうした教団を、「新新宗教」としてとらえたのが、社会学者の西山茂であった。西山は、『歴史公論』一九七九年七月号に寄稿した「新宗教の現況」のなかで、新新宗教を、「大教団化した新宗教が社会的適応をとげるさいに、重荷に感じて棄て去った遺物をあえてひろいあげることによって、小規模ながら最近急速に教勢を伸長させている新宗教」と定義した。そして、新新宗教には、「終末論的根本主義を掲げるセクト的なもの」と、「呪術色の濃い神秘主義を標榜するカルト的なもの」があるとして、二つの類型をあげた。

前者に該当するのが、エホバの証人と統一教会、それに日蓮正宗大石寺の講としてはじまり、創価学会が国立戒壇論を捨てたことを批判した妙信講《みょうしんこう》（現在の冨士大石寺顕正会）である。後者には、ＧＬＡと真光文明教団のほかに、現代文明を批判し、神の力によって世の中の障害を撲滅すると主張した神霊教《しんれいきょう》が含まれる。

こうした教団は、その出自ということでは多様で、神道系、仏教系、キリスト教系、あるいはそのどれにも分類されない諸教が含まれるが、強烈な終末論や神秘的な力による救済を説く点で一定の共通性をもっていた。少なくとも、新新宗教に分類される教団は、それまでの新宗教のイメージからは逸脱するものをもっていた。

ここまであげた教団の他に、阿含宗や真如苑が主な新新宗教の教団としてとらえられた。阿含宗は、観音慈恵会としてはじまり、法華経信仰を核としていたが、実践面は修験道の影響を色濃く受けていた。それは、毎年京都で行われる「星祭り」に示されていた。この祭典では、屋外で巨大な護摩が焚かれるのである。

ただし、開祖の桐山靖雄は、近代の仏教学の影響を受け、釈迦の直接の教えが含まれるとされる阿含経を重視した。その上で、この阿含経の信仰と密教とを統合することによって、「阿含密教」を説くようになる。この点で、近代仏教学の成果を取り入れたわけである。

真如苑も、開祖である伊藤真乗《しんじょう》は、もともと修験道の行者で、不動明王に対する信仰から出発して、講を組織していた。当初は、修験道の元締めである真言宗醍醐寺に属していたが、「まこと教団」として独立する。ところが、教団内のリンチ事件で真乗が執行猶予付きの有罪判決を受けてからは、真如苑と改称し、妻が夫に代わって教団の代表となった。真如苑では、「接心《せっしん》」と呼ばれる霊的なカウンセリングの実践が重視されるようになる。

新新宗教の新しさとは何だったのか

こうした形で新新宗教が台頭するなかで、既存の新宗教のなかにも、若者層を取り込もうとして、教団の改革を進めるようなところも現れた。その代表が、日蓮系新宗教の霊友会で、創立者の長男として生まれた久保継成《つぐなり》が、一九七一年に第二代会長に就任する。継成はその時点で三十代と若く、東大でインド哲学を博士課程まで学んだインテリでもあった。彼は、「いんなあとりっぷ」路線を掲げ、祖先崇拝が中心だった霊友会のイメージの刷新に乗り出す。この試みは成功し、霊友会は一時若い世代を取り込んでいく。

新新宗教が世の中の注目を集めたもう一つの要因は、そのなかに巨大な建築物を建てるところがあらわれたことにある。

新宗教と建築物ということでは、昔から伝統があった。天理教は三〇〇〇畳を超える広さをもつ神殿を建てたし、その周囲に高層の建物を建てる計画が進行している。創価学会も、一時は、日蓮正宗の総本山である大石寺に正本堂という巨大な建物を寄進する活動の中心を担っている。新新宗教の教団は、それに習ったとも言えるが、外部の人間を驚かす奇抜な設計がその特徴になっていた。

その代表となるのが、世界真光文明教団と、そこから分かれた崇教《すうきょう》真光である。両者は競うように巨大建築物を建てた。世界真光文明教団の本部は静岡県伊豆市にあって、それは、「主座世界総本部御本殿」と呼ばれる。巨大な竜骨を載せた五段重ねの切り妻が特徴で、高さは六〇メー

主座世界総本部御本殿

トルにも達する。

一方、崇教真光の「世界総本山・元主晃大神《もとすひかりおおかむ》宮《のみや》」は、岐阜県高山市にあり、入母屋の大屋根を特徴としているが、その屋根は金色に光っていて、高さは五〇メートルに達する。

ほかにも、世界救世教から分裂した神慈秀明《しんじしゅうめい》会《かい》は、滋賀県甲賀市に「神苑《しんえん》」と呼ばれる聖地をもつが、そこには富士山をイメージした巨大な屋根を特徴とする神殿・教祖殿が建てられている。

霊友会も、東京タワーのすぐ近くに釈迦殿を設けたほか、伊豆には弥勒山を建て、そこをいんなあとりっぷ路線によって集まってきた若者の研修の場として活用した。

ただ、すべての新宗教が巨大建築物を建てたわけではない。そこには当然資金の問題がかかわってくる。膨大な数の信者を集めなければ、巨大建築物を建てるだけの資金を集めることは難しい。しかも、無理な資金集めを行えば、それはひずみを生み、信仰を失った人間から献金の返還を求める訴訟を起こされることもある。それは、メディアによって報道される可能性が高く、教団のイメージを悪化させることにつながる。

新新宗教もその概念が成立してから、すでに三五年以上の歳月が流れている。時代は変わり、かつては終末論を強調していた教団も、現在ではそうした傾向は見られなくなっている。真光系の教団のように、現在でも、真光の業という特殊な霊的能力の実践を活動の核に位置づけているところもあるものの、超能力の獲得によって終末の危機を乗り越えるといった主張を展開する教団はなくなった。

その点で、現在では、新宗教と新新宗教を区別する必要はほとんどなくなり、新新宗教が新宗教に溶け込んでしまった形になっている。新新宗教という呼称もほとんど使われなくなってきている。

それは、新新宗教が、宗教としての内実として、実はそれほどの新しさをもっていなかったからかもしれない。一時は終末論が強調されても、やがてその面が見られなくなったのは、それが原因だろう。統一教会でさえ、現在では祖先供養を強調するようになっている。

しかし、何よりも新新宗教に分類された教団への社会的な関心を失わせたのは、オウム真理教の登場とそれが引き起こした数々の事件によるのではないだろうか。このオウム真理教のことについては、第一四章で扱うことになる。

第一二章　靖国神社に参拝しなくなった昭和天皇の崩御

靖国神社、首相の公式参拝問題

第一〇章の最後の部分において、一九八五年に行われた当時の中曾根康弘首相の靖国神社への「公式参拝」によって、今日言われるところの「靖国問題」が生まれた経緯を見た。このとき初めて中国などから抗議が寄せられ、それ以降、靖国神社にA級戦犯を合祀していることの是非が問われるようになったのである。

その経緯を振り返ってみると、事態はなかなかに複雑である。今日では、靖国問題とは、何よりも靖国神社にA級戦犯が祀られていることが核心にあるとされる。A級戦犯は、東京裁判において戦争責任を問われ、七名が処刑された。ほかに、獄中で亡くなった人間もおり、靖国神社では一四名を「昭和殉難者」と呼んで祭神として祀っている。首相が靖国神社に参拝することは、この戦争責任者を崇め奉ることであり、戦争責任を曖昧にするというのが、中国や韓国をはじめとする周辺諸国の批判であった。

中曾根首相の公式参拝については、その後、憲法に違反しているとして三つの訴訟が提起された。「九州靖国神社公式参拝違憲訴訟」と「関西靖国公式参拝訴訟」、それに、少し性格が異なるが、「岩手県靖国神社訴訟」である。最後のものは、岩手県議会が天皇や首相の公式参拝を決議したことと、県が県内の護国神社の玉串料を支出したことを違憲として訴えたものである。

この三つの訴訟においては、いずれも地裁においては原告側敗訴の判決が下ったものの、九州と関西の訴訟では高裁で違憲判決が下された。岩手の場合も、請求自体は棄却されたものの、首相や天皇の公式参拝は、憲法二〇条が定める政教分離の原則に違反するという判断が下された。

たとえ公職にある人間であったとしても、信仰活動を実践することは、信教の自由の原則のもとに保証されるべきである。その点では、天皇や首相が私的な立場で靖国神社に参拝することをただちに憲法に違反すると判断することは難しい。もし首相がクリスチャンで、日曜日に教会に参拝に出掛けたとしても、それが憲法二〇条に違反するとされることはないだろう。天皇も、宮中祭祀を実践しており、それは私的な活動とされていることから、違憲訴訟が提起されたこともない。

ところが、公式参拝となると、事態は変わってくる。中曾根首相のように、公然と公式参拝であると言明すれば、その点は明白である。だが、そうした言明をしない、あるいは避けても、玉串料や供花料を公金から支出したり、公用車を使ったり、公職にある人間を伴ったならば、それは公式参拝ととらえられる可能性が高くなってくる。

その際に、裁判所が用いる判断の基準が、津地鎮祭訴訟の最高裁判決で用いられた「目的効果基準」である。その行為の目的があくまで宗教的なもので、それによって特定の宗教の「援助、助長、促進又は圧迫、干渉等になる」場合には、憲法二〇条に違反するというのである。九州靖国神社公式参拝違憲訴訟の控訴審では、この目的効果基準をもとに、違憲の判断が下された。

このように、中曾根首相の公式参拝以降、首相が靖国神社に参拝すれば、内外から激しい反発が起こり、訴訟が提起される状況が生まれた。それによって、中曾根以降の首相が靖国神社に参拝することはかなり難しい状況が生まれた。実際、中曾根の次の首相、竹下登から村山富市までは、首相在任中に一度も参拝していない。中曾根首相も、公式参拝の後、首相在任中は一度も参拝していない。

平成の時代に入って、はじめて参拝したのが橋本龍太郎であった。橋本は、公式参拝とは明言せず、玉串料は私費で支出したものの、公用車を使った上、「内閣総理大臣橋本龍太郎」と肩書きを入れて記帳し、二拝二拍手一拝の形式にも従った。その点では、公式参拝に限りなく近いものであったが、中国からは反発を受け、在任中の参拝はそれだけにとどまった。

橋本以降で在任中の靖国神社参拝に熱心だったのが、小泉純一郎である。小泉は、総裁選の公約に八月一五日の参拝を掲げていた。ただし、首相就任後はじめての参拝は、八月一五日を避け、八月一三日だった。もちろん、内外から反発を受けたが、中曾根や橋本とは異なり、その後も在任中の靖国神社参拝を続けた。六回目には、首相を退く直前だったこともあり、公約の八月一五日に参拝している。

民主党に政権が移ると、首相の参拝はなくなるが、自民党が政権に復帰し、安倍晋三が二度目の首相の座につくと、首相就任一年目にあたる二〇一三年一二月二六日に、靖国神社に参拝している。安倍首相は、第一次政権のときには、それを実現できなかったため、悲願を実現したという形になった。しかし、中国や韓国から猛反発を受けただけではなく、アメリカからも不快感を示されたため、その後は参拝していない。

このように、首相の靖国神社参拝は、A級戦犯の合祀ということで内外からの反発を受け、また政教分離を求められることで、相当に難しい問題をはらむことになった。

しかし、靖国神社の本来の性格からして、もう一つ、より重要な参拝問題があった。それが、天皇の参拝という問題である。

昭和天皇と靖国神社

明治天皇は、東京招魂社であった明治七年一月二七日の例大祭にはじめて参拝（行幸）しており、それ以降も、参拝をくり返している。それは、大正天皇や戦前の昭和天皇にも受け継がれていく。

戦後の昭和天皇は、一九四五年一一月一九日の大招魂祭に参拝し、その後、五二年、五四年、五七年、五九年、六五年、六九年、七五年とくり返し参拝に訪れている。

七五年は、三木武夫首相が終戦記念の日に参拝して、公式参拝なのかどうかが問われた年だが、昭和天皇はそれから三カ月が経った一一月二一日に、戦後八度目の靖国神社参拝を行っている。

首相の参拝が問題視されたためだろう、天皇の参拝についての情報は、日本遺族会には一週間前に内示されたものの、一般に公表されたのは二日前の一九日だった。これに対しては、社会党や共産党が反対の談話を発表し、ほかにも総評や日本宗教者平和協議会などが抗議した。靖国神社に天皇が参拝することは、それが依然として国家の宗教施設であるかのような印象を与え、天皇の政治利用にあたるというのである。天皇の靖国神社参拝に抗議の声が上がったのは、それがはじめてのことだった。

そして、昭和天皇はそれ以降、亡くなるまでのあいだ、一度も靖国神社を参拝していない。

靖国神社の側は、神社創建一一〇周年にあたる一九七九年や、終戦四〇周年の八五年には天皇の参拝があるものと期待したが、それはかなわなかった。首相の公式参拝を主張して結成された任意団体「英霊にこたえる会」でも、八〇年代前半に組織の内部で「なぜ執行部は天皇参拝を求めないのか」という声が上がり、会員から突き上げられた幹部三名は、終戦記念日の前日に宮内庁を訪れた。ところが、「首相も静かに行けないような所へ陛下がお参りされるはずがない」と一蹴されてしまった（『毎日新聞』二〇〇六年八月一一日付朝刊）。

このように見ていくと、天皇が参拝しなくなったのは、国内から抗議の声が上がる可能性が高くなったことによるものと思われるかもしれない。たしかにそれもあろうが、そこにはより重要な問題が隠されていた。それが明らかになったのは、昭和天皇が亡くなって一七年が過ぎた二〇〇六年のことであった。

同年七月二〇日付の『日本経済新聞』は、「A級戦犯合祀　昭和天皇が不快感」という見出しで、いわゆる「富田メモ」の存在をスクープした。

スクープしたのは、同新聞社会部の元宮内庁担当記者だった。この記者は、昭和天皇のもとで宮内庁長官をつとめたことがある富田朝彦が亡くなった後、遺族からその日記帳を借り出し、そこに一九八八年四月二八日の日付のあるメモが貼り付けられているのを発見した。

そのメモには、「私は　或る時に、A級が合祀され　その上　松岡、白取までもが」などと書かれていた。この「私」は昭和天皇のことで、松岡とは、近衛文麿内閣の外務大臣として国際連盟からの脱退、三国同盟の締結などを主導した松岡洋右のことである。白取とは、駐イタリア大使としてやはり三国同盟の締結に貢献した白鳥敏夫のことである。ともにA級戦犯として東京裁判にかけられたが、松岡は裁判の途中で病死した。白鳥の方は終身禁固刑となり、服役中に病死した。

A級戦犯合祀に反対していた昭和天皇

この富田メモは、昭和天皇が靖国神社へのA級戦犯の合祀に不快感をもっていたことを示していた。しかも、メモの最後には、「だから私　あれ以来参拝していない　それが私の心だ」と記されており、それが天皇の靖国神社への参拝の中止に結びついた可能性を示唆していた。

このスクープの直後の段階では、メモの信憑性をめぐって議論が巻き起こり、内容を否定する人間も少なくなかった。

しかし、その後、昭和天皇の侍従を三二年間にわたってつとめた卜部亮吾の日記が二〇〇七年に刊行され、その一九八八年四月二八日の項目に、「お召しがあったので吹上へ　長官拝謁のあと出たら靖国の戦犯合祀と中国の批判・奥野発言のこと」と記されていた上、二〇〇一年七月三一日の日記にも、「朝日の岩井記者来……靖国神社の御参拝をお取りやめになった経緯　直接的にはA級戦犯合祀が御意に召さず」などと記されていたことから、富田メモに信憑性があることが確認された（御厨《みくりや》貴・岩井克己監修『卜部亮吾侍従日記』全五巻、朝日新聞出版）。

さらに、戦前から侍従をつとめ、最後は侍従長となった徳川義寛も、歌人の岡野弘彦に対して、「（A級戦犯）の人達の魂を靖国神社へ合祀せよという意見がおこってきた時、お上はそのことに反対の考えを持っていられました」と語っていた。「お上」は天皇のことである（岡野『昭和天皇御製　四季の歌』同朋社メディアプラン）。

こうした記録がある以上、富田メモには事実が記されていると考えないわけにはいかない。何より、A級戦犯が合祀されて以降、昭和天皇が靖国神社を訪れていないという事実が、その点を雄弁に語っている。しかも、『朝日新聞』一九八九年一月一六日付朝刊の記事では、徳川は、靖国神社の側からA級戦犯の合祀について打診を受けた際、「そんなことをしたら陛下は行かれなくなる」と伝えたとされている。

A級戦犯合祀に踏み切った松平永芳《ながよし》も、宮司退任の翌年、『祖国と青年』誌の一九九三年一月号で、「私の在任中は天皇陛下の御親拝は強いてお願いしないと決めていました」と語っている。さらに、共同通信の記者、松尾文夫に対しては、「合祀は（天皇の）御意向はわかっていたが、さからってやった」と語っている（秦郁彦《いくひこ》『靖国神社の祭神たち』新潮選書）。

これは、松平が確信犯だったことを示している。彼は、A級戦犯を合祀することによって天皇の参拝が難しくなることを分かった上で、それを強行した。彼は、天皇の意向に逆らうことをあえて実行したのである。

これによって、天皇の靖国神社参拝は難しくなった。しかも、首相の靖国神社参拝に対する反発は、時代が進むにつれて、より強いものになっている。政教分離の原則に違反しないかという問題もある。その点で、天皇が靖国神社に参拝することは事実上不可能になっている。

そもそも、天皇の場合には、一般の国民とは異なり、その生活は全面的に国家に依存している。憲法では、日本国と日本国民統合の「象徴」と位置づけられ、海外から国賓などが来日したときには、国を代表してそれを歓迎する役割を担う。私的な財産も所有してはいるが、生活費を含め、皇室を維持するために必要な経費は国の税金によって賄われている。

そうした天皇のあり方からすると、靖国神社に参拝した場合、政教分離の原則がやかましく言われるようになった状況では、それを私的な参拝とすることは難しい。天皇が参拝する行為は、靖国神社の信仰体制に組み込まれており、どうしても公的な性格を帯びてしまうのだ。

昭和天皇としては、A級戦犯が合祀されていなければ、あるいは、いったんは合祀されたものがまた分祀されれば、ふたたび靖国神社に参拝することを考えていたことだろう。だが、靖国神社をめぐる問題は、周辺諸国、あるいはアメリカをも巻き込んだ国際問題に発展していき、天皇が参拝を再開すれば、それは問題をより大きなものにする可能性が高まっている。

ただ、逆に言えば、天皇の靖国神社参拝が難しくなったことで、天皇と先の戦争との間に距離が生まれたことも事実である。とくに現在の天皇ともなれば、皇太子の時代には参拝しているものの、天皇に即位してからは、一度も靖国神社には参拝していない。例大祭に勅使を差遣し、奉幣《ほうへい》は行っているものの、それは直接参拝するのとは大きく違う。天皇と靖国神社との関係は事実上、相当に希薄なものになっているのは間違いない。

それは、平和国家日本の象徴としての天皇というイメージを強化することに結びついている。第五章で見たように、敗戦後、皇室が平和を志向していることを示すために、昭和天皇よりも皇太子の存在を国際的にアピールする政策がとられたが、「靖国神社に参拝しない天皇」というあり方は、はからずも、それをより強く訴えかけることになった。それは、戦後の天皇制の根本的な変容にも結びついている。

昭和天皇の崩御と「自粛騒動」

天皇という存在が戦後においても特別なものであることを知らしめたのは、一九八九年一月七日における昭和天皇の「崩御」だった。崩御は、君主の立場にある人物の死にのみ用いられる言葉で、日本では、ほぼ天皇にしか使われない。亡くなったとき、天皇は八七歳であった。

崩御という事態を受けて、ただちに改元され、時代は昭和から平成へと移った。これによって、六四年間も続いた激動の昭和は終わりを告げた。ただ、平成に時代が変わっても、「戦後」という言い方は依然として使われている。そこには、敗戦という事態がいかに日本の現代史に大きな影響を与えたかが示されている。

昭和天皇の崩御にかんして、忘れてはならないことは、「自粛騒動」のことである。

天皇が病に倒れたのは、一九八八年九月一九日のことだった。天皇は大量吐血し、重体に陥った。その事実が明らかになると、報道各局は緊急で特別番組を放送した。それ以降、天皇の病状、血圧や脈拍が逐次テレビなどを通して伝えられるという特異な事態が生まれた。

日本各地には記帳所が設けられ、一週間で二三五万人もの国民が、天皇の無事を祈って記帳した。最終的な記帳者の数は九〇〇万人にものぼった。それと平行して、歌舞音曲を伴う各種の行事が自粛された。

たとえば、プロ野球セリーグで優勝した中日ドラゴンズは、恒例のビールかけやパレードを中止した。歌手の五木ひろしが結婚披露宴を中止するなどという出来事も起こった。「自粛」は流行語ともなった。ただ、行き過ぎが目立ったため、当時の皇太子（現天皇）は、「過剰な反応は陛下の心に沿わないのでは」と発言しなければならなかった。それでも、天皇が倒れてから亡くなるまでの三カ月半の間、日本の社会は重苦しい空気に包まれた。

自粛は政府が要請したことでもなく、国民の間から自発的に起こったことである。これは、近代に入ってからくり返されてきたことでもあった。

明治天皇は、五九歳で亡くなるが、明治四五年七月一九日夜、夕食の際にワインを二杯飲んで立ち上がろうとしたところで倒れ、侍医頭の診察を受けた後には眠りにつき、その後は意識が戻ることはなかった。

翌二〇日には、天皇が重体であることが発表される。それ以降、亡くなるまでの一〇日にわたって、昭和天皇の場合と同様に、毎日容態が発表され、国民はそれに一喜一憂した。それによって株式市場の大暴落という事態さえ生まれ、二重橋前に集まってくる国民も増えた。

当然、自粛ムードは一気に広がる。このときは、当局が、劇場や活動写真、寄席などの興行を遠慮するように通知しており、必ずしもそれは自発的なものではなかった。両国の川開きが中止になり、夏目漱石は日記にそれに対する批判を書きつづっている。

大正天皇の場合には、幼少時に百日咳、腸チフス、胸膜炎などを患っていて、即位直後から体調が悪化していた。そのため、皇太子（昭和天皇）が摂政として政務をとることになるが、大正一五年一二月になると、宮内省は毎日何度もその病状を発表した。この時代には、ラジオが普及するようになり、国民は、即座にそれを知ることになった。それに伴って帝国劇場や歌舞伎座の興行が中止されるなど、自粛の動きが広まった。

昭和天皇の病状悪化に伴う自粛騒動は、こうした出来事をくり返すものとなったが、その期間が三カ月半と長期にわたったため、社会に与えた影響は相当に大きかった。

そこには、昭和天皇の存在の大きさということも関係していた。昭和天皇は約三〇〇万人の戦死者を出した太平洋戦争の際に統治者であり、戦後は、復興にあたる国民を激励するために全国で行幸をくり返した。戦後は、テレビという新しいメディアが登場し、天皇の姿や声は、たびたびテレビで取り上げられた。その点で昭和天皇は、明治天皇や大正天皇に比べて、はるかに国民にとっては親しみのある存在でもあった。

昭和天皇の葬儀における政教分離問題

昭和天皇が亡くなると、葬儀が営まれることになるが、そこでも、実は政教分離ということが問題になった。日本国憲法のもとでの天皇の葬儀は、それがはじめてのことだった。

天皇の葬儀について規定しているのが「皇室典範」である。皇室典範は、最初、大日本帝国憲法と同時に明治二二年に制定されるが、戦後の一九四七年一月一六日に改正されている。旧皇室典範では、その第一〇条で、「天皇崩スルトキハ皇嗣即チ践祚シ祖宗ノ神器ヲ承ク」と、葬儀のやり方については規定されていなかったが、改正された戦後の皇室典範では、第二五条で、「天皇が崩じたときは、大喪の礼を行う」と規定されていた。

そこで、亡くなった当日の一九八九年一月七日には、宮内庁に大喪儀委員会が設けられ、翌日には政府のなかにも大喪の礼委員会が設置された。そして、葬儀は、大正天皇が亡くなる二カ月前に制定された「皇室喪儀令」にもとづいて営まれることになった。そのことは、天皇が亡くなる前から決定されていたことだった。

ところが、皇室喪儀令は、国家神道体制のもとで定められたものであり、その形式は神道にもとづいていた。したがって、大正天皇のときと同じようにすれば、政教分離の原則に違反する可能性が出て来る。当時の内閣法制局長官も、「これを国の儀式として行うことは憲法違反の疑いを払拭できない」として、国の行事として行うことに反対の考えを示していた。

そこで、皇室の私的な儀礼である「葬場殿の儀」と、国の儀式である「大喪の礼」を、幔幕《まんまく》な

昭和天皇　葬場殿に向かう葬列（提供：毎日新聞社）

どを使うことによって分離する処置がとられた。葬場殿の儀では、鳥居や大真榊《だいまさかき》を立てることになるが、それには滑車をつけ、大喪の礼のあいだは移動するといった苦肉の策がとられた。

大喪の礼は、一九八九年二月二四日に行われたが、当日は、新たに法律が定められて「公休日」となり、テレビ・ラジオでは、特別報道番組が組まれ、民間放送では企業のコマーシャルが放送されなかった。公共施設も休みとなり、民間の施設のなかにも休業したところがある。大喪の礼には、一六四カ国から国家元首など七〇〇名が参列した。

そして、遺体は大喪の礼の当日、葬列を組んで武蔵野陵墓地に運ばれ、そこで「陵所の儀」が営まれ、棺とともに埋葬された。陵は上円下方墳の形をとり、高さ八・六メートル、下方基部の一辺が二七メートルに及ぶもので、この形は、やはり大正一五年一〇月二一日に制定され、戦後廃止された皇室陵墓令にもとづくものであった（天皇の葬儀については、井上亮『天皇の葬儀――日本人の死生観』新潮選書を参照）。

結局のところ、昭和天皇の葬儀は、政教分離の原則に配慮はされたものの、その形式はほとんど大正天皇の葬儀にならったものとなった。

陵墓は、古代から権力者の権威の象徴であり、日本では、天皇が亡くなるたびに、巨大な古墳が作られた。昭和天皇の場合にも、結局は、そうしたやり方が踏襲され、大きな陵墓に埋葬されることとなった。

昭和天皇を葬る際に、すでに廃止されていた皇室喪儀令や皇室陵墓令の規定がそのまま使われたことは、天皇を葬る側に、戦前と同じ形式を守ろうとする意識が働いていたことを示している。そうしたことを含め、その死に際して、昭和天皇はその存在の大きさを国内外にわたって示した。天皇は、敗戦直後の「人間宣言」によって、現人神の座から降りたとされたものの、国民にとって特別な存在であることは最後まで変わらなかったのである。

しかし、平成に時代が変わることによって、天皇のイメージも変わった。現在の天皇からは、日本が行った戦争のイメージは払拭されている。また、神聖で絶対の存在であるという大日本帝国憲法が規定したような天皇像とも大きく異なっている。

天皇の側でも、戦前のイメージを払拭しようとつとめている。二〇一二年に明らかになった天皇皇后が火葬を希望し、陵墓にかんしても、より簡素なものにしたいという希望なども、その一環である。

だが、天皇が国民のあいだで特別な存在と見なされている点は、根本的には変化していない。そこには、天皇制の長い歴史がかかわっている。天皇のあり方や政治的な影響力は、時代によって大きく変化してきたものの、少なくとも天皇は日本の社会の中心に位置し、ときには絶大な権力をふるうこともあった。

それに、現在の日本国憲法の規定では、内閣総理大臣の指名や国会の召集、改正された憲法の公布などは天皇の国事行為であると定められている。つまり、天皇が不在になれば、日本国は機能しなくなることを意味する。その面でも、天皇の存在は大きいのである。

第一三章　創価学会の在家主義の徹底と一般社会の葬儀の変容

創価学会と日蓮正宗は一体だった

創価学会は、日蓮系の新宗教教団である。しかし、一九八〇年代まで、創価学会の会員になるということは、同時に、日蓮正宗の信徒になることを意味した。両者は一体になっていて、創価学会の会員は、日蓮正宗寺院の檀家にならなければならなかった。

一般に檀家と言ったとき、寺が所有する墓地に墓を設けた家が、その寺を菩提寺とし、檀家になるわけである。地域の共同墓地が、寺によって管理されているということもある。その際にも、実質的に檀家は墓を媒介にして、菩提寺と関係を結んでいることになる。

ところが、創価学会の会員が日蓮正宗の寺の檀家になるというときに、ほとんどの場合、その寺の墓地に墓を持ってはいなかった。それは、檀家として特異なあり方である。

しかも、一般の寺院の場合、檀家は二〇〇軒から三〇〇軒程度が普通で、それよりも少ないことも珍しくない。もちろん、多いところもある。ところが、創価学会の会員が急増したため、日蓮正宗寺院の檀家は桁違いに数の多いものになった。数千軒から一万軒、さらには二万軒の檀家を抱える日蓮正宗寺院もあらわれたのである。

そうなると、一つの寺が営む仏事の数も相当な数になる。たとえば、和歌山県内の日蓮正宗寺院では、一万軒の檀家を抱えていて、毎月の葬儀が平均で三〇件にのぼった。法事も月に一〇〇件あった。さらに、創価学会では、他の宗教や宗派をいっさい認めないため、地鎮祭や結婚式も日蓮正宗の寺院にすべて依頼した。本山である大石寺に対するこの寺の上納金は一千万円にのぼったというから、膨大な収入があったことになる（高橋繁行「学会対日蓮正宗の人間ドラマ」『別冊宝島・となりの創価学会』宝島社）。

一軒の日蓮正宗寺院が、万を超える檀家を抱えることになったのも、信徒の増加の割には、寺院が不足していたからである。そこで創価学会は、不足を補うために、次々と寺院を寄進していった。一九五七年の時点では、その数はまだ一三カ寺にとどまっていたが、七九年には二三八カ寺となり、決別直前の九〇年には三五六カ寺にも達していた。

創価学会は、大石寺への寄進も行ったが、それは組織の総力をあげてのものとなった。池田大作が一九六〇年に第三代の会長に就任すると、大石寺に大客殿を寄進することを約束する。翌年には、会員から献金を募ったが、その総額は三二億円余りに達した。この大客殿は六四年に完成している。また、第一〇章でも述べたように、七二年には本門戒壇の本尊を安置するための正本堂が寄進された。

すでに述べたように、大石寺に参拝することは登山と呼ばれるが、正本堂が完成すると、創価学会の会員たちは、大挙して大石寺に登山するようになる。創価学会では、月例の登山会を行ったが、最盛期における登山者の数は年間で一八〇万人にも達した。

創価学会の会員は、大石寺に登山し、本尊を拝むたびに、二〇〇〇円の開扉料《かいひりょう》を支払った。最盛期には、この開扉料だけで大石寺にはおよそ年間三六億円の収入があったことになる。

創価学会は、当初、金のかからない宗教ということを売り物にしていた。実際、創価学会には今でも入会金もなければ、月々の会費もない。それは、日蓮正宗にも共通することで、二代会長の戸田城聖は、「わが宗は賽銭箱なんか置いてない」、「創価学会は一銭も金がかからない宗教である」と宣伝していた。

しかし、巨大な建物や寺院を寄進するには金が要る。また、創価学会の組織が巨大化していけば、その運営資金もいる。基本的には、『聖教新聞』などの出版物の売り上げが、その資金となったわけだが、一九五一年からは、財務部員制度が発足している。財務部員に任命された会員は、年に四〇〇〇円の寄付をすることになったのである。

現在の物価水準で考えると、当時の四〇〇〇円は、五万円前後に相当するのではないかと思われる。創価学会の会員が、都市の下層に集中していたことを考えれば、額としてはかなり多い。したがって、財務部員に任命されることは名誉なことで、その証として部員には金バッジが与えられた。

しかし、大石寺や日蓮正宗寺院に寄進を行うためには、それとは別に費用がかかる。そこで、そのたびごとに「供養」と称して金集めが行われたわけだが、それにともなって財務部員という制度は一九七〇年代前半には自然消滅していった。そして、七八年前後に、「広布部員」という制度に変わり、会員であれば誰もが年に一万円以上の寄付をするという方法が採用されるようになる。これは、「財務」と呼ばれる。

創価学会と日蓮正宗の決別

創価学会が急速に伸びている時代、つまりは一九五〇年代半ばから七〇年代はじめにかけては、会員の数も爆発的に増え、大石寺の側にいくら寄進を行っても、それは組織の負担にはならなかった。創価学会の会員にとっては、大石寺に正本堂をはじめとする巨大な建築物が建つことや、各地に日蓮正宗寺院が増えていくことは、自分たちが熱心に折伏の活動を展開したことの証であり、誇りでもあった。創価学会の側も、そうした状況を利用し、会員の士気を高められるだけではなく、具体的な活動の目的になるので、莫大な額の金集めを行った。

ところが、会員の増加に歯止めがかかると、事態は一変する。日蓮正宗の側は、ただ寄進を受けているだけで、創価学会に対して具体的な利益を与えてくれるわけではない。しかも、出家である僧侶の地位は在家の信徒よりも高いとされる。戸田は、他の宗派の僧侶に対しては厳しい批判をくり広げていたが、日蓮正宗の僧侶については立派だと持ち上げていた。そうした出家と在家との上下関係も、学会の側にとっては不満の源泉だったのかもしれない。あるいは、これは後に創価学会が厳しく批判することになるが、日蓮正宗の側に莫大な寄進が集ったことで、僧侶が華美で派手な方向にむかったということもあり得る。

一九七七年一月、池田大作会長は、教学部の大会で講演を行い、そのなかで、「創価学会は在家・出家の両方に通じる役割を果たしているから供養を受ける資格がある」、「創価学会の会館や研修所は現代の寺院である」、「信心の血脈は創価学会に受け継がれている」などと発言した。これは、創価学会の会館さえあれば、日蓮正宗の寺院は要らないと宣言したようなものだった。

この池田の発言に対して、日蓮正宗の側は当然にも猛反発し、法主であった細井日達は、池田の発言は日蓮正宗の教義から逸脱していると指摘した。このときは、創価学会の側が誤りを認め、池田は、大石寺に「お詫び登山」して謝罪している。そして、翌一九七八年四月には、その責任をとって会長職を辞し、特別に設けられた名誉会長の地位に退いている。

これは、創価学会の組織のなかで「昭和五二年路線」と呼ばれるが、その後も、日蓮正宗の側からは創価学会を批判する動きが続いた。したがって、いったんは騒動はおさまったかのように見えたものの、創価学会と日蓮正宗との関係には根本的な変化はなく、創価学会の側には不満がくすぶっていた。それを背景に、一九九〇年七月一七日、創価学会の側は、日蓮正宗との連絡会議の席上で、法主や宗門を批判し、席を立ってしまった。その具体的なきっかけは、日蓮正宗の側が、その年の三月に、本尊下付《かふ》の際の供養金を一・五倍とし、塔婆《とうば》・永代供養などの冥加料《みょうがりょう》の値上げを通告してきたことにあった。

これによって両者のあいだの騒動が再燃する。その後、池田が一一月一六日の第三五回本部幹部会で行ったスピーチが、法主や僧侶を軽視するものだとして、翌月、日蓮正宗は学会に対して釈明を求めた。

一九七七年のときとは異なり、このときの創価学会は強固な姿勢を崩さず、日蓮正宗の法主や僧侶が自分たちを誹謗中傷しているとして、釈明要求をつっぱねた。そのため、日蓮正宗の側は、規約を改正し、池田がつとめてきた総講頭《そうこうがしら》の役職を喪失させ、信徒総代としての地位を奪う処置に出た。池田は、一九七八年に会長を辞任したときに、総講頭も辞任していたが、八四年には復帰していた。これによって、両者は全面的な対立関係に陥った。

この騒動は、年が明けると拡大し、創価学会は、『聖教新聞』などの紙上で、日蓮正宗批判のキャンペーンを展開した。そのため、日蓮正宗は、その年の一一月には、創価学会とその国際組織である「創価学会インタナショナル（ＳＧＩ）」を破門にした。

この騒動が起こったとき、仕掛けた創価学会の側が、その後、日蓮正宗との関係がどのようになっていくのか、たしかな見通しをもっていたかどうかは分からない。あるいは、自分たちの側が強硬な態度をとれば、それに支えられてきた宗門の側が折れ、やがては関係が修復されると考えていたのだろうか。それは、日蓮正宗の側についても同じように言えることだった。

しかし、どちらの側も、態度を改めることはなく、今日に至っている。誹謗中傷合戦は沈静化しているものの、両者は歩み寄る姿勢をまったく見せていない。

創価学会「魂の独立」

ただ、それまで両者は一体の関係にあったため、決別するとは言っても、完全に関係を断ち切るのは容易ではなかった。日蓮正宗の側からすれば、有力な檀信徒をすべて失ってしまったわけ

大石寺奉安堂

だから、その影響は極めて大きい。日蓮正宗の現在の信徒数は四〇万人前後にすぎない。決別した段階では、創価学会を離脱して、日蓮正宗の側につく信徒がかなり出るのではないかと見込んだかもしれないが、現実にはそれほど多くの信徒が日蓮正宗にとどまったわけではなかった。

それでも、大石寺では、一九九八年に約五〇億円の費用をかけて正本堂を解体し、二〇〇二年には、本尊を安置する奉安堂《ほうあんどう》を建てている。正本堂が建築面積三万九三六八平方メートル、高さ六六メートルだったのに対して、奉安堂は建築面積一万二九八八平方メートル、高さ五五メートルと小さいが、それでも東大寺の大仏殿がすっぽり入るほどの巨大建築である。おそらく、日蓮正宗は、創価学会の会員たちが熱心に寄進を行ったものを貯めこんできたのであろう。もちろん、決別以降、創価学会員の登山はなくなったものの、財政的に破綻するといった事態は起こっていない。

一方、創価学会の側にとっては、日蓮正宗との決別はかなり難しい問題を残した。

一つは本尊の問題である。

創価学会は、日蓮正宗の在家組織であったものの、独自に宗教法人を組織してきた。その際に、本尊は、大石寺に祀られた「本門戒壇の大御本尊」であると定めていた。戸田が、その功徳を強調し、創価学会の会員たちは、そこに究極的な価値を置いてきたのも、この本尊であり、正本堂に安置されたのも、これにほかならなかった。

創価学会が日蓮正宗と決別し、会員が大石寺に登山しなくなるということは、この本尊の開扉に与れないことを意味した。創価学会の会員たちは、この本尊を拝みさえすれば、幸福がもたらされると信じてきたわけだから、その影響は大きい。

したがって、決別以降、しばらくの間、本尊については変更されなかった。二〇〇二年になって、創価学会はようやく会則を変更し、「日蓮大聖人の一閻浮提総与《いちえんぶだいそうよ》・三大秘法の大御本尊」という表現に改めた。これによって、大石寺の本尊を直接さすものではなくなったのである。それ以前の会則では、「日蓮正宗総本山大石寺に安置せられている弘安二年一〇月一二日の本門戒壇の大御本尊を根本とする」とされていた。

しかし、二〇〇二年の会則改正以降も、創価学会の内部では、本尊は、決別以前から会員が拝んできた「弘安二年の大御本尊」のことをさすという説明を続けてきた。それが改められるのは二〇一四年になってからのことである。再び会則が改正され、本尊については、具体的にその名称をあげないという処置がとられた。

それにかかわることだが、創価学会の目的とされる部分は、「この会は、日蓮大聖人を末法の御本仏と仰ぎ、根本の法である南無妙法蓮華経を具現された三大秘法を信じ、御本尊に自行化他にわたる題目を唱え、御書根本に、各人が人間革命を成就し、日蓮大聖人の御遺命たる世界広宣流布を実現することを大願とする」とされたのである。

創価学会では、現在、日蓮正宗からの決別を「魂の独立」と表現するようになっている。この二〇一四年の会則改正によって、創価学会は、日蓮正宗との関係を断ち切るとともに、教学の面でも独立を果たしたのである。

ただ、それによって日蓮正宗の教学から完全に自由になったかと言えばそうではない。重要なのは、新たな会則に示された「日蓮大聖人を末法の御本仏と仰ぎ」の部分である。これは、「日蓮本仏論」と言われるもので、それを唱えてきたのは日蓮宗のなかでも日蓮正宗だけである。日蓮正宗は、日蓮の愛弟子である六老僧の一人、日興に遡るもので、日興からの信仰の流れは「富士門流」と呼ばれるが、富士門流のなかで日蓮本仏論を唱えているのは、日蓮正宗だけなのである。

したがって、二〇一四年の会則の改正によっても、創価学会の教学は、日蓮正宗の教学から完全な独立を果たしているとは言えない。なぜ日蓮が本仏なのか。それについて、日蓮正宗の教学以外に根拠を見出すことはできない。その点では、魂の独立もまだ中途半端な形になっているのである。

独自の葬儀方法の確立

もう一つ、創価学会が日蓮正宗から決別する上で問題になったのが葬儀のことである。それまで、創価学会の会員は、葬儀のときには日蓮正宗の僧侶を呼んで、読経してもらい、戒名を授かってきた。ところが、決別以降、葬儀に日蓮正宗の僧侶を呼ぶわけにはいかなくなったのである。

そこで創価学会がとったのは、僧侶も呼ばず、戒名も授からない、独自の葬儀の方法を開拓することだった。これは当初、「同志葬」と呼ばれたが、やがて「友人葬」という呼び方に改められ、それが定着した。友人葬においては、地域ごとに定められた「儀典長」が導師をつとめ、会場に本尊の曼荼羅を掲げて、その前で葬儀に集った会員たちが、法華経の「方便品」を読み、「如来寿量品」にある自我偈《じがげ》を読誦し、その後、「南無妙法蓮華経」の題目を唱えるのである。これは、創価学会の会員が日々の「勤行」において実践しているやり方をそのまま応用したものである。

創価学会が、この友人葬に踏み切ることができたのは、それまでの日蓮正宗寺院との関係が特殊なものだったからである。何より大きいのは、日蓮正宗寺院の檀家にはなっていたものの、そうした寺院の墓地に会員が墓をもたなかった点にある。もし、日蓮正宗寺院に墓があったとしたら、壇家関係はより強固なものになっていたはずで、簡単に離れることは難しかったであろう。少なくとも、檀家を離れるには墓を処分しなければならない。

創価学会は、一九八〇年に、大石寺近くの静岡県富士宮市に「富士桜自然墓地公園」という独自の墓地を造成している。敷地面積は一二二万平方メートルで、およそ五万基の墓が設けられたが、それは完成前に完売した。

この富士桜自然墓地公園の完成以降も、創価学会は全国に全部で一三カ所の墓地公園を設けている。墓地公園には、屋外にある墓のほかに、遺骨を長期にわたって収蔵する「長期収蔵型納骨堂」や永久に収蔵する「永久収蔵型納骨堂」を設けているところもあり、会員は、ほかの所に墓を求める必要がない。

創価学会が日蓮正宗と密接な関係を保っていた時代には、あらゆる宗教的な儀礼を日蓮正宗の寺院、僧侶に依頼することができ、会員は他の宗教や他の仏教宗派とかかわる必要はいっさいなかった。

決別後も、それと同じ体制を維持するには、創価学会の会員だけで営むことができる独自の葬儀の方法を開拓し、墓地を確保しなければならなかった。富士桜自然墓地公園の造成は、一九七七年の最初の独立騒動の起こった翌年からはじまっており、今から振り返れば、創価学会は独立のために周到な準備を進めていたと見ることもできる。

教学の面では、日蓮正宗の影響を依然として受けているものの、葬儀の面では、日蓮正宗の僧侶にまったく頼らない体制を確立することに成功したのである。

在家仏教と既成仏教の関係

創価学会が日蓮正宗から独立を果たしていく過程は、在家仏教と既成仏教との関係を考える上で、きわめて興味深い事例を提供している。

同じ日蓮系の新宗教の場合、日蓮正宗のような密接な関係をもつ既成仏教教団をもってはいない。だが、立正佼成会にしても霊友会にしても、日蓮宗の総本山である身延山久遠寺とは一定の友好関係を結んできた。

立正佼成会では、大聖堂などのある本部が聖地としての役割を担い、会員はそこに団体で参拝しにくるわけだが、教団外の聖地として、日蓮が修行した千葉の清澄寺をはじめ日蓮ゆかりの寺院が指定されている。なかでも、身延山久遠寺とそこから近い七面山《しちめんざん》思親閣《ししんかく》が重視され、そこは団体で参拝して修行する場所と位置づけられている。霊友会でも、同じように身延山や七面山に登山することが修行として実践されている。

ただ、創価学会のように、日蓮正宗の寺院の檀家になり、各種の儀礼をすべてそこに依頼するようなことはない。その点では、立正佼成会や霊友会と日蓮宗との関係は、身延山を支える檀徒集団という以上の意味をもっていない。

ほかに、既成仏教教団と緊密な関係を結んでいる新宗教は、修験道をもとにした教団であり、具体的には真如苑、阿含宗、解脱会などがあげられる。このうち、真如苑と解脱会は、修験道の元締めである真言宗の醍醐寺と密接な関係を結んでいる。それは、それぞれの教団の開祖が、醍醐寺の三宝院で出家得度しているからである。阿含宗の場合には、開祖は兵庫県たつの市の弘法寺を本山とする真言宗金剛院派で出家得度している。そうした関係から、こうした教団は、開祖が出家得度した真言宗寺院と密接な関係をもち、やはり団体で本山に参拝したりしている。

しかし、この場合も、それぞれの教団の信徒、会員たちが、既成仏教教団寺院の檀家になるわけではなく、そこには個人的な関係は成立しない。あくまで、教団を通しての関係であり、墓を媒介にして檀家関係を結ぶことにはならない。

創価学会の場合には、他の仏教宗派の信仰を認めないので、日蓮正宗との決別以降は、会員がどこか別の宗派の寺の檀家になることはない。もちろん、なかには自分は創価学会に入会したものの、他の家族はそれに従わず、その家としては依然として他の宗派の寺の檀家になっているという場合もあるが、基本的には、創価学会の会員は寺と檀家関係をいっさい結んでいない。

創価学会以外の新宗教では、信徒が、他の仏教宗派の寺と檀家関係を結んでいたとしても、それを切るように指導することはない。そもそも、そうした教団では、独自の葬儀の方法を開拓していることが少ないので、葬儀の際には、既成仏教教団の僧侶に導師を依頼することが多い。墓にしても、立正佼成会などは、独自の霊園をもってはいるものの、創価学会ほど規模は大きくなく、会員は死後に教団とは関係のない霊園を求めることが多い。

その点で、創価学会は、日蓮正宗と決別した後も、独自の葬儀の方法を開拓し、霊園を所有しているという点で、依然として、自分たちだけの独立した宗教世界を持つという特異な形態を維持していることになる。

創価学会は、日蓮や法華経を信仰対象とする在家の仏教教団で、会員はそれぞれの家で仏壇を祀っている。友人葬にしても、それは広い意味で仏教式に分類されるものであり、決して無宗教式ではない。

その点で、創価学会の会員は、葬式仏教という日本仏教の特徴的な形態のなかにおさまっているようにも見える。

だが、創価学会の仏壇は、第六章でも見たように、一般のものとは異なり、先祖の位牌を祀るものではない。そこに祀られるのは、あくまで日蓮の記した本尊曼荼羅を写したものである。つまり創価学会会員の家庭の仏壇は、祖先崇拝のためのものではないのである。

そして、友人葬において、ほとんどの場合には僧侶が導師として呼ばれることはない。会員のなかには、僧侶を呼んで、一般的な仏式の葬儀を営むことを希望する場合もあり、その際には、日蓮正宗を離脱した僧侶などに依頼することもある。だが、それは少数で、多くの会員は、友人葬で葬儀を営んでいる。そして、僧侶が導師にならないので、戒名を授かることもない。

戒名は、もともとは僧侶として出家したときに授かる名前がはじまりであり、それが、俗人が亡くなった場合にも応用された。現在の一般的な仏教式葬儀は、禅宗から発しているもので、そのなかには死者を出家したことにして、授戒し、戒名を授ける部分が含まれている（ただし、浄土真宗と日蓮宗の葬儀にはこの部分が欠けている）。この戒名は、江戸時代の寺請制度を通して一般の民衆にまで浸透するが、それには院号などの格が設けられるようになり、生前の社会的な地位や地域共同体への貢献度などでそれが決まる仕組みが生み出された。

もし創価学会の会員が、日蓮正宗の寺院から戒名を授かるならば、そこには、布施の額によって戒名の格が異なるという問題が生じたはずである。それによって、会員の間に格差が生まれたとしたら、それはかなり厄介な問題になった可能性がある。

その点でも、創価学会が日蓮正宗と決別し、葬式仏教から離れていくのは必然的なことであった。そもそも創価学会の会員は、高度経済成長の時代に、地方から都会へ出て来た人間たちであり、出て来た時点で、地方の地域共同体における葬送のシステムから離脱していた。そうである以上、彼らには一般的な仏教式の葬儀や戒名のあり方は、本来そぐわないものだったのである。

一般の都市市民の葬儀の変容

都市においては、地方とは異なり、強固な地域共同体は成立しない。同じ地域に属している人間が、仕事などの面で連携することが少ないからである。それを反映して、都市には「葬式組」は存在しないし、菩提寺が地域住民の生活の中心に位置することもない。

創価学会の会員が、日蓮正宗と密接な関係をもっていた時代に、入会と同時に日蓮正宗に入信し、檀家関係を結ぶということを容易に受け入れたのは、その出身である地方の実家では、それが当たり前のことだったからであろう。仏壇にかんしても、地方の実家では、必ずや先祖供養の場として仏壇が祀られていた。仏壇に慣れ親しんでいたからこそ、会員たちは正宗用仏壇を購入し、それを各家庭で祀ったのである。

しかし、都市では、特定の寺院と檀家関係を結ばなければならない必然性はない。それは、必ずしも先祖崇拝の信仰を持ち続ける必要がないということを意味する。都市に生活する人間は、被雇用者であることが多く、家は経済的な共同体としての意味を持ってはいない。そうした家庭においては、その家を開いた先祖を崇拝対象にするという考え方は生まれない。そもそも、創価学会会員の家庭に死者が出るのは、かなり後になってからのことである。

ここまで、創価学会の会員について述べてきたが、実はそうしたあり方は、創価学会に入会することがなかった都市の一般住民にも共通して言えることだった。

彼らは、高度経済成長の時代以降に地方から都市へ出て来た人間たちであり、都市で新たに結婚して、家庭を設けた。しかも、ほとんどは企業などの被雇用者であり、家は家庭生活の場ではあっても、経済的な共同体としての性格をもってはいない。たとえ、同じ家庭に複数の働き手がいたとしても、自営業を除けば、それぞれが別のところに職場を求め、家を単位に仕事をするということはないのである。

そうした家には、先祖というものは生まれない。死者は出るかもしれないが、それは、その家を作り上げることに多大な貢献をした「御先祖様」ではない。したがって、都市のなかでは仏壇を設ける家庭は大幅に減少した。また、地域に共通する菩提寺もないので、特定の寺と檀家関係を結ぶ必要はまったくなかった。

その意味で、創価学会の会員と都市の一般の住民とは共通した状況におかれていたことになる。したがって、創価学会において起こった葬儀をめぐる変容が、一般の都市住民のあいだで起こったとしても、まったく不思議なことではないのである。

実は、創価学会が日蓮正宗から破門された一九九一年は、散骨が合法であることが確認され、それが実践に移された最初の年でもあった。それを行ったのは、「葬送の自由をすすめる会」であり、会では散骨を「自然葬」と呼んだ。

自然葬にすれば、骨は海や山に撒いてしまうわけで、墓を作る必要はない。その点で、自然葬の開始は大きな注目を集めたのだが、それは、創価学会の友人葬とともに、新たな葬儀の方法が広がっていく契機になる出来事だった。

それに先立つバブル経済の時代には、芸能人や企業人を中心に、規模が大きく派手な葬儀が流行し、それにともなって葬儀費用は高騰した。バブルが崩壊し、低成長、安定成長の時代に入っても、すぐには葬儀費用は下がらなかった。

そこから、葬儀に金が掛かりすぎることに対する反省が生まれ、簡素化の方向にむかっていった。そのなかから、身内だけで行う「家族葬」や、火葬場に直行し、荼毘に付すだけで終わりにする「直葬」が生まれ、それが流行し、定着していくことになる。そこには、死者の亡くなる年齢が高くなったことも関係していた。高齢で亡くなれば、葬儀に参列する人間の数は自ずと減少するので、多くの参列者の想定する一般的な葬儀は必要とならない。

葬儀の後に新たに墓を求めるといった場合にも、都市にあるのは、地方自治体が経営する公営墓地か、寺を中心とした宗教法人が母体でも、宗教宗派を問わずという形で募集され、寺と檀家関係を結ぶことを求められない民間霊園である。そのため、都市では、新たに特定の寺院の檀家になることはほとんどなくなり、葬儀を仏式で行うときにも、葬儀社などの紹介で、檀家関係を結んでいない寺の僧侶を導師に呼んでもらうことになる。

現在でも、仏教式で葬儀を行うことは多いが、都市では檀那寺の住職に導師を依頼するというケースは少ない。直葬などの場合には、火葬場に僧侶に来てもらうことはほとんどない。

檀家関係を結んでいなければ、葬儀以降の法事を営むこともほとんどなくなる。命日に家族や親族が集まって墓参りをする程度で、葬儀以降の法事がまったく行われない場合も多くなってきた。

墓参りという習俗は最近になってかえって広がりを見せているが、それも、都市では郊外にしか墓が求められないからである。また、家族が集まる機会が少なくなっていることも、墓参りの重要性を高めている。

しかし、家が経済的に重要な基盤でなくなったことで、柳田國男の言った「家永続の願い」自体が消滅しつつある。まさに柳田が危惧したように、家の永続を前提とした先祖供養の伝統は機能しなくなっている。実際、家が続かなくなり、墓守がいなくなった結果、無縁化した墓が全国で急増しているのである。

第一四章　オウム真理教の地下鉄サリン事件

運命の一九九五年

日本が戦争に敗れてから五〇年が経った一九九五年は、「阪神淡路大震災」で幕を明けた。一月一七日の午前五時四六分五二秒、淡路島の北部沖、明石海峡でマグニチュード七・三の地震が起こり、神戸市を中心に甚大な被害を被った。死者の数は六四〇〇人を超え、負傷者も四万三〇〇〇人を超えた。住宅もおよそ二五万世帯が全半壊の被害を受け、ビルや高速道路の倒壊という事態も生まれた。

これまで関西地方において大きな地震が発生しなかったわけではない。しかし、この地域では近年、あまり大きな地震が起こっていなかったため、関西では関東や東海、東北とは異なり、大規模な地震は起こらないかのような錯覚が生まれていた。それも、この地域における地震対策が遅れをとっていた一つの原因になった。

地震が起こってから二週間後、天皇皇后は現地を訪れ、避難所などを回って被災者を激励した。

まだ余震が続いている時期のことである。避難所の床に座り込んで被災者一人一人を励ます天皇皇后の姿は、敗戦前はもちろん、昭和天皇の時代にも考えられないことで、そこには天皇のあり方が半世紀をかけて大きく変容したことが示されていた。

この阪神淡路大震災を通して、ボランティアということが注目されるようになるが、各宗教団体も、既成宗教、新宗教を問わず、被災者を助けるためのボランティア活動を積極的に展開した。ただし、その事実があまり報道されなかったこともあり、宗教界は何もしていないという批判が巻き起こったりした。

震災後にボランティア活動を展開した教団のなかには、オウム真理教も含まれていた。ただし、オウム真理教の場合には、教祖の麻原彰晃が、大震災を予言したと宣伝していたところに特徴があった。

オウム真理教については、『読売新聞』がその年の元旦のトップニュースで、拠点がある山梨県上九一色村《かみくいっしきむら》の教団施設近くで、サリンを生成したときの残留物が発見されたと報じた。その記事では、教団名が明記されていたわけではないが、この記事が出たことで、オウム真理教が、前年の六月に松本で起こったサリン事件の犯人ではないかという疑いが向けられるようになる。

そして、震災から二カ月が過ぎた三月二〇日、地下鉄サリン事件が起こる。その二日後には、上九一色村を中心に全国の教団施設に大規模な強制捜査が入り、この教団が二つのサリン事件を引き起こしたのかどうかに注目が集まった。テレビは、連日このことを報じ、オウム真理教関連の番組は高い視聴率を獲得した。三月三〇日には、警視庁の長官狙撃事件が起こり、これもオウ

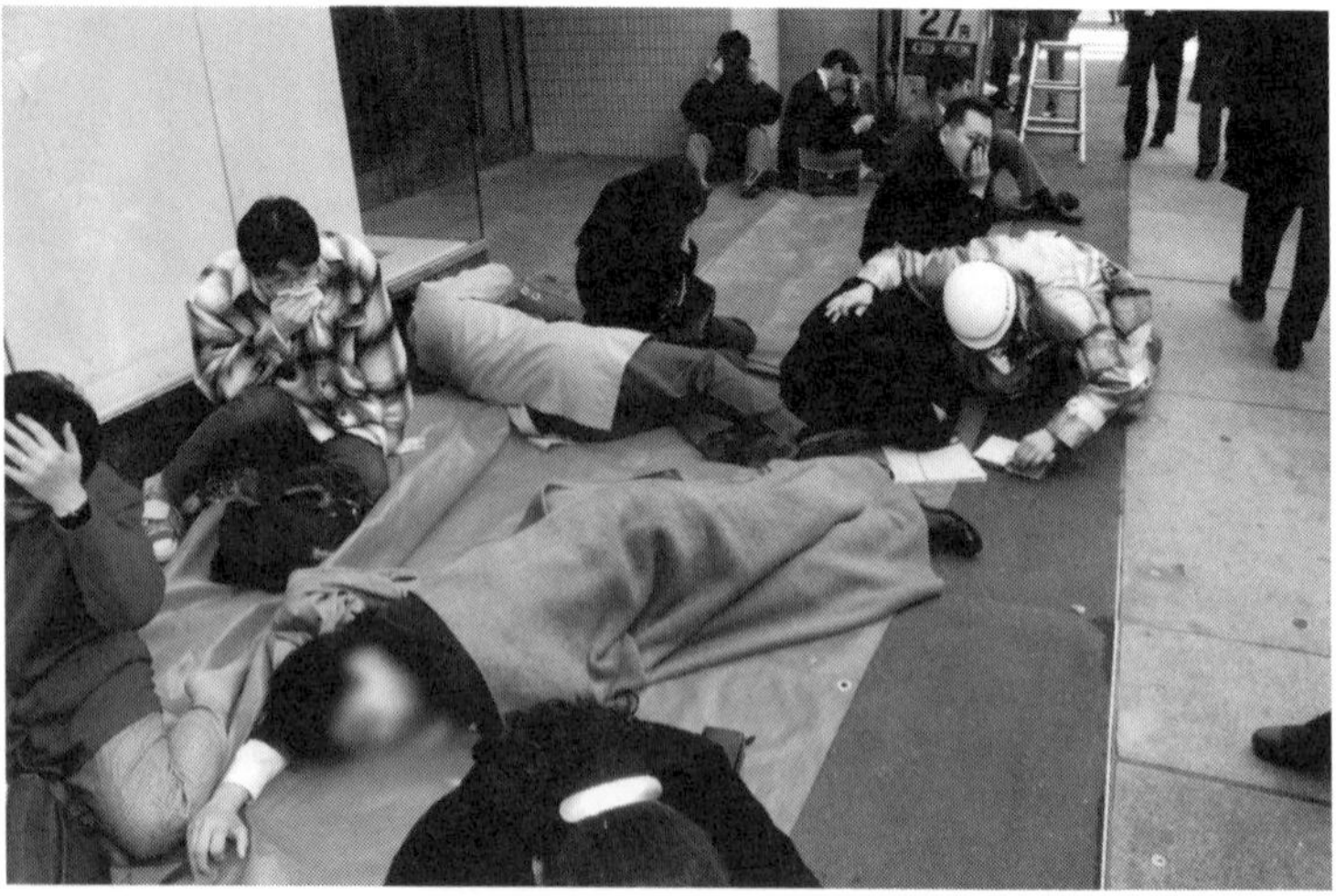

地下鉄サリン事件（提供：毎日新聞社）

ム真理教の犯行ではないかと疑われたが、結局、この事件は未解決のまま時効を迎える。

四月二三日には、東京青山にあったオウム真理教の総本部前で、教団の科学技術省大臣であった村井秀夫が山口組の傘下にあった右翼団体の構成員によって刺殺されるという事件が起こる。村井は、坂本弁護士一家殺害事件をはじめ、多くの事件に関与しただけではなく、麻原に次ぐ教団のナンバー2とも目されており、その証言が得られなくなったことは、事件の真相を解明する上で大きな妨げになっていく。その点で犯人の背後関係が問われたが、犯行を指示したとされる暴力団の若頭については無罪となった。

五月一六日には、麻原も逮捕され、その年のうちには、宗教法人としてのオウム真理教は解散になった。教団は上九一色村などを追い出されたものの、破壊活動防止法の適用については、公安審査委員会で棄却された。教団のメンバーのうち四八四人が逮捕され、一八九人が起訴された。裁判は長期化したものの、麻原をはじめ一三人に死刑、六人に無期懲役の判決が下った。

この裁判にも示されているように、オウム真理教にまつわる事件は規模も大きく、経緯は相当に複雑である。したがって、ここでその全容についてふれることは難しいが、これまで述べてきたことにかかわる事柄を中心に、オウム真理教とそれが引き起こした事件の意味について考えておきたい。

オウム真理教の正体

ただ、地下鉄サリン事件からすでに二〇年の歳月が経っているため、それがどういった事件であったのか、国民のあいだに十分な認識が共有されているとは言えない状況に立ち至っている。当時を知る人間でも、その全容をとらえていない場合が少なくないように見受けられる。

たとえば、地下鉄サリン事件が注目されてきたこともあり、オウム真理教は、地下鉄で撒くためにサリンを製造してきたかのように思われている。だが、実際にはそうではない。地下鉄の霞ヶ関駅で散布する計画が持ち上がったのは、直前のことで、教団が、警察による強制捜査が近いという情報を得て、それを遅らせるために撒かれたのである。

では、何のためにオウム真理教は猛毒のサリンを作ったのであろうか。これまでのところ、その目的は必ずしも明確にはされてこなかった。オウム真理教は、上九一色村の教団施設第七サティアンにサリンを大量に製造するためのプラントの建設を進めていたが、そこでは結局、製造に成功しなかった。教団が使ったサリンは、実験室で作られたものである。

オウム真理教は、ソ連崩壊後のロシアとコネクションを持っており、大型のヘリコプターなどもロシアから購入していた。実際にこのヘリコプターが稼働したことはなかったものの、それを使ってサリンを空中から大量に散布し、東京を大混乱させた上で、権力の奪取をめざしていたとも言われる。ただし、それを実現するための綿密な計画が練られていたわけではない。

そもそもオウム真理教は宗教団体であり、テロ集団として組織されたわけではないし、政治団体でもない。一度、一九九〇年に「真理党」という政党を組織して、衆議院選挙に麻原以下教団の幹部が大量に立候補したが、惨敗した。裁判では、これによって教団は社会に対して強い恨みを持つようになり、それがサリンの製造を含めた武装化に結びついたと結論づけられた。だが、選挙の敗北がそれほど重要なものであったかは疑わしい。

全体の経緯を見ていると、計画はつねに場当たり的で、それぞれの事件に関与した信者たちも、幹部から十分な情報を与えられていない場合が多かった。そのため、自分がいったい何を目的とし、具体的に何をやっているのかを把握していないことも多く、ただ言われただけで行動しているケースが多かった。

オウム真理教は数々の犯罪行為を犯したわけだが、犯罪に関与しなかった一般の信者は、その事実を知らされておらず、教団が事件に関与していること自体知らなかった。事件に関与した信者たちも、テロ行為を実行するために教団に入ったわけではない。そこが、一般のテロ集団とは大きく異なる点である。オウム真理教の信者たちは、あくまでヨーガの修行をするために入信し、出家したのであり、テロを実行しようなどと考えてもいなかったし、その動機がなかった。

オウム真理教では、教団内で製造したＬＳＤを使い、「キリストのイニシエーション」と呼ばれる儀式を信者たちに施し、それを通して地獄の恐怖を植えつけようとした。それは事実で、麻原自身も、幹部から勧められ、ＬＳＤを使用していた。そのため、信者たちは、教団によって洗脳されたり、マインド・コントロールされていたというイメージが広がっている。

しかし、そうした手段が信者を入信させるために用いられたわけではない。信者の大半は、書店などで麻原の著作物や教団の機関誌などを読み、その結果、教団の本部や支部道場を訪れ、そこで入信するといった経緯をたどっていた。出家する場合にも、麻原や幹部などから命じられたり、提案されることで選択しており、その際に、研修会などに参加させて、半ば強制的に承諾させるといった手法はとられなかった。

オウム真理教と言えば、「カルト」の代表であり、組織は上意下達で、信者の自由は徹底して奪われているかのようなイメージがあるが、実際にはそうではない。逆に言えば、ヨーガの修行に憧れて入ってきた、まったく政治的な志向を持たない若者たちが、いつの間にか世界を震撼させたテロ行為に走ってしまったというのが事実に近いのである。

オウム真理教は、どのように誕生したか

オウム真理教が誕生したのは、日本がバブル経済のただ中にあった一九八七年六月のことである。教祖の麻原彰晃は、それに先立って、八三年に超能力の開発を行う鳳凰慶林館という塾を開

き、それは八六年にヨーガの道場であるオウム神仙の会に発展した。

オウム真理教は、当初、出家制度をとらず、麻原自身も出家の価値を否定していた。実際、麻原には妻がいて家族を作っており、出家ではなく在家だった。それは最後まで変わらず、在家の教祖、在家のグルの下に出家の弟子がつくという宗教団体としては特異な形態をとることとなった。そのため、麻原は出家した弟子のことに言及する際に敬語を使うこともあった。

麻原は熊本の盲学校の出身で、鍼灸師の資格をとったあと、東京に出て予備校に通い、東京大学への入学をめざしたものの、予備校で知り合った石井知子と一九七八年に結婚し、千葉に鍼灸院などを開く。ところが、八〇年には保険料の不正請求が発覚し、その返還を求められる。八二年には、当時薬局を開いていたが、薬事法が禁じる無許可製造医薬品販売を行ったとして逮捕され、二〇日間拘留されるとともに、罰金を支払っている。この事件は、新聞でも報道された。麻原が鳳凰慶林館を開設したのは、その翌年のことだった。

麻原は、その間、一九八〇年には、当時新新宗教の教団として注目を集めていた阿含宗に入信する。阿含宗の教祖である桐山靖雄は、麻原は三カ月しか在籍していなかったとしているが、麻原の方は、三年かけて「千座行」と呼ばれる阿含宗独特の修行を実践したと述べている。阿含宗の主張と麻原の主張との間にはずれがあるものの、麻原が阿含宗から大きな影響を受けたことは間違いない。

それはまず、一九八六年に刊行された麻原の最初の著作『超能力「秘密の開発法」』という本のタイトルに示されている。阿含宗の桐山には、『密教――超能力の秘密』という本があった。

さらに、麻原の三冊目の著作は、『超能力「秘密のカリキュラム」』というもので、これも、桐山の『密教――超能力のカリキュラム』を踏まえたものであることは明らかである。

オウム真理教には、麻原の他にも阿含宗を経由して入信してきた人間が少なくない。たとえば、地下鉄サリン事件の実行犯となり無期懲役の判決を受けた林郁夫がそうである。麻原が桐山の著作を思わせるタイトルをつけたのは、阿含宗の信者を当面の布教のターゲットにしたからであろう。

阿含宗の前身は、観音慈恵会であり、観音信仰から出発したが、桐山は修験道の修行をしていた。ただし、阿含経に説かれた教えが釈迦の直接の教えに近いとする近代の仏教学の影響を受け、「阿含密教」を説くようになる。そして、教団系の出版社として平河出版社を創設し、そこからは、ヨーガや密教関係の書籍を次々と刊行するようになる。その際の密教は、日本に伝えられた中期密教だけではなく、チベットに伝えられた後期密教にまで及んでいた。

麻原は、平河出版社から刊行された書物に触発され、ヨーガの修行を基盤としつつ、そこにチベット密教の教えを取り入れた独自の体系を築き上げようとした。彼が直接に影響を受けた平河出版社刊の書籍としては、佐保田鶴治訳の『ヨーガ根本教典』やW・リードビーターの『チャクラ』、ラマ・ケツン・サンポと中沢新一共著の『虹の階梯』などがあった。

麻原はヨーガにおいて説かれた、人間の体内にあると想定されるチャクラを解放し、潜在的なエネルギーであるクンダリニーの覚醒をめざすための修行の方法を開拓し、それを信者に実践させた。そうした修行を通して、チベット密教で説かれた神秘体験を得ることができるとしたのである。

麻原の二冊目の著作は一九八六年一二月に刊行された『生死を超える』で、そこでは、インドに滞在していた間に経験した麻原の解脱体験が記されている。ただ、その記述は概念的で、自らの体験を生々しくつづったものとは言い難い。その点で麻原が解脱と言えるような体験をしたかどうかについては評価が難しいが、やがてそれは教団内において「最終解脱」と呼ばれるようになり、最終解脱者としての麻原の権威を裏づけるものとなった。

ただ、麻原がこの時代、自らも懸命に修行を行い、弟子たちにたいしてはかなり厳しい修行を課したことは事実である。とくに、麻原の一番弟子と位置づけられた石井久子に対しては、朝六時から深夜二時まで続く独房での五日間にわたる修行などを行わせた。その結果石井は、麻原によって解脱したと見なされた。

この時代のオウム真理教に多くの若者が集まってきたのも、そこに加われば、修行に専念することができ、それをやり通せれば光を見るなどの神秘体験が可能だったからだ。オウム真理教の修行は、石井の例に見られるように、かなりハードなもので、そうした機会を提供してくれる新新宗教の教団はほかになかった。阿含宗から多くの人間がオウム真理教に移っていったのも、阿含宗では十分な修行ができなかったからである。

また、オウム真理教では、少し後になるが、『ノストラダムスの秘密の大予言――一九九九年の謎』という本を一九九一年に刊行しており、幼少期にノストラダムスの予言に影響を受けた世代を取り込もうとする試みも行っている。第一一章でふれたように、新新宗教の特徴は終末論と超能力の獲得ということにあるわけで、オウム真理教はまさに、その方向にむかっていった。

オウム急成長の背景

オウム真理教に集まってきた若者たちは、修行に専念するために本部や支部などに泊まり込んで生活するようになる。そうしたことがあったために、麻原が当初その価値を否定していたにもかかわらず、出家の制度が生まれる。そして、一九八八年八月には静岡県富士宮市に富士山総本部道場が開設された。その際に、信者を代表して石井久子が挨拶しているが、その時点で信者は約三〇〇〇名で、出家した信者を意味するスタッフは一二五名に達したとされた。オウム真理教は、わずかな間に急成長をとげていたのである。

そこには、バブル経済の影響があった。オウム真理教の信者になったり、出家してスタッフになったのは、金だけがすべてだとするバブル的な風潮についていけなかった若者たちである。彼らは、現実の社会に生きることに対して強い虚しさを感じていた。

また、当時は出家する信者のなかに、不動産を持つ者もいて、彼らは出家の際にそれを教団に寄進した。オウム真理教がやがて富士宮市に近い上九一色村に数多くのサティアンと呼ばれる建物を建て、多くの出家信者を抱えられるようになれたのも、信者からの寄進がかなりの額にのぼったからではないだろうか。当時の教団の経済状況を示す資料は残されていないが、オウム真理教の急拡大の背景にバブル経済の存在があったと考えるべきだろう。

しかし、オウム真理教が出家制度をとった上に、厳しい修行を実践したことは、大きな問題を引き起こすことになる。

まず出家だが、宗教教団が問題を引き起こすとき、そうした形態をとっていることが関係することが多い。出家した信者は、それまでの生活を捨てて教団に赴くわけで、そのため家族などからの反対や反発を受けやすい。オウム真理教以前では、イエスの方舟や統一教会が、その点で疑惑を向けられたり、批判を受けたりした。

オウム真理教の場合も、出家した信者の家族から教団に子どもを奪われたとする声が上がったことが問題視されるきっかけであった。それが、一九八九年一〇月からはじまる『サンデー毎日』誌の教団糾弾キャンペーンや「オウム真理教被害者の会」の結成に結びついていく。

その一方で、一九八八年八月に富士山総本部道場が開設されると「忍辱精進《にんにくしょうじん》極厳修行《きょくげんしゅぎょう》」と呼ばれる、一日二〇時間続く相当に過酷な修行が行われるようになる。ところが、それから一カ月半が過ぎた九月下旬、道場で修行を行っていたある在家信者が突然、道場内を走り回り、大声を上げて叫び出すという出来事が起こる。この信者に対して、麻原の指示で、教団の幹部たちが水をかけたり、浴槽に顔面を漬けさせたりしたため、脱力状態になり、死亡してしまった。

これは、必ずしも殺人とまでは言えないもので、事実、後の裁判において信者の誰も罪を問われることはなかった。それでも、当時のオウム真理教は宗教法人の認証を申請している最中であり、それに支障をきたすとともに、教団の拡大にブレーキがかかることを恐れて、亡くなった信者の遺体を秘密に処理してしまった。遺体を焼却した上で、遺骨は近くの精進湖に捨ててしまったのである。

これは、オウム真理教がその後行ったことのなかでは、それほど重大な事件であるとは言えないかもしれない。だが、教団がこれによって秘密を抱えたことは大きな意味をもった。というのも、その事実を知っていた出家信者が脱会しようとしたため、麻原は幹部たちに、その殺害を命じたからである。それが、教団の犯したはじめての殺人事件となった。

さらに、その殺人事件に関与した幹部が中心となって、オウム真理教被害者の会の会長になった坂本堤弁護士一家を殺害することに結びつく。坂本一家が失踪していたことが明らかになるのは、一九八九年一一月七日のことで、そのときにはすでに『サンデー毎日』誌によるキャンペーンがはじまっていた。当然、オウム真理教に対して疑惑が向けられることになり、メディアは大きく取り上げ、信者の間には動揺も広がった。

坂本弁護士の部屋では、「プルシャ」と呼ばれる教団のバッジが発見される。それは当時、教団の幹部だけがつけていたものだった。また、この事件に関与した岡崎一明は、三カ月後に教団の金をもって脱走し、一家を埋めた現場をふたたび訪れ、そこで撮った写真とビデオを地図とともに坂本弁護士の属していた横浜法律事務所や神奈川県警に送っている。その結果、一九九〇年九月に、岡崎は神奈川県警から事情聴取を受けているが、そのとき彼は容疑を否認した。

オウムと麻原の思い込み

オウム真理教に疑惑が寄せられて当然の状況があったにもかかわらず、事件の真相が解明されなかったのは、労働問題などで横浜法律事務所が神奈川県警と対立関係にあったため、県警が十分な捜査を行わなかったからだともされている。県警にどの程度の責任があったのか、判断が難しいが、もしこの時点で真相が解明され、オウム真理教に捜査の手が及んでいたとしたら、その後の事件は起こらなかった可能性が高い。

また、もう一つ重要なことは、脱会した信者を殺害し、さらには坂本弁護士一家を殺害していながら、教団の人間が誰も逮捕されず、そうした事件をめぐっては、教団が強制捜査さえ受けなかったことは、麻原をはじめ、事件に関与した幹部たちに、凶悪事件を起こしてもつかまらないという自信を与えた。そこには、麻原の宗教家としての絶大な力に対する信仰がかかわり、麻原さえ健在ならば教団は安全だという思い込みを生むことにつながった。それは、後に地下鉄サリン事件を起こすときに影響する。

オウム真理教は、坂本事件を起こした翌一九九〇年の衆議院選挙に麻原をはじめ二五人を立候補させるが、全員が落選する。そのときの選挙運動は、麻原の顔をかたどった面を信者が被ったり、宣伝カーの上で、麻原や若い女性信者などが、「しょーこーしょーこーしょこしょこしょーこー」などと唱えるもので、話題を集めたが、票はまったく伸びなかった。

裁判では、この選挙での敗北が教団の武装化に結びついたとされたが、選挙への出馬が決定されたのは一九八九年七月のことで、まだその時点では、脱会する信者の殺害は行っていたものの、週刊誌の糾弾キャンペーンははじまっていなかったし、坂本事件も起こしていなかった。それでも、政治的な力を持つことで、信者の殺害が問われたときに対処しようとしたのかもしれない。

しかし、選挙への出馬は、周到に計画されたものではなく、かなり場当たり的な思いつきであった可能性が高い。したがって、選挙に敗れたからといって、それが教団の武装化に結びついたとする解釈はあたらないのではないだろうか。

オウム真理教は、衆議院選挙で大敗し、多額の供託金を没収された後、それでもその年の五月には、熊本県阿蘇郡波野村で一五ヘクタールの土地を取得し、そこに道場の建設をはじめる。熊本は麻原の出身地であった。

しかし、オウム真理教は、すでに問題視されており、地元では、その信者が大挙して押し寄せてくることに危機感を抱き、進出反対運動を展開し、教団と激しく衝突した。それは、けが人を出すまでに発展し、一〇月には県警の合同捜査本部が波野村の道場に対して強制捜査を行い、全国でも教団施設の家宅捜索が行われた。教団のなかからは逮捕者も出た。

この時期、麻原は信者に対する説法のなかで、「人は死ぬ。必ず死ぬ。絶対に死ぬ。死は避けられない」といった形で、死の不可避性をくり返し説くようになる。

実は、脱会しようとした信者の殺害事件や坂本事件で犯行にかかわった信者のなかには、それによって精神的な動揺をきたした人間もいた。中川智正などがそうである。あるいは、麻原自身も、犯行が明るみに出て、自らの罪が問われれば、死刑の可能性があると考え、それで死を恐れたのかもしれない。

ただ、それ以上に重要なことは、麻原が殺人を肯定するタントラ・ヴァジラヤーナの教えを説くようになったことである。その最初は、一九八九年四月七日のことだった。脱会しようとした信者の殺害は、その二カ月前の二月一〇日に起こっている。麻原は、富士山総本部道場における説法で、悪業をなしている人物を例に出し、その人間がなおも悪業をなし続けるとしたら、その人間をトランスフォームさせることは、本人にとってプラスになるのか、それともマイナスになるのかを、説法を聞いている信者たちに問い掛けている。

ここで言うトランスフォームとは、魂をあの世に転生させることで、具体的には殺すことを意味している。ここでの麻原は、悪業を行っている人間を殺すことは本人にとっても好ましいという解釈をとっていたことになる。

これを、脱会しようとした信者の場合にあてはめてみるならば、オウム真理教の側にとっては、重大な秘密をもったまま脱会する人間があらわれることは、それが外部に漏れ、教団を脅かす危険性が出て来る。そうなれば、教団の活動は大きな制約を受ける。それは、教団の説く真理が世の中に広まらないことになり、結果的に悪業につながる。麻原は、こうした教えを説くことによって、すでに犯してしまった殺人を宗教的に正当化しようとしたように見える。

ただし麻原は、別の説法でも同じようなことを説いているものの、その際、こうした実践は非常に難しいもので、殺す相手に対する愛がなければならないとも説いていた。

殺人「ポア」の正当化

こうした観点から行われる殺人は、オウム真理教のなかで、チベット密教の用語を転用して、「ポア」と呼ばれるようになっていくが、最初から教団のなかにそうした教えがあったわけではない。実際に殺人を犯すことで、その行為を正当化する必要が生じ、そこから麻原は、ポア、ないしはタントラ・ヴァジラヤーナの教えを説くようになったものと考えられる。

ただ、ひとたびそうした教えが説かれるようになれば、今度は、それが教団にとって邪魔になる人間の殺人を促す教えに変容していく。さらに麻原は、坂本事件の後になると、仏教の四無量心という考え方にもとづいて、現実に対して「無頓着」になることを説くようになる。これも、殺害行為に関与した信者たちの、あるいは麻原自身の精神的な動揺を抑えるためのものだったと思われる。

それでも、波野村での騒動がテレビのワイドショーなどで頻繁に取り上げられるようになった後には、雑誌で著名人と対談したりする機会が与えられるようになる。とくに一九九一年九月に放送されたテレビ番組『朝まで生テレビ』に麻原と教団の幹部が出演したのを機に、好意的な評価も寄せられるようになり、麻原がテレビのバラエティー番組に出演したこともあった。

しかし、それは一時のことに終わる。一九九二年に入ると、オウム真理教と麻原がメディアに露出する機会は減る。ところが、その陰で、オウム真理教は、ソ連が解体した後のロシアに進出していた。モスクワにロシア日本大学を設立し、九二年四月にはロシアから日本向けのラジオ放送を開始する。そして、九月には教団のモスクワ支部を設け、ロシアでは三万人の信者を獲得するまでに至る。この信者の数は、国内をはるかに上回る。国内では、在家信者の数は最大で一万人程度だったものと推定される。

サリンの製造を含め、教団の武装化という事態が進行するのは、このロシア進出以降のことである。一九九三年には、教団の亀戸道場で炭疽《たんそ》菌の培養をはじめ、それを二度にわたって散布している。そこから武装化が本格化し、自動小銃の製造や、サリンの製造プラントの建設がはじまる。第七サティアンでは、七〇トンにも及ぶ大量のサリンを製造しようとしたとも言われる。核兵器を入手しようとしたとの説もある。

こうした武装化と平行して、教団の内部では、組織の方針に従わない信者のリンチ殺人が行われたり、外部にいて教団を批判する人間を殺害しようとする計画が実行に移されていく。その際には、サリンと同様に猛毒のVXガスなどが用いられたが、こうした化学兵器を製造して所持するというアイディアは、ロシアとのかかわりのなかで生まれた可能性がある。第七サティアンにしても、カザフスタンの化学工場がモデルになっていたとも言われる。

いったいなぜオウム真理教は武装化の方向にむかい、サリンの大量製造をめざしたのだろうか。

一つ考えられるのが、信者の事故死を隠蔽し、坂本事件を起こすまでの犯罪行為が明らかになることを恐れ、その防衛手段として構想されたということである。実際、『サンデー毎日』誌の糾弾キャンペーン以降、オウム真理教はくり返し叩かれた。もちろん、その根本的な原因は教団の側にあるわけだが、そうした状況が武装化を促した可能性が考えられる。

さらに、サリンの大量製造というアイディアが浮上したことで、それを無差別に散布し、社会に混乱を引き起こした上で、政治的な権力を奪取しようという計画が持ち上がった可能性がある。

それは、外部の人間からすれば、荒唐無稽な計画のように見える。しかし私は、私の元自宅に爆発物を仕掛けた事件に関与した平田信の裁判を傍聴し、死刑囚を含め、多くの元信者の証言を聞くにつれ、「警察による強制捜査を少しでも遅らせることができれば、教団はサリンを大量に撒くなどして権力を奪取できるはずだ」という思い込みが、信者の間で共有されていたことが、地下鉄サリン事件を引き起こしたのではないかということを感じた。

そこには、オウム真理教が坂本事件をはじめ、多くの犯罪を犯していながら、それまで警察による摘発を受けていないことが影響していたはずだ。犯罪にかかわった信者たちは、それが発覚しないのは、麻原に特別な力があるからだと信じていたように思われる。

サリンのターゲットは誰だったのか?

しかし、教団の武装化ということに関連して、一つ留意しておかなければならないことがある。それは、はじめにサリンが使用されたときの対象である。最初の対象は、創価学会の池田大作名誉会長であった。一九九三年一二月一八日、東京の八王子市にある創価大学で開かれる演奏会に池田が出席することを察知したオウム真理教は、実験室で完成されたばかりのサリンを撒く計画を立て、それを実行に移した。その際に、三キロのサリンを撒いたとされるが、警備の担当者に怪しまれ、慌てて逃走したため、新實《にいみ》智光《ともみつ》がサリンを吸い込み、一時重体に陥るという出来事も起こる。

麻原が、池田を狙ったのは、創価学会を敵視していたからである。私は一度、麻原が、創価学会に対して強い警戒心を持っていることを確認したことがある。そこには、『サンデー毎日』誌による糾弾キャンペーンが影響していた。麻原の認識では、『聖教新聞』の印刷を引き受けている毎日新聞社は創価学会と密接な関係があり、そのため、『サンデー毎日』誌を使って、自分たちの教団を攻撃したというものだった。

この事件で、麻原も教団も裁判では罪を問われなかった。他の裁判のなかで関連する事件として取り扱われただけだった。したがって、麻原や教団が、どういった意図をもって創価大学でサリンを撒いたのか、その目的が明らかになっているとは必ずしも言えない。しかし、サリンの製造に成功してすぐにこの事件が起こったことを考えると、池田名誉会長、ないしは創価学会を重要なターゲットとしていた可能性が考えられる。

ただそこで解釈を難しくしているのが、教団科学技術省の存在である。科学技術省のトップは殺された村井秀夫で、この部門では、サリンプラントの建設の他、自動小銃の製造を行うなど武装化の中心的な役割を果たしていた。

ところが、科学技術省が作るものは、航行実験の際に乗り込んだ信者がおぼれそうになった潜水艦に代表される、教団内では役に立たないものばかり作っていると、極めて評価は低かった。目黒公証人役場事務長の拉致監禁致死事件の際に、通行人を妨害するために開発されたレーザー銃が用いられたが、まったく効果を発揮しなかった。しかも、それを操作した信者は最初から効果がないことを見込んでいたのである。

そのなかで、サリンだけが製造に成功してしまう。それは、村井が関与せず、実験室で土谷正実や中川智正が作り上げたものだという点が大きい。しかしそれもたまたま成功したということであり、製造に失敗していても不思議ではなかった。

オウム真理教の行ったことは、つねに場当たり的で、計画性に乏しかった。その上、事件を起こしても、それが発覚しないという思い込みも強かった。にもかかわらず、効力のあるサリンについてだけは製造に成功した。それが、最大の悲劇を生むことに結びついたのである。

麻原が最初に説法のなかでサリンに言及したのは一九九三年四月九日のことで、教団創立の時点から、そうした化学兵器に関心をもっていたとは思えない。麻原にしても、あるいはその周囲に集まってきた信者にしても、最大の関心はヨーガの修行を重ねることによって解脱することであり、それ以上の政治的な野望は持ち合わせていなかった。

ところが、バブルという時代風潮のなかで、教団は急速に拡大していった。それは、創価学会などが急成長したのとはレベルが違うとは言え、オウム真理教の場合には、最終的に一四〇〇名程度の出家信者を抱えていた。出家するということは、創価学会には見られないことである。あるいは、教団が急速に伸びていくなかで、麻原は、組織をさらに拡大し、力をもつことを強く欲するようになったのかもしれない。それは、急速に拡大する創価学会のなかで、政権奪取への欲望が高まっていったのと似ている。

より多くの信者を集めるには、効果の大きい修行の体制を実現する必要がある。そこで、集中して修行ができる道場を富士山麓に作り、そこで過酷な修行を信者に課した。その結果、偶発的なものとは言え、信者の死亡事故が起こり、それを隠蔽したことで、殺人を重ねることになった。

オウム真理教以外でも、企業の組織犯罪などでは、やはり事故や不祥事を隠蔽するなど、小さなことを秘密にした結果、隠蔽すべき事柄が雪だるま式に増え、それで組織全体が追い詰められていくということが少なくない。オウム真理教の事件は、その典型であった。

オウム真理教の事件が起こったとき、宗教界は、宗教は本来平和を志向するものであり、無差別大量殺人を実践したオウム真理教は宗教ではないと、宗教の枠から外そうとした。オウム真理教は、仏教であることを標榜していたが、仏教界は基本的に、オウム真理教は仏教ではないという立場をとった。そこには、仏教を中心とした宗教がオウム真理教とは異なることを強調することで、自分たちを守ろうとする意図が働いていたものと思われるが、その結果、オウム真理教の引き起こした事件は宗教問題としてとらえられなかった。

一般の社会も、オウム真理教は権力欲にこりかたまった狂気の教祖に率いられた、極めて危険なカルト集団であると断罪するだけに終わった。政府も、オウム真理教をいかに解体するかに奔走し、教団の拠点となったサティアンについては、第七サティアンも含め、完全に取り壊してしまった。そこには、オウム真理教のことは一刻も早く忘れたいという地元の意向も働いていたが、民間の一宗教団体がサリンを製造し、使用したことは極めて重大な出来事であり、その物証となるサリンプラントをなくしてしまったことは、果たして正しいことだったのか、その後の状勢を考えると、疑問に感じざるを得ないやり方であった。

戦時中の日本とオウム

地下鉄サリン事件の五〇年前、日本はアメリカなどの連合国と戦火を交えていた。靖国神社の境内にある軍事博物館、遊就館《ゆうしゅうかん》を訪れてみると、そこには、日本の戦争の歴史をたどる展示が行われている。とくに、満州事変から日中戦争、そして太平洋戦争にかかわる展示は多いが、そこでは、日本が連合国の圧力の前にやむを得ず戦争に打って出たことが強調されている。

遊就館の側としては、それによって、日本の側に戦争を引き起こした責任がないと主張したいのであろうが、展示を見ていくと、戦前の日本が、エネルギー資源などをアメリカに相当程度依存していたことが分かってくる。それを見ただけでも、戦争がいかに無謀なものであったかがたちどころに理解される。

エネルギー資源を依存している国と戦うのだから、戦争は短期に終結させなければならなかった。ところが、当時の日本は、当初勝利をおさめたこともあり、戦線を拡大し、結局は泥沼にはまり込んでいった。途中からは、敗戦の連続で、その結果、膨大な数の犠牲者を出した。

にもかかわらず、国内では、大本営が敗戦を隠し、日本が勝利を続けているかのような発表を続けたこともあり、やがてこの戦争は日本の勝利に終わるはずだという思い込みが広がっていた。「きっと神風が吹くはずだ」という幻想が国民のあいだに共有されていた。

その状況を、武装化を進め、数々の犯罪をおかしていた時期のオウム真理教と比較してみるならば、両者には明らかに共通点がある。オウム真理教の信者たちも、犯罪はばれず、最終的には教団が実権を握ることができるはずだと信じていた。

もちろん、オウム真理教の信者はそれほど多くはなく、さらに犯罪に関与した信者となればごく少数である。しかし、彼らは十分な教育も受けていない、知性的な判断ができない人間たちではなかった。むしろ、大学を卒業し、さらには大学院を修了した、一般的に言えばエリート層に属している信者が少なくなかった。

それは、戦争中の日本についても言える。当時の日本を動かしていたのは、軍部も含め、エリート集団だったはずである。にもかかわらず、彼らは、無謀な戦争を止めることができず、国民の間に多くの死者が出ても、戦いを続けることを主張し続けた。

オウム真理教の信者たちが、教祖としての麻原、グルとしての麻原の特異な力を信じたように、戦争中の指導者は、神国日本を信じ、現人神としての天皇や皇祖神の力にすがった。そして、戦意昂揚のために、靖国神社という宗教的な装置を徹底的に活用したのである。

これは、「歴史はくり返す」の見本のような出来事なのかもしれない。オウム真理教が、それまで日本には見られなかった特異な宗教であることはたしかである。だが、組織の原理は、極めて日本的だった。

とくに、オウム真理教における「マハー・ムドラー」の教えは重要である。マハーは、サンスクリット語で大きい、ムドラーは、印（印相）を意味するものであるが、オウム真理教では、グルである麻原が信者に対して仕掛ける試練としての意味合いをもっていた。

グルは修行者本人が気づいていない潜在的な煩悩を見抜き、その煩悩から解脱させるために、本人が一番直面したくない、もっとも苦しい試練を課してくる。しかも、その苦がグルによって仕掛けられた試練であると分かってしまうと、効力がなくなるので、グルはそれが試練であるとは教えないのである。

そのため、オウム真理教の信者たちは、試練を仕掛けてくるかもしれない「グルの意思（あるいは、尊師の意思）」を絶えず察しようとつとめるようになった。日本の社会では、この察するという行為が重視されており、察しが悪い人間は評価されない。

信者たちが、絶えずグルの意思を察して行動するオウム真理教は、日本的な組織原理によって動いていたことになる。日本が戦争に深入りしていった時代には、天皇の「大御心《おおみごころ》」ということが強調され、たとえ天皇が実際に発言したことではなくても、それを察して行動することが、天皇に対して忠誠を尽くすことであるとも考えられた。これはとくに、二・二六事件に関与した軍人たちがとった考え方であった。

オウム真理教の事件と天皇制とは何の関係もないように見える。しかし、その深層を追っていくと、両者の共通点が浮上してくる。オウム真理教は、新新宗教の最先端として、それまでの既成の宗教とは相当に異なる形態をとり、日本で初めてチベット密教を取り入れた教団になった。だが、組織構造という面で考えれば、近代の天皇制とも通じるように、伝統的な側面も併せ持っていたのである。

おわりに

天皇制の変容

ここまで、戦後の日本社会における宗教の問題について、天皇制、祖先崇拝、新宗教という三つの軸を立てて、その変容について見てきた。一九四五年の敗戦という時点と、オウム真理教の事件が起きた九五年を比較してみれば、この三つの軸とも大きな変化をとげている。それは、敗戦の時点ではおそらく想像もできないことであったはずだ。

現在の時点で、すでに一九九五年からも二〇年の歳月が経ち、二〇一五年は戦後七〇年を迎える。九五年からの二〇年の間にも、この三つの軸は変化しているわけだが、それほど大きな変容は見られない。逆に言えば、四五年から九五年までの五〇年間に、日本社会は想像を超える激変をとげたと考えるべきだろう。

では、三つの軸はどのように変容したのだろうか。

まず天皇制についてである。

敗戦の時点で、天皇制は根本的な危機にさらされていた。ＧＨＱは、戦前から戦中の日本の社会体制を「国家神道」としてとらえ、その核心に天皇制があると認識した。天皇制を廃止するまでには至らなかったものの、GHQは、日本国家と神道との分離を推し進め、天皇財閥を解体し、さらには天皇制を支えていた華族制度を廃止した。また、天皇の戦争責任を問うような動きも生まれた。

そのため、政府、宮内庁（戦前の宮内省から、戦後宮内府を経て総理府の外局となった。現在は、内閣府の外局）の側は、天皇の全国行幸などを推し進め、天皇と国民との間の距離を縮めようと努めるとともに、戦争との結びつきの薄い皇太子（現在の天皇）を前面に押し立て、平和主義の立場に立つ皇室を内外に向けてアピールしようとした。

大日本帝国憲法を改正する形で制定された日本国憲法においては、天皇は日本国及び日本国民統合の象徴として位置づけられ、その神聖性が強調されることはなくなった。それはすでに、一九四六年元旦の天皇の人間宣言で示された方向性でもあった。

しかし、いったん構築された体制が、簡単にすべて覆るということはない。天皇を含めた皇室の構成員は、一般国民と同様の戸籍には参入されず、皇籍という特別な戸籍に入ることとなった。居住する場所も皇居から他に移ることもなく、明治になって作られた宮中三殿はそのままで、そこでの祭祀は天皇の私的な行為として存続した。

さらに天皇は、英霊が祭神として祀られた靖国神社への参拝をくり返した。祭神の名簿を作る作業は、陸軍省と海軍省に遡る厚生省の援護局が担い、その職員のほとんどは元軍人だった。日本国憲法では、政治と宗教、政府と宗教団体との分離が原則とされたものの、実質的に靖国神社は戦後も日本国家と密接な関係を保持した。そうした神社はほかにない。

また、儀礼という面でも、皇室の祭祀は、葬儀や埋葬、あるいは新たな天皇の即位儀礼でも、戦前に確立された様式が踏襲された。あるいは、国民の祝日のなかにも、元を遡れば皇室に関連する日もあり、それが名称を変えただけの場合もあった。

その点では、戦後の天皇のあり方は、とくに信仰や祭祀という面においては、相当程度、戦前の体制を引き継ぐものであった。実際、皇室典範については、戦後改正されたものの、その枠組みは旧皇室典範とそれほど大きくは変わっていない。

ただし、A級戦犯の合祀の問題、あるいは政教分離をめぐる裁判の影響で、天皇が靖国神社に参拝しなくなったことは、天皇と戦争との結びつきを断ち切る方向に作用し、その面では大きな変化があったとも言える。

もっとも重要な問題は、これからも天皇制を維持し続けることができるかにある。

天皇家も、近代の歴史のなかで一夫一婦制をとるようになり、戦前においても昭和天皇は側室をもたなかった。戦後はもちろん、側室は許されない。そうした状況のなかで、皇位継承者を確保し続けることは難しくなっていく一方で、現在、皇太子よりも年齢が下の皇位継承者は、弟の秋篠宮とその長男しかいない。女性天皇、あるいは女系天皇を認めるべきだ、女性の宮家を創設すべきだという議論が起こってくるのも、この状況を考えれば必然的なことである。

一夫一婦制のもとで、一つの家を代々守り続けることが難しいことは、一般の庶民の場合にも変わらない。それは、この本の第二の軸である祖先崇拝の問題とも関係していく。

祖先崇拝の変容

民俗学の創始者である柳田國男は、敗戦からまもない時期に『先祖の話』を出版し、彼が伝統的だと考える日本の祖先崇拝がこれから変容を遂げていくことに対する強い危惧の念を表明した。それは杞憂に終わらず、戦後社会の変容のなかで、祖先崇拝は衰退の傾向を見せている。

そこには、何より都市化の影響が大きい。高度経済成長の時代に、地方から都市への大規模な人口の移動が起こり、多くの人間が都市で生活するようになる。しかも、彼らは企業や公的機関などに雇用されることが多く、その家は、地方の農家や漁家などと異なり、経済的な共同体としての性格を持たなかった。

農家では、家の存続が何より重要な課題で、家が続いていかなければ、仕事を存続させることができず、それは、家の構成員の生活を脅かすことにつながる。

ところが、都市部に新たにできた家庭は、夫婦とその子どもだけで構成される核家族で、そこが生産活動の場ではないため、どうしても存続させなければならないものではなくなった。

しかも、そうした家庭には、それを作り上げた先祖というものが存在しない。それを象徴するように、都市の家庭では先祖の位牌を祀る仏壇がないことが多い。また、たとえその家庭に死者が出たとしても、特定の菩提寺と檀家関係を結んでいないこともあり、仏壇を購入して、そこに位牌を祀り、葬儀以降の年忌供養を続けるということにはならなくなってきた。

死者は、主に住居とはかなり離れた場所にある民間霊園に葬られることになり、命日や彼岸、盆などに、自家用車に乗っての墓参りが行われるようになるが、そこに葬られているのは、墓参りに訪れた人間たちが直接に知っている、最近亡くなった死者ばかりであり、かつてのような「ご先祖様」と言える存在ではなかった。

先祖崇拝ということについては、一九九五年以降も、さらに衰退の方向にむかっていると見ることができる。先祖を崇拝対象にしなければならない社会的な基盤が失われ、それは、檀家離れ、引いては葬式仏教から離れていくことに結びついている。

この点は、第三の軸である新宗教についても影響を与えている。

新宗教の変容

戦後大きくその勢力を拡大したのは、日蓮系の新宗教であった。その代表が創価学会、立正佼成会、霊友会であるが、そのなかで、立正佼成会と霊友会は、都市的な家庭のあり方に即した「総戒名」の制度を確立しており、祖先崇拝を教団の信仰のなかに取り込んでいた。

逆に、創価学会の場合には、祖先崇拝には関心を示さず、家に仏壇を祀ることを奨励したものの、そこに祀るのは日蓮の本尊曼荼羅を書写したものであり、先祖の位牌ではなかった。さらに、日蓮正宗と決別して以降は、僧侶も呼ばず、戒名も授からない友人葬を実践するようになっており、先祖崇拝への関心は相当に薄い。

そこには、創価学会に入会した人間たちの大半が、高度経済成長の時代に、地方では家を継ぐこともできず、経済的に恵まれないため、都市に仕事を求めるしかなかった人間たちであったことが関係していた。彼らは、実質的に故郷を追い出された人間たちであり、その故郷で実践されている先祖供養には関心がむかなかったのである。

その意味で、創価学会は極めて都市的な宗教団体であることになる。しかも、政治に進出し、公明党という政党まで組織することになる。そして、公明党の候補者を支援する選挙活動は、創価学会の組織活動の重要な柱になっていくが、地域によっては会員が集中的に住んでいるところがあり、創価学会の組織は、都市において希薄な地域共同体を代替するものとなっていった。

創価学会が政界に進出した目的は、当初、国立戒壇の建立に絞られ、彼らが信仰する日蓮正宗を事実上日本の国教にすることがめざされた。しかし、都市下層がそのターゲットである以上、それ以外の階層に信仰を広げていくことは難しく、どこかで壁に突き当たらざるを得なかった。その壁となったのが、言論出版妨害事件で、それを通して、創価学会と公明党との間には政教分離が行われた。

一九七三年のオイル・ショックを契機に、新宗教よりも新新宗教が注目されるようになり、そうした教団においては終末論や超能力の獲得が宣伝された。新新宗教は、最後にはオウム真理教を生み出すことになったが、それは、猛毒のサリンを使っての無差別テロに行き着いた。それにともなって、新新宗教は注目されなくなり、一部の教団を除いて、新宗教全般と同様に、その活動は沈静化してきている。

創価学会のような巨大な新宗教教団が、高度経済成長の生み出したものであるとすれば、低成長、安定成長の時代に入れば、新宗教が多くの信者を吸収し、急速に発展していくという事態は起こらない。発展を続けている教団には魅力を感じ、新たに入信してくる人間もあらわれるが、活動が停滞したようなところにはなかなか関心が向けられない。

世界を見渡してみれば、経済発展が著しい国では、キリスト教のなかでも病気直しや現世利益の獲得を宣伝するプロテスタントの福音派が勢力を拡大している。それも、都市化によって、都市下層に組み込まれた人間たちが、信仰に救いを求めるからで、その状況は、高度経済成長期の日本と共通する。そうした国々でも、経済の発展にブレーキがかかれば、福音派は退潮していくに違いない。

日本は、大規模なバブルとその崩壊を最初に経験した国であり、戦後の経済発展があまりに急激であったため、経済的な面で世界の最先端に踊り出てしまったと見ることができる。日本で起こったことは、それ以降世界で起こることを予言するものであり、日本の新宗教の発展は、他の国における福音派の台頭を予言するものである。

しかも、オウム真理教による無差別テロは、アメリカにおける同時多発テロをはじめ、宗教的な思想を背景とする一連のテロの先駆けとしての意味をもっている。この点でも、世界が日本を追いかけているとも言えるのである。

このように、三つの軸は五〇年間に大きく変容し、さらにその後の二〇年間にも、基本的に同じ方向にむかって変化を続けている。簡単に言えば、天皇制も先祖崇拝も、そして新宗教も危機的な事態に直面していると言える。

その際に、一つ注目しておくべきことは、日本共産党、あるいはその支持者が大きな役割を果たしてきた点である。

津地鎮祭訴訟を提起したのは共産党の市議であり、新宗教を天皇制に対峙する民衆の運動として再評価したのも共産党系の研究者であった。共産党は、創価学会が台頭し、政治の世界に進出すると、これと対立し、創価学会・公明党批判を展開した。

さらに、本文中ではふれなかったが、オウム真理教の地下鉄サリン事件が起こる前、霊感商法や合同結婚式をめぐって統一教会批判が盛り上がりを見せ、「マインド・コントロール」ということが言われた。その際に、統一教会を強く批判したのは元共産党のジャーナリストや人権派の弁護士であった。統一教会の学生組織原理研究会は、学生運動の時代には、大学のキャンパスで共産党の学生組織、民主青年同盟と激しく対立していた。

現在の共産党は、信仰は個人の自由に任せるという姿勢をとっているものの、史的唯物論の立場に立つ政党であり、もともと宗教に対しては批判的である。また、戦前には、国家権力に弾圧された経験をもち、戦後の社会において国家神道体制が復活することに対して強い警戒心をもってきた。そうした共産党の動きが、宗教の世界に大きな影響を与えてきたことを無視することはできない。

では、本書の三つの軸は今後どのような方向へむかうのだろうか。

今後の新宗教

ここでは、順番を逆にして、新宗教から述べていきたい。

新宗教については、文化庁に毎年報告される数字を見てみると、それを公表している教団の信者数は近年、相当な規模で減少を示している。たとえば、『宗教年鑑』の平成二年版と二四年版を比較すると、立正佼成会は六三三万六七〇九人から、三二三万二四一一人に減少し、霊友会も三一六万五六一六人から一四一万二九七五人に減少している。

これはもちろん、教団が申告した自称の数字であり、客観的な調査にもとづくものではない。だが、立正佼成会や霊友会が半分、あるいは半分以下の数字を報告していることは、教団の規模が相当縮小している可能性を示唆している。

日蓮系以外でも、同じ期間に、天理教は一八〇万七三三三人から一一九万九六五二人に、PL教団も一八一万二三八四人から九四万二九六七人に減少している。

創価学会については、最近公表される数字は八二七万世帯で、まったく変化していないが、これは、本尊を授与された世帯の数を示すもので、脱会した人間が本尊を返還するわけではないので、その性格上、数は減らないものである。

創価学会の場合には、他の新宗教教団に比べれば、一番難しい世代交代にある程度成功しており、急激な衰退を見せているわけではない。それに会員の生活のなかには学会の活動が深く組み込まれていて、人間関係も濃密なため、そう簡単に大量の脱会が起こるとは考えられない。しかし、折伏などは陰を潜めているし、勤行の時間も短縮された。新たな入会者は、生まれたばかりの会員の子弟に限られる。創価学会も、緩やかな形で衰退していると考えるべきだろう。

新新宗教については、その言葉自体がほとんど使われなくなってきた。そこには、オウム真理教の事件の影響もあるが、その特徴である終末論や超能力の獲得といったことに関心がむけられなくなっていることの方が大きい。

こうした傾向はこれからも続くであろう。社会が安定すれば、新しい宗教の出番はなくなる。社会が激しく動いているとき、新しい宗教が登場して活発な運動を展開するが、低成長、安定成長の時代にはその余地がない。

新宗教の大きな特徴は、それが在家の信者だけで構成された在家教団であるところに求められる。これからは、新宗教としてではなく、在家教団としてのみ注目されることになるかもしれない。新宗教や新新宗教に多くの人間が救いを求める時代ではなくなったことは確かである。

祖先崇拝と天皇制のこれから

第二の軸である祖先崇拝については、地方においても、これから人口減少という事態が進めば、家自体が成り立たなくなり、祖先崇拝は急速に衰えていく可能性が考えられる。実際、地方では無縁墓が急増する事態が起こっているが、これはそのことと関係している。

新宗教のなかでも、立正佼成会や霊友会のように、祖先崇拝を取り込んだ教団が衰退の傾向を見せている。これまでは、日本人の信仰の核に祖先崇拝があるという言い方がなされてきたが、すでにそうしたとらえ方は成り立たなくなっている。

現在、急速な形で葬儀が変容し、簡略化、簡素化の傾向が著しいのも、そこにはさまざまな要因がからんではいるものの、祖先崇拝の比重の低下は、それに対する歯止めがなくなったことを意味する。ご先祖様を大切にするからこそ、葬儀を立派にしようとする意識が働くのであり、死者がご先祖様となる存在でなくなれば、葬儀に力を注ぐことはなくなるのである。

こうした祖先崇拝の衰退は、第一の軸である天皇制にも影響する。戦後の天皇家は、国民全体と同様に核家族化したのであり、その点で、長い期間にわたって存続することが難しくなってきている。「万世一系」は、核家族では不可能である。

そうしたところから、女性天皇などを認めるかどうかの議論も起こっているが、反対する勢力もあり、議論に進展は見られない。ただ、反対する勢力にも、これからの天皇制をどのように維持していくのか明確な方針があるわけではなく、事態は深刻さを増している。

現在の日本国憲法では、天皇は日本の象徴とされているわけだが、一方で、国事行為が定められている。国事行為はすべて、内閣の助言と承認を必要とするが、内閣総理大臣の任命や最高裁長官の任命をはじめ、国会の召集や衆議院の解散も国事行為に含まれている。「憲法改正、法律、政令及び条約を公布すること」も国事行為であり、天皇が不在で、なおかつ摂政も定められておらず、皇位継承者もいないという事態が生まれれば、日本の国家はまったく機能しなくなる。

このように、戦後の日本宗教を考える上で極めて重要な三つの軸は、戦後五〇年、あるいは戦後七〇年の間に大きく変容した。その変容はこれからも続いていくが、それぞれがかなり危機的な事態に陥りつつあることは否定できない。

今日では、政治や経済のことに対しては関心も高く、さまざまな形で議論が戦わされている。

ところが、宗教のことについては、決して関心が低いとは思えないものの、社会的に議論されることは少ないし、国民の間に十分な知識が共有されているとは言えない状況にある。

だが、今日の世界情勢を見てみれば、そこでは宗教が依然として重要な役割を果たしている。その傾向は、とくに各宗教における原理主義の台頭によって、より強いものとなっている。

今私たちは、戦後の日本宗教のあり方をもう一度見直すことによって、グローバル化が進むなかで、この日本をどうしていくのかを考えていかなければならない。この本が、その一助になれば幸いである。

【ら行】

【わ行】

【や行】

【ま行】

【は行】

【な行】

【た行】

【さ行】

【か行】

索引

島田裕巳（しまだ・ひろみ）

一九五三年、東京に生まれる。宗教学者・作家・東京女子大学非常勤講師。東京大学文学部宗教学科卒業。同大学大学院人文科学研究科博士課程修了。放送教育開発センター助教授、日本女子大学助教授、東京大学先端科学技術センター特任研究員などを歴任。著書に、『神も仏も大好きな日本人』（ちくま新書）、『映画は父を殺すためにある』（ちくま文庫）、『葬式は、要らない』『靖国神社』『日本の10大新宗教』（共に幻冬舎新書）、『ほんとうの日蓮』（中公新書ラクレ）、『お墓の未来』（マイナビ新書）、『死に方の思想』（祥伝社新書）等多数。

筑摩選書 0116

戦後《せんご》日《に》本《ほん》の宗教史《しゅうきょうし》――天皇制《てんのうせい》・祖《そ》先崇拝《せんすうはい》・新宗教《しんしゅうきょう》

二〇一五年七月一五日　初版第一刷発行

著　者　島田《しまだ》裕巳《ひろみ》

発行者　熊沢敏之

発行所　株式会社筑摩書房
東京都台東区蔵前二-五-三　郵便番号　一一一-八七五五
振替　〇〇一六〇-八-四一二三

装幀者　神田昇和

印刷 製本　中央精版印刷株式会社

乱丁・落丁本の場合は左記宛にご送付ください。

送料小社負担でお取り替えいたします。

ご注文、お問い合わせも左記へお願いいたします。

筑摩書房サービスセンター
さいたま市北区櫛引町二-六〇四　〒三三一-八五〇七　電話　〇四八-六五一-〇〇五三

 ISBN978-4-480-01623-2 C0314

筑摩選書 0007

日本人の信仰心

前田英樹

日本人は無宗教だと言われる。だが、列島の文化・民俗には古来、純粋で普遍的な信仰の命が見てとれる。大和心の古層を掘りおこし、「日本」を根底からとらえなおす。

筑摩選書 0009

日本人の暦 今週の歳時記

長谷川 櫂

日本人は三つの暦時間を生きている。本書では、季節感豊かな日本文化固有の時間を歳時記をもとに再構成。四季の移ろいを慈しみ、古来のしきたりを見直す一冊。

筑摩選書 0016

最後の吉本隆明

勢古浩爾

「戦後最大の思想家」「思想界の巨人」と冠される吉本隆明。その吉本がこだわった「最後の親鸞」の思考に倣い、「最後の吉本隆明」の思想の本質を追究する。

筑摩選書 0021

贈答の日本文化

伊藤幹治

モース『贈与論』などの民族誌的研究の成果を踏まえ、贈与・交換・互酬性のキーワードと概念を手がかりに、日本文化における贈答の世界のメカニズムを読み解く。

筑摩選書 0023

天皇陵古墳への招待

森 浩一

いまだ発掘が許されない天皇陵古墳。本書では、天皇陵古墳をめぐる考古学の歩みを振り返りつつ、古墳の地理的位置・形状、文献資料を駆使し総合的に考察する。

筑摩選書 0028

日米「核密約」の全貌

太田昌克

日米核密約……。長らくその真相は闇に包まれてきた。それはなぜ、いかにして取り結ばれたのか。日米双方の関係者百人以上に取材し、その全貌を明らかにする。

筑摩選書 0046

寅さんとイエス

米田彰男

イエスの風貌とユーモアは寅さんに類似している。聖書学の成果に「男はつらいよ」の精緻な読みこみを重ね合わせ、現代に求められている聖なる無用性の根源に迫る。

筑摩選書 0048

宮沢賢治の世界

吉本隆明

著者が青年期から強い影響を受けてきた宮沢賢治について、機会あるごとに生の声で語り続けてきた三十数年に及ぶ講演のすべてを収録した貴重な一冊。全十一章。

筑摩選書 0050

敗戦と戦後のあいだで
遅れて帰りし者たち

五十嵐惠邦

戦争体験をかかえて戦後を生きるとはどういうことか。五味川純平、石原吉郎、横井庄一、小野田寛郎、中村輝夫……。彼らの足跡から戦後日本社会の条件を考察する。

筑摩選書 0067

ヨーロッパ文明の正体
何が資本主義を駆動させたか

下田淳

なぜヨーロッパが資本主義システムを駆動させ、暴走させるに至ったのか。その歴史的必然と条件とは何か。近代を方向づけたヨーロッパ文明なるものの根幹に迫る。

筑摩選書 0070

社会心理学講義
〈閉ざされた社会〉と〈開かれた社会〉

小坂井敏晶

社会心理学とはどのような学問なのか。本書では、社会を支える「同一性と変化」の原理を軸にこの学の発想と意義を伝える。人間理解への示唆に満ちた渾身の講義。

筑摩選書 0071

一神教の起源
旧約聖書の「神」はどこから来たのか

山我哲雄

ヤハウェのみを神とし、他の神を否定する唯一神観。この観念が、古代イスラエルにおいていかにして生じたのかを、信仰上の「革命」として鮮やかに描き出す。

筑摩選書 0072

愛国・革命・民主
日本史から世界を考える

三谷 博

近代世界に類を見ない大革命、明治維新はどうして可能だったのか。その歴史的経験から、時空を超える普遍的英知を探り、それを補助線に世界の「いま」を理解する。

筑摩選書 0073

世界恐慌（上）
経済を破綻させた4人の中央銀行総裁

L・アハメド
吉田利子 訳

財政再建か、景気刺激か——。1930年代、中央銀行総裁たちの決断が世界経済を奈落に突き落とした。彼らは何をし、いかに間違ったのか？ ピュリッツァー賞受賞作。

筑摩選書 0074

世界恐慌（下）
経済を破綻させた4人の中央銀行総裁

L・アハメド
吉田利子 訳

問題はデフレか、バブルか——。株価大暴落に始まった大恐慌はなぜあれほど苛酷になったか。グローバル経済黎明期の悲劇から今日の金融システムの根幹を問い直す。

筑摩選書 0075

SL機関士の太平洋戦争

椎橋俊之

人員・物資不足、迫り来る戦火——過酷な戦時輸送の重責を、若い機関士たちはいかに使命感に駆られ果たしたか。機関士OBの貴重な証言に基づくノンフィクション。

筑摩選書 0076

民主主義のつくり方

宇野重規

民主主義への不信が募る現代日本。より身近で使い勝手のよいものへと転換するには何が必要なのか。〈プラグマティズム〉型民主主義に可能性を見出す希望の書！

筑摩選書 0077

北のはやり歌

赤坂憲雄

昭和の歌謡曲はなぜ「北」を歌ったのか。「リンゴの唄」から「津軽海峡・冬景色」「みだれ髪」まで、時代を映す鏡である流行歌に、戦後日本の精神の変遷を探る。

筑摩選書
0078

紅白歌合戦と日本人

太田省一

誰もが認める国民的番組、紅白歌合戦。今なお40％台の視聴率を誇るこの番組の変遷を、興味深い逸話を交えつつ論じ、日本人とは何かを浮き彫りにする渾身作！

筑摩選書
0082

江戸の朱子学

土田健次郎

江戸時代において朱子学が果たした機能とは何だったのか。この学の骨格から近代化の問題まで、思想界に与えたインパクトを再検討し、従来的イメージを刷新する。

筑摩選書
0084

死と復活

「狂気の母」の図像から読むキリスト教

池上英洋

「狂気の母」という凄惨な図像に読み取れる死と再生の思想。それがなぜ育まれ、絵画、史料、聖書でどのように描かれたか、キリスト教文化の深層に迫る。

筑摩選書
0087

自由か、さもなくば幸福か？

二〇世紀の〈あり得べき社会〉を問う

大屋雄裕

二〇世紀の苦闘と幻滅を経て、私たちの社会はどこへ向かおうとしているのか？　一九世紀以降の「統制のモード」の変容を追い、可能な未来像を描出した衝撃作！

筑摩選書
0093

キリストの顔

イメージ人類学序説

水野千依

見てはならないとされる神の肖像は、なぜ、いかにして描かれえたか。キリストの顔をめぐるイメージの地層を掘り起こし、「聖なるもの」が生み出される過程に迫る。

筑摩選書
0094

幕末維新の漢詩

志士たちの人生を読む

林田愼之助

幕末維新期とは、日本の漢詩史上、言志の詩風が確立した時代である。これまで顧みられることの少なかった志士たちの漢詩を読み解き、彼らの人生の真実に迫る。

筑摩選書
0098

日本の思想とは何か
現存の倫理学

佐藤正英

日本に伝承されてきた言葉に根差した理知により、今・ここに現存している己れのよりよい究極の生のための地平を拓く。該博な知に裏打ちされた、著者渾身の論考。

筑摩選書
0100

吉本隆明の経済学

中沢新一

吉本隆明の思考には、独自の経済学の体系が存在する。これまでまとめられなかったその全体像を描くことによって、吉本思想の核心と資本主義の本質に迫る。

筑摩選書
0101

自伝を読む

齋藤孝

「自伝を読む」ことは「すごい人」と直に触れ合うことである。福澤諭吉から、ドラッカー、高峰秀子まで、「自伝マニア」の著者がそのエッセンスをつかみだす。

筑摩選書
0103

マルクスを読みなおす

徳川家広

世界的に貧富の差が広がり、再び注目を集める巨人・マルクス。だが実際、その理論に有効性はあるのか。歴史的視座の下、新たに思想家像を描き出す意欲作。

筑摩選書
0105

昭和の迷走
「第二満州国」に憑かれて

多田井喜生

破局への分岐点となった華北進出は、陸軍の暴走と勝田主計の朝鮮銀行を軸にした通貨工作によって可能となった。「長城線を越えた」特異な時代を浮き彫りにする。

筑摩選書
0108

希望の思想　プラグマティズム入門

大賀祐樹

暫定的で可謬的な「正しさ」を肯定し、誰もが共生できる社会構想を切り拓くプラグマティズム。デューイ、ローティらの軌跡を辿り直し、現代的意義を明らかにする。

筑摩選書
0109

法哲学講義

森村進

法哲学とは、法と法学の諸問題を根本的・原理的レベルから考察する学問である。多領域と交錯するこの学を、第一人者が法概念論を中心に解説。全法学徒必読の書。

筑摩選書
0110

「共倒れ」社会を超えて
生の無条件の肯定へ！

野崎泰伸

労働力として有用か否かで人を選別する現代社会。障害者とその支援をする人々は「犠牲」を強いられ、「共倒れ」の連鎖が生じている。その超克を図る思想の書！

筑摩選書
0111

柄谷行人論
〈他者〉のゆくえ

小林敏明

犀利な文芸批評から始まり、やがて共同体間の「交換」を問うに至った思想家・柄谷行人。その中心にあるものは何か。今はじめて思想の全貌が解き明かされる。

筑摩選書
0112

刺さる言葉
「恐山あれこれ日記」抄

南直哉

死者を想うとはどういうことか。生きることの苦しみは何に由来するのか。〝生きて在ること〟の根源を問い続ける著者が、寄る辺なき現代人に送る思索と洞察の書。

筑摩選書
0113

極限の事態と人間の生の意味

岩田靖夫

東日本大震災の過酷な体験を元に、ヨブ記やカント、ハイデガーやレヴィナスの思想を再考し、「認識のかなた」としての「人間の生」を問い直した遺稿集。

筑摩選書
0114

孔子と魯迅
中国の偉大な「教育者」

片山智行

古代の混沌を生きた孔子は人間性の確立を、近代の矛盾に立ち向かった魯迅は国民性の改革をめざした。国家と社会の「教育」に生涯を賭けた彼らの思想と行動を描く。